JN028724

政治学入門

A GUIDE TO POLITICS:
NEW KNOWLEDGE AND OLD WISDOM

著・犬塚　元

河野有理

森川輝一

有斐閣 ストゥディア

はじめに──政治学にようこそ

　本書は，はじめて政治学を学ぶ人のための教科書です。

　学びの出発点は，高校で学んだ地理歴史や公民です。ここでは，日本史，世界史，地理，倫理，政治・経済の各科目（「歴史総合」「日本史探究」「世界史探究」「地理総合」「地理探究」「公共」「倫理」「政治・経済」や，以前の「世界史 A・B」「日本史 A・B」「地理 A・B」「現代社会」）のいくつかを勉強したみなさんを読者として想定しています。高校で学んだ知識を無駄にせずに，大学での学びにうまくつなげてみましょう。

　「勉強していない科目がある」「もう覚えていない」「自信がない」「暗記科目は苦手だから嫌い」。そんな不安を感じる必要はありません。分からない言葉が出てきたら，高校の教科書や参考書で復習したり，図書館やインターネットで調べたりすれば，本書は，1 人でも読み進めることができるはずです。地理歴史や公民と聞くと，暗記科目と思う人もいるかもしれませんが，大学での学びは暗記ではありませんので，怖がらないでください。

　本書は，高校を卒業して，選挙権を手にしてまもない若いみなさん，あるいは，大学で一から政治学を学ぶみなさんを主たる読者に想定していますが，しかし，学びに年齢は関係ありません。この本は，「政治について一から知りたい」「政治学を学んでみたい」という一般の読者のみなさんの思いにも十分にお応えできるはずです。

いきなり「再分配」「右」「左」「イデオロギー」と言われても

　高校の科目を出発点にするというのは，高校を卒業したばかりのほとんどの人が知らないことは，学びの前提にはしない，という意味です。

　図書館や大きな書店の政治学のコーナーをぜひ一度覗いてみてください。政治学の教科書は，すでにたくさん出版されています。それなのに，なぜ，この『政治学入門──歴史と思想から学ぶ』が書かれたのでしょうか。よい教科書がますます増えてきたが，最近は，教科書の内容が少しずつ難しくなってきている。本書の著者たちは，そう観察しています。いま本屋さんに並ぶ教科書はど

れもよくできていて，新しい研究成果もふまえたすばらしいつくりですが，高校を卒業したばかりのみなさんには，少し難しいものもあります。

　この本の3人の著者は，これまで，さまざまな大学で，政治学の入門科目を教えてきました。大教室の講義から，少人数の1年生ゼミに至るまで，さまざまなクラスを担当しました。そのなかで，わたしたちが学んだことがいくつもあります。「再分配」「諸価値の権威的配分」「右」「左」「イデオロギー」「霞ヶ関」といった言葉は，高校ではきちんと学んでいないのに，大学の授業では，当たり前のように説明もなく使われていて，居心地が悪い。そんなふうに感じている学生がかなりいることに，気づかされました。「正統性」「保守主義」「社会主義」「公共性」という言葉や，『ユートピア』や『1984年』などの作品のように，いまの多くの教科書ではきちんと説明されていない，政治学の基本的知識がたくさんあることにも気づきました。

　「わたしも，いま挙がった言葉の意味はよく分からない」。この本は，そのように感じるみなさんを念頭に置いて書かれています。だから，いまは不安を感じていても心配することはありません。最先端の知識を学ぶことは，もちろんとても大事なことです。しかし，最初は，基礎をきちんと学ぶことが必要です。スポーツにたとえると，都道府県大会や全国大会（さらには国際大会）をめざす前に，まずは体力づくりをしましょうということです。

　本書は，政治学を専門的に学ぶときの最初の一冊として，あるいは，教養科目で政治学を学ぶための一冊として書かれました。ここでは，基本的な知識から最新の研究成果までを見渡したうえで，最初に学ぶべきことを選りすぐって，できるだけ分かりやすい説明を心がけました。この本で政治学の「体力づくり」をして，次にもっと専門的な教科書で知識を深めるという学びをおすすめします。

何のために政治学を学ぶの？

　「政治学を学ぶことは，わたしの人生にとって，どんな意味があるのだろうか？」（いや，意味はないはずだ！）

　直感的にこんな印象をもつのは，ある意味では健全と言えるかもしれません。テレビやインターネットで見聞きする政治の世界は，「おっさん」ばかりで，

自分とは縁遠い，ダークな世界に感じられても不思議ではないからです。あるいは，声高な批判や非難が飛び交う政治の世界に，よい印象をもっていない人もいるはずです。

　政治学を学ぶ「うまみ」や「見返り」は何でしょうか。卒業に必要な単位になる，公務員試験の試験対策になる，という点を除くとすれば，どんなよいことがあるのでしょうか。

　堅苦しいことやお説教よりも先に，まずなにより，シンプルに「ルールやしくみを知らないと，楽しめませんよ」という点を挙げておきたいと思います。

　ここでも，スポーツにたとえてみましょう。ラグビーやカーリングの人気が高まった頃の記憶があるでしょうか。その他，野球，サッカー，フィギュアスケート，スノーボード，ラクロスなど，何でもいいですが，ルールやしくみをよく知らないと，スポーツ観戦を楽しむことはできません。どんな「好ゲーム」であっても，ルールやしくみを知らないと，観客として楽しみようがありません。

　人類の歴史を振り返ってみると，政治は，人を虜にして夢中にさせたり，進んで自己犠牲や奉仕を捧げさせたりすることすらあった，危険な魅力をもつ営みです。いまでも，選挙があるたびに，夢中になって夜遅くまで開票番組を見る人は少なくありません。スポーツと同じように，損得だけでは説明できない，人を魅きつける何かがあるのです。政治の「好ゲーム」を観客として楽しむためには，政治のルールやしくみを知っておかなければなりません。ルールやしくみが分かって，「観客としてのスキル（腕前・能力）」が上がり，プレーヤーたちのうまい・下手が区別できるようになると，政治の世界を楽しく観察できるようになります。あまりにお気楽・軽薄である，あるいは不真面目・不謹慎である，と思う人もいるかもしれませんが，わたしたちの人生で，こうした「楽しみ」はとても大事なことです。もっと実用的な言い方をするならば，「観客としてのスキル」が上がると，毎日のニュースをよく理解できるようになります。ニュース番組や新聞で理解できるのはスポーツと天気だけ，という大人ではまずいと思いませんか。

　もちろん，政治学を学ぶ「うまみ」は，これだけではありません。わたしたちは，単なる観客ではないからです。スポーツでは「プレーヤー」たちが下手

でも，ただ退屈なだけですが，政治の世界では，「プレーヤー」たちが下手だと，わたしたち自身に実害がふりかかります（税金が上がったり，景気が悪くなって収入が減ったり，戦争に巻き込まれたりします）。政治はみんなに関わることを決める営みですから，自分も巻き込まれて，悪影響をこうむるかもしれないのです。そんな政治のルールやしくみを知っておくことは，無意味ではないでしょう。これは，「有権者としてのスキル」を高めるということです。

　さらに，自分がプレーヤーになることだってあります。第1章で詳しくご案内するように，日本には3万人を超える議員（政治家）の枠があり，いまは縁遠く思っているかもしれませんが，みなさんも政治家という仕事を将来の選択肢として考えてもよいかもしれません（付け加えると，立候補にあたっては学歴や能力試験・資格試験は一切不要です）。でも，気をつけてほしいのは，政治家だけが，政治の「プレーヤー」ではないということです。政治で求められるのは，集団のなかで1つの決定まで導くスキルや，メンバー全員がうまく共存できるようにするスキルですから（→第1章），家庭，学校，バイト先，職場，サークル，友人関係など，どんな集団でもこのスキルは発揮できます。たとえば，「みんなで決める」というゲームのルールのもとでは，「敵をつくる」よりも「味方をつくる」ことのほうがはるかに重要である（しかも難易度が高い）という点をふまえて「政治のスキル」を高めると，日常の生活でも応用がきくのです。

リベラル・デモクラシーというしくみ

　日本を含む現在の先進諸国では，**リベラル・デモクラシー**というしくみのもとに，政治がおこなわれています。リベラル・デモクラシーは，そのまま直訳すれば「自由民主主義」と訳すことができます。「リベラル」（リベラリズム，自由主義）と，「デモクラシー」（民主政治，民主主義）という2つを結びつけていることから分かるように，リベラル・デモクラシーは，リベラリズムを尊重するタイプのデモクラシーのことを意味します（つまり，そうではないタイプのデモクラシーもあるのです）。

　カタカナばかりで，分かりにくいですね。これからこの本では，リベラル・デモクラシーという政治のしくみをさまざまな角度から学んでいくのですが，この「はじめに」で必要となる範囲で，少しだけ説明しておきましょう。

２つの言葉のうち，**デモクラシー**については，みなさんも，多かれ少なかれ，すでにイメージをもっているはずです。高校までは「民主主義」という訳語で学んできた人も多いはずですが，いまの政治学では「**民主政治**」(あるいは民主政) という訳語を使うことが多くなっています。１つの理由として，「〜主義」は，「〜イズム」の訳語であり，思想や考えを表現する言葉だからです (たとえば，リベラリズムは自由主義，コミュニズムは共産主義，アナーキズムは無政府主義という思想です)。デモクラシーという言葉は，確かに「みんなで決める」という**思想**も意味しますが，しかし同時に，「みんなで決める」ための**制度やルール**も意味します。そのためこの本では，この言葉は原則として「デモクラシー」とカタカナで表現することにして，文脈に応じて「民主政治」や「民主主義」などの訳語も用います。

　もう１つの**リベラリズム（自由主義）**は，とても厄介な言葉で，この言葉が出てきたら要注意です。これは，政治学ではいくつもの違った意味で使われる言葉です。この本のなかでも，いくつもの違う意味のリベラリズム (自由主義) が登場します (→**Column❶-1**)。

　ただし，「リベラル・デモクラシー」という言葉に含まれる「リベラル」(リベラリズム) の意味はとてもはっきりしていて，誤解の余地はありません。それは，「一人ひとりの自由や自己決定を尊重する」「自分のことは自分で自由に決める」という自由主義の思想を意味します。これは，「社会のだれであっても，政府であっても，一人ひとりの自由や自己決定を侵すことはできない」という，自由主義社会の大原則を支える思想です。こうした自由主義の思想がめざすあるべき姿 (理念) を実現するために，さまざまな制度やルールがつくられてきました。一人ひとりの自由や自己決定を守るために，バリアをつくって殻をつくるように，だれも侵害してはならないものを「人権」として定めて守ったり，政治権力の濫用や暴走を防ぐために，互いに牽制し合う「権力分立」というチェック・アンド・バランスの制度を設けたりするのは，その代表例です (詳しくは第**4**章や第**8**章などで学びます)。

　さて，「一人ひとりの自由や自己決定を尊重する」と，「みんなのことはみんなで決める」を組み合わせたのが，リベラル・デモクラシーです。この言葉は，そのような考え (思想) を意味する場合もあれば，そうした考えを実現するた

Column ❶-1　自由主義，リベラリズム，リベラル

　リベラリズム（自由主義）について，「一人ひとりの自由や自己決定を尊重する」という基本的な考えや，これを実現するための制度やルールについて説明しました。現在では，こうした自由主義の考えや制度やルールには，おおよその合意（**コンセンサス**と言います）があり，「廃止しよう」という意見は稀です。したがって，これらは現代政治の舞台設定になっていると言えます。

　ところが，ややこしいことに，その舞台設定の上では，「自由主義」を名乗るいくつもの思想や政治勢力があって，互いに争っています。「一人ひとりの自由や自己決定」をどのような手段や方法で実現するか，という点で考えが分かれるために，いくつものタイプの自由主義が存在するのです。一種の本家本元争いです。大きく分けて，「一人ひとりの自由や自己決定」のために，政府の強制や介入や規制はできるだけ少なくしよう，という第1の立場と，「一人ひとりの自由や自己決定」をだれもが同じように手にするために，政府が積極的に介入して，恵まれない人をサポートすべきである，という第2の立場が争っています（→第**8**章，第**10**章，第**12**章）。

　日本の政治学では，この2つを区別するために，第1について，「**古典的自由主義**」や漢字表記の「**自由主義**」という言葉で表現し，第2については，カナ表記で「**リベラリズム**」や「**リベラル**」と書くことが一般的です。20世紀中頃には第2の立場が優勢でしたが，1980年代以降は，第1の立場を新しく復活させようとする立場が強くなっており，これを「**新自由主義**」や「**ネオリベラリズム**」と呼びます。紛らわしいですね。政治の世界ではよくあることですが，「自分たちこそが本家本元である」と主張して，「自由主義」という言葉やシンボルをめぐって争っているわけです（この本では，こうしたややこしさをふまえて，この言葉については表記を統一せず，文脈に応じて言葉を使い分けます）。

　ここまでで十分に厄介ですが，さらにややこしいことに，呼び方には地域による違いもあり，アメリカでは，第1と第2の対立を「保守主義 vs. リベラリズム」と表現するのに対して，ヨーロッパでは「自由主義 vs. 社会民主主義」とするのが普通です。さらに，「国際政治学におけるリベラリズム」は，これらとはまた区別されます（→第**13**章）。自由主義やリベラリズムのややこしさを説明できるようになったら，政治学の初級は卒業です。この本を読み終わる頃には，きちんと説明できるようになっているでしょう。

めの制度やルールを意味する場合もありますし，思想も制度も含めた全体のしくみ（**政治体制**）を意味する場合もあります。

この時点で，まず注意しておいてほしいことが2つあります。

1つ目は，「リベラリズム（自由主義）」と「デモクラシー」が違うという点をきちんと理解して，この2つを混同しないようにすることです。「一人ひとりの自由や自己決定を尊重する」と「みんなで決める」の2つは，いつでも相性がよいわけではありません。たとえば，「みんなで決める」が行き過ぎると，「一人ひとりの自由や自己決定を尊重する」を損ねてしまう場合があります（いじめや仲間はずれでは，これに似たことが生じています）。だから，「みんなで決める」に歯止めをかけて，決めさせないこと，あるいは慎重に決めさせることも，ときには必要になってきます。言い換えると，「みんなで決める」デモクラシーのしくみに対して，自由主義は，「決めすぎない」ことや「決めない」ことを求めるところがあるのです（→第4章）。

もう1つ注意してほしいのは，ひとくくりに「リベラル・デモクラシー」や「デモクラシー」といっても，内実はさまざまで，いくつものバージョンがあるという点です。この本では，「ほんとうのデモクラシー」や「まっとうなデモクラシー」という独自のキーワードを使って，デモクラシーのいくつかのバージョンを学びます。また，たとえば，大統領制を採用するか，議院内閣制を採用するか，あるいは小選挙区制か，比例代表制かというぐあいに，「自由主義」や「デモクラシー」の理念を実現するために，どのような制度設計がよいか，という点では，いろんな選択肢があります。さらに，これとは別に，どれくらいリベラル・デモクラシーを実現できているか，という点でも濃淡があり，違いがあります。100点満点で点数化してみたときに，90点を超えるようなリベラル・デモクラシーの国もあれば，60点ぎりぎりで，なんとかかろうじてリベラル・デモクラシーとみなすことのできるような国もあるということです。

この本のつくり

この本では，このリベラル・デモクラシーというしくみに注目して，政治を学んでいきます。

第1部「いまの政治はどのように動いているか」（第1章〜第5章）では，み

なさんが最も具体的にイメージしやすい，いまの日本の政治を取り上げながら，現在のリベラル・デモクラシーについて学びます。高校までの学習では，政治を学ぶといっても，「衆議院は定数が465」「衆議院の選挙制度は小選挙区比例並立制」というぐあいに，国会や選挙の形式的なしくみを覚えることがほとんどだったはずです。確かに，そうした形式的なしくみは，政治の前提としてとても重要ですが，しかし，それだけでいまのリベラル・デモクラシーの政治が分かるわけではありません。形式的なしくみだけではなく，実際の政治の動き（**政治過程**）を知る必要があるのです。第1部では，いまの現実の政治が実際にどのように動いているのかというしくみや，それぞれの制度を支えている考え方（思想）について学びます。

　第2部「リベラル・デモクラシーの歩み」（第6章～第10章）では，日本と西洋世界の歴史を振り返って，リベラル・デモクラシーの成り立ちについて学びます。

　リベラル・デモクラシーは，長い歴史の歩みのなかでつくられてきました。かつてはデモクラシーという政治体制は珍しく，君主政（一人支配の政治体制）が古今東西を通じてほとんどでした。古代ギリシアにはデモクラシーがありましたが，いまのようなリベラル・デモクラシーは，近代になってから，試行錯誤のなかで徐々にかたちづくられたものです。現在までの道のりは決して一本道ではなく，君主政，ファシズム，共産主義といった強力なライバルがいくつも存在しました。競争のなかで，ライバルのよいところも取り入れるなどして修正を繰り返した結果として，いまのリベラル・デモクラシーのかたちができあがったのです。

　第2部のような歴史からの学びを重視するのは，本書の特徴の1つです。冒頭でも触れたように，高校で学んだ日本史や世界史の知識をステップにして，大学で新しく政治学を学ぶ，というのが，この本のねらいの1つです。ただし，歴史をふまえるのは，単に，高大接続（高校と大学の学びを結びつけること）だけが理由ではありません。いまの政治は，長い歴史の歩みの上に成り立っているので，現代の政治についてきちんと理解するためにも歴史の知識が欠かせないのです。歴史というと，「暗記科目か」と怖がる人がいるかもしれませんが，それは誤解です。ここでの目的は暗記ではなく，歴史の大まかな流れをたどる

ことを通じて，政治学の基本知識を理解することです。これまで日本史や世界史をきちんと学んでこなかった人は，新たに歴史を学ぶきっかけとして，すでに学んできた人は，これまでとは違う政治学の視点から歴史をとらえる新しい学びとして，歴史に親しんでみてください。

　最後の第3部「これからの政治」（第11章～第14章）では，リベラル・デモクラシーのしくみやそれを支える思想をさらに掘り下げて，そこに潜むさまざまな課題や問題点を明らかにしていきます。

　20世紀末に冷戦が終わると，社会主義体制が崩れてライバルがいなくなり，リベラル・デモクラシーが勝ち残ったようにも思われました（→第13章）。ところが，そこから30年を経て，いまやリベラル・デモクラシーは大きく揺らいでいます。リベラル・デモクラシーのうちの「デモクラシー」はどうでしょうか。政治家は，本当にわたしたちの代表として行動しているでしょうか。経済的な格差が，「みんなで決める」というデモクラシーの基礎を危うくしていないでしょうか。「みんなで決める」はずが，たとえば性別による差別が残っていないでしょうか。リベラル・デモクラシーのうちの「リベラル」に目を向けるならば，監視カメラとインターネットの時代に，自由や自己決定はどうなっていくのでしょうか。なにより，「リベラル」と「デモクラシー」の2つは，いつでも相性がよいわけではないという点に注意が必要です。みんなで決めた結果，「A（個人ないし集団）の自由は認めない」という決定に至ることもあるからです。

　本書は，このような3部構成のもと，歴史や思想をふまえながら，リベラル・デモクラシーのしくみを解き明かします。本のなかでは，同じテーマや同じ内容が何度も登場することがありますが，いくつもの視点や文脈から繰り返し学ぶことを通じて，重要なポイントについて理解を深めることがねらいです。「ルールやしくみを知らないと，楽しめませんよ」と書いた意味が，最後には分かってもらえるはずです。

　この本は，学生のみなさんが，一人でも読むことができるように書かれています。授業の前に予習のために一読したうえで，授業で詳しい説明や解説を聞いて，授業後に復習のためにもう一度読む。そんな使い方ができますが，この点は，授業を担当する先生の指示に従ってください。

それぞれの章の最初にある「KEYTEXT」では，その章の手引きとなる文章や言葉，ぜひ知っておいてほしい政治学の古典を紹介しました。「**Column**」では，政治学を学ぶにあたって注意すべき点や，押さえておくべきポイントをまとめました。各章の終わりには，復習用の課題「**考えてみよう**」や，次に読んでほしい３冊を挙げた「**さらに学ぶために**」に加えて，学びの世界を広げるために，「**映画で学ぼう**」で，各章に関わりのある映画を紹介しています。教科書や講義を通じた学びに飽きてしまったら，映画の世界にどうぞ。さまざまな角度から政治を学ぶための教材として，新聞やニュース番組や映画に積極的に親しむことをおすすめします。

著者紹介

犬 塚　元（いぬづか　はじめ）　　　　　　　　[はじめに，第 1, 5, 9, 13，終章担当]

1971 年生まれ。

1994 年，東京大学法学部卒業。99 年，東京大学大学院法学政治学研究科博士課程単位取得退学。博士（法学）。

現在，法政大学法学部教授。

専門は，政治学史・政治思想史。

主な著作に，『デイヴィッド・ヒュームの政治学』（東京大学出版会，2004 年），『啓蒙・改革・革命』（岩波講座政治哲学 2）（編著，岩波書店，2014 年），『自然宗教をめぐる対話』（翻訳，岩波文庫，2020 年），など。

河 野　有 理（こうの　ゆうり）　　　　　　　　[第 2, 3, 4, 6, 7 章担当]

1979 年生まれ。

2003 年，東京大学法学部卒業。08 年，東京大学大学院法学政治学研究科博士課程修了。博士（法学）。

現在，法政大学法学部教授。

専門は，日本政治思想史。

主な著作に，『明六雑誌の政治思想——阪谷素と「道理」の挑戦』（東京大学出版会 2011 年），『田口卯吉の夢』（慶應義塾大学出版会，2013 年），『偽史の政治学——新日本政治思想史』（白水社，2016 年），など。

森 川　輝 一（もりかわ　てるかず）　　　　　　[第 8, 10, 11, 12, 14 章担当]

1971 年生まれ。

1995 年，京都大学法学部卒業。京都大学大学院法学研究科博士課程満期退学。博士（法学）。

現在，京都大学公共政策大学院教授。

専門は，西洋政治思想史，現代政治理論。

主な著作に，『〈始まり〉のアーレント——「出生」の思想の誕生』（岩波書店，2010 年），『講義　政治思想と文学』（共編著，ナカニシヤ出版，2017 年），など。

目　　次

第**1**部　　いまの政治はどのように動いているか

CHAPTER **1**　仕事としての政治　　　　　　　　　　　　　　　　2
どんな人が，何をしているのか

CHAPTER **2**　選　　挙　　　　　　　　　　　　　　　　　　23
政治家の就活？

第2部　リベラル・デモクラシーの歩み

第**3**部　これからの政治

図表一覧

＊　大学での学びや，学問の世界では，情報やデータの出所（典拠）はどこか，それは信頼できるか，という点がとても重要となります。そのため，学術的な文章やレポートでは，参考にしたり，引用したりした本や論文をはっきりと示すことがルールです。本書では，そうした文献を各章末に一覧にして示し，本文中で言及する場合には，著作者の姓と刊行年で表記します（ページ数も示す場合には，コロン（：）ののちにページ数を記します）。たとえば，第1章の INTRODUCTION に登場する（濱本 2022）は，章末の文献リストに掲げた　濱本真輔 2022『日本の国会議員』中公新書　という本を指します。

＊　文献リストのうち，翻訳書に付した〔　〕内の数字は，外国語で書かれた原著の初版刊行年を示しています。文庫本に付した〔　〕内の数字は，翻訳書の場合には原著の初版刊行年を，それ以外の場合は，その日本語書籍の初版刊行年を示します。

＊　引用にあたっては，読みやすさを考慮して，訳文を修正している箇所があります。また，旧字体は原則として新字体に改めています。

第 **1** 部

PART

いまの政治は
どのように動いているか

第 **1** 章

仕事としての政治

どんな人が，何をしているのか

INTRODUCTION

　この章では，まず「仕事選び」という観点から，政治の世界を観察してみます。2020 年の調査では，国会議員になってみたいかという問いに，男性の53.5％，女性の 75.6％ が「あまりなりたくない」か「絶対になりたくない」と答えています（濱本 2022）。政治家という仕事は人気がないようですね。しかし，考えてもみてください。政治家になるために試験や資格は必要ありませんし，稼ぎだって悪くありません。ただ選挙で選ばれれば，この職業に就くことができるのです。地方議会もあわせると，日本には 3 万人以上の議員がいます。政治に関わる仕事を将来の選択肢の 1 つとして考えてみると，どんな世界が見えてくるでしょうか。もし政治を仕事に選ぶことが魅力的でも現実的でもないとすれば，そこに，いまの政治の問題点が潜んでいるかもしれません。

KEYTEXT

映画『シン・ゴジラ』（2016 年，庵野秀明総監督，樋口真嗣監督）

矢口蘭堂（内閣官房副長官）「米国はゴジラをどうする気だ？　研究対象か？　それとも駆逐対象か？」
カヨコ・アン・パタースン（米国大統領特使）「それは大統領が決める。あなた

の国はだれが決めるの？」

（「花押」という独特な署名が並ぶ閣議書がアップに。総理大臣や各大臣たちによる閣議（内閣の会議）の決定は，形式にすぎないと暗示する。首相官邸の廊下を，官僚たちが忙しそうに足早に歩む場面に転換。）

官僚A「ようやく被害者救済と復興の特別法案が閣議決定か」

官僚B「ゴジラ関連法案もなかなか各省庁間のサブ調整が難しい」

官僚C「前例のない案件なので，組織令も曖昧だ。面倒を嫌った消極的権限争いも無理ないよ」

　　1954年の『ゴジラ』第1作（本多猪四郎監督）は，1945年に終わった戦争を観客に思い起こさせる映画でした。他方，2016年の『シン・ゴジラ』には，2011年の東日本大震災や原発事故を思わせるエピソードが散りばめられています。

　　想定外の大事件が発生する。映画ではゴジラの襲来です。しかし，それでも日本の政治はまともに機能しない。映画の前半では，そんな様子がしつこいほど丁寧に描かれます。会議がいくつも開かれて政治家たちが話し合うのですが，大臣たちは，部下である役人がつくったメモや原稿を読むだけ。『シン・ゴジラ』は，こうした未曾有の危機のなか，政治家・矢口蘭堂が，変わり者の役人たちと一緒になって，国民の未来を守ろうと奔走する物語です。

　　その役人たちが，国の役所に勤める公務員（国家公務員）です。矢口のように選挙で選ばれた政治家だけでなく，**官僚**と呼ばれる役人たちが，政治で大きな役割を果たしていることは，KEYTEXT にも示される通りです。国の役所は，都道府県や市町村の役所とは違って，内閣府，外務省，文部科学省，農林水産省などのように，仕事の内容で組織が分かれており，府省や中央省庁や官庁と呼ばれます。複数の府省にまたがるような仕事では，府省間で調整がなされ，なわばり争いや，仕事の押し付け合い（「消極的権限争い」）も生まれます。

　　本書の「はじめに」に，「ルールやしくみを知らないと，楽しめませんよ」と書いてあったのを覚えていますか。この映画はまさにその一例です。『シン・ゴジラ』は，政治の世界で使われる専門用語を手加減せずにそのまま使い，しかもそれを役者に早口で語らせる演出でつくられています。ぜひ，字幕を表示して映画を観てください。こんな言葉が飛び交っています。

　　「総理レクは先に結論ありきの既定路線だ」

　　「レク」はレクチャーの略で，役人が政治家に説明すること。「総理レク」は，総

理大臣に説明することです。

「確か環境省にいる大学の先輩に詳しい人がいます。まだ課長補佐ですが」

各府省はピラミッド型の組織で，「課長補佐」は通常は 30 代が担う役職です。「まだ課長補佐ですが」は，若く，それほど偉くないということです。

「機密保護案件だけは紙爆弾もなく早かったな」

「紙爆弾」は，府省間の協議のなかで，自分たちの府省に有利な回答を引き出すために，提案側の府省にいくつも質問を投げかける文書のこと。質問が何百にもおよぶ激しさから「爆弾」にたとえられます。

「そのチームの人選を泉に頼みたい。霞ヶ関には顔が広いだろう」

「霞ヶ関」は，多くの府省が立地する東京都千代田区の地名で（住所は正しくは「霞が関」，地下鉄の駅名は「霞ケ関」），府省や官僚のことを意味します。これに対して，国会議事堂や議員会館がある「永田町」は，政治家の世界（政界）を意味します（では，三宅坂，代々木，信濃町，市ヶ谷は何を指すでしょうか？）。

「俺は金帰火来のおかげで助かったよ。矢口も地元は大事にしておけよ」

「金帰火来」とは，国会の本会議が開催される曜日（火，木，金）を除いて週末に，政治家が地元選挙区に戻ることです。この台詞の主である泉修一は，地元選挙区に戻っていてゴジラによる被害を免れたのです。

1　政　治　家

⫸ 選挙で選ばれて政治を仕事にする

　政治家とは，国会や地方議会の議員や，知事や市長のような自治体の首長のことです。言い換えると，有権者が選挙で選んだ，みんなの代表です。

　現代のリベラル・デモクラシーは，みんなで決める「デモクラシー（民主政治）」を名乗りますが，一部の職業政治家が中心になって政治をおこなうしくみです。しかし，その政治家の地位は，あくまで，みんなに選ばれたことにもとづいています。このことを政治学では，「政治家は**民主的正統性**を備えている」と表現します。

　正統性（レジティマシー）とは，それに従うべきであると思わせる正しさのことで，政治学において最も重要な言葉の1つです。「民主的正統性がある」というのは，みんなに選ばれたがゆえに正しさを備える，という意味です。中

世・近世ヨーロッパの王のほとんどや，江戸時代の日本の将軍は，みんなに選ばれたわけではないので，民主的正統性を欠いています。現代の政治では官僚や専門家も大きな役割を果たしていますが，しかし，官僚や専門家には，政治家のような民主的正統性はありません。選挙でみんなに選ばれてはいないからです。みんなに選ばれた政治家が，官僚や専門家よりも優位に立つべきである，という「**政治主導**」の考えは，民主的正統性があるかないかの違いにもとづいています（→第**4**章）。

▌議員の収入▐

政治家を将来の仕事の1つの候補として考えたとき，待遇が気になるはずです。儲かるのでしょうか。

国会議員の給与（歳費）は，年齢，当選回数，職業経験，あるいは能力や仕事ぶりなどとは関係なく，全員が同じです。法律で定められたその額は月129.4万円。期末手当約640万をあわせて，年間総額では約2200万円の稼ぎとなります。お金の出所は税金です。

この歳費は，「一般職の国家公務員の最高の給与額より少なくない」と法律（国会法第35条）に定められていますので，国家公務員試験に合格して出世競争を勝ち抜いて各府省のトップ（**事務次官**）になっても，給料は，新米の国会議員を上回ることはありません。日本の給与所得者の平均給与は年額443万円（2021年）ですから，国会議員の歳費は安い額ではありません。さらに国会議員には，活動を支える費用として，歳費とは別に月額100万円が支給されています（調査研究広報滞在費）。

地方議会（都道府県や市町村の議会）の議員報酬は，人口や豊かさに応じて自治体ごとの差が大きく，平均すると都道府県が月額81万円，市が40.7万円，町村が21.6万円です（2021年4月）。議員の活動をサポートするために「政務活動費」を払う自治体もあり，東京都議会では議員1人当たり月50万円が支給されています。映画『はりぼて』（五百旗頭幸男・砂沢智史監督，2020年）は，架空請求，領収書偽造，カラ出張などによって政務活動費を不正使用した議員たちのいる，ある地方議会の実情を明らかにしています。

▎政治家は何をしているか▕

　政治家の仕事は，一般の会社の仕事とは大きく異なります。政治ではみんなに関わること（**公共的**な事柄）を決めるので，仕事の結果は，国や自治体の全員に影響をおよぼします。また，政治では，民間企業の仕事とは違って，営利（儲け）を直接の目的とはしません。

　活動のためのお金の出所は税金や公債（国や自治体の借金）で，その金額は巨額です。国の財布である一般会計からの歳出（1年間の支出）は，2019年度からは年100兆円を超えるほどの規模です。話を単純にするために，100兆円という金額を1億人で割ると，1人当たり100万円という大金となります。

　こうした大きな額のお金の配分を**予算**として決定するのが，政治の中心的仕事の1つです。イベントのポスター1枚を貼るにしても印刷費や人件費がかかることからも分かるように，どんなことをするにしてもお金が必要となります。だから，お金をどのように使うかを決めることを通じて，政策の選択や重み付けをおこなうのです。大きな額の配分ですから，そこには交渉，駆け引き，根回し，妥協や取引，裏切りといった人間臭いドラマがあります。有権者や企業からは，さまざまな陳情や圧力があり，ときには違法な贈収賄（わいろ）が発覚します。力のある大物政治家は，この**利益の配分**に大きな影響力をもっています。他方，「陣笠議員」と呼ばれる，あまり力のない政治家もいます。

　参議院と衆議院をあわせると国会議員の数は全部で710名です。地方議会には，すべてをあわせると約3万2000人もの議員がいます。これらの議員たちは，普段は，どんな職業生活を送っているのでしょうか。ニュースでは，会議中にヤジをとばしたり，居眠りしたり，本やスマートフォンを見たりする議員が取り上げられることがあります。居眠りし放題の，気楽な商売なのでしょうか。

　国会議員は，国会の会期中は本会議に出席し，さらに少なくとも1つの常任委員会に所属して，その委員として活動します。ほとんどの国会議員は政党に所属していますので，政党の会議や仕事も多く，朝早くから夜の会食に至るまで，スケジュールはいっぱいです。

　所属するのが**与党**（政権を担当する政党）か，**野党**（政権を担当していない政党）か，当選回数はどれくらいかによって，その頻度に違いはありますが，多くの

■2009年2月1日（日）岡山

7：00	事務所発
7：20	京橋朝市　～8：00
8：20	岡山市展示操法@桑野　～8：40（開始前立礼）
9：00	開成学区マラソン大会@開成小学校　～9：15
9：30	2009とみやま防災訓練@富山小学校　～9：45
10：00	中山八幡宮　祝年祭（厄払い）　～10：30
10：45	恩徳寺　大護摩法要@沢田　～11：00（間に合えば）
11：30	松林寺子ども会陽はだかまつり@松林寺　～12：00
12：30	第5回竜之口学区民ふれあいボウリング大会@両備ボウル　～13：00
13：30	日本郵政グループ労働組合岡山支部2009旗開き@グランヴィア岡山
	（ご葬儀@西大寺やすらぎ会館）―葬儀：13：00～
	（ご葬儀@岡山東典礼会館）―葬儀：14：00～
15：50	西大寺郷土芸能フェスティバル2009@西大寺市民会館大ホール（終了立礼）
17：00	道文会総会（懇親会）@ホテルオークラ
19：30	（街宣テープ録音等）
20：00	デスクワーク（ホームページの写真選定など）

　［出典］　林・津村 2011：124。

　国会議員は，「金帰火来」という言葉が示すように，週末は地元の選挙区に戻ります。地元では，国政報告会などの集会を開催したり，祭りや運動会といったイベントや冠婚葬祭に出席したりして，有権者と交流します。こうして自分の名前を売り込んだり，有権者から意見や情報を吸収したりします（表1.1）。

　選挙区での活動が多いのは，次の選挙に備えるためです。「選挙に落ちればただの人」と言われるように，政治家は当選しなければ地位を失います。当選・再選こそが政治家の活動の最大の目的の1つなのです。

　ある新人国会議員は，火曜に東京に行っても日帰りで地元に戻り，東京に泊まるのは木曜日だけにして，地元での活動を重視しました（林・津村 2011）。地元での活動を保障するため，国会議員には飛行機や鉄道の無料のパス（乗車券）が与えられます。しかし，地元と東京に事務所を置いて，それぞれで私設秘書やスタッフを雇えば，当然ながら事務所費や人件費がそれだけ多く必要になります。多くの場合，所属政党から活動資金を受けられますが，十分でないことが多く，政治資金パーティを開いたり，個人献金を集めたり，あるいは自己資金や借入金などで資金を調達する必要があります。政治家は，自営業者の

Column❶-1　利己的な動機，利他的な行動

　　自分の当選・再選のために活動する政治家について，「自分の利益を追求して
いるだけではないか」と感じるかもしれません。確かに一理ありますが，当
選するためには一定数の有権者から支持される必要がありますので，政治家が
自己利益を追求すると，結果として多くの有権者の利益を追求するような行動
をとることになります。利己的な動機から，結果的に他人の利益になる行動が
生まれるこうしたメカニズムは，社会のなかにさまざまに観察できます。たと
えば，儲けたいという欲望や，売名や自己満足をめざす気持ちから，世のため，
人のためになる結果が生まれる例はたくさんあります。利己的な動機だからと
いって，頭ごなしに否定する必要はないのです。

　　ただし，政治家と有権者のこうした関係について，「政治家が票と引き替え
に，地元に**利益誘導**している」と見るならば，地域が一体となって自分たちの
利益を追求していることになるでしょう。議員は地域の代表だからそれでよい
という考えもありますが，他方で，国会議員は「全国民を代表する」（日本国
憲法第 43 条）という理念も無視できません。

ように，自分の力で事務所を経営していく必要があるのです。国会議員 1 人当
たり，平均でおよそ年間 4000 万円ほどの政治資金を集めて，4600 万円ほど支
出しているというデータもあります（濱本 2022）。

　選挙にもお金がかかります。地方議会では，選挙費用をすべて自分で支払う
例も珍しくなく，2007 年の横浜市議会議員選挙に会社を辞めて無所属で立候
補して当選したある候補は，前年から始めた選挙前の政治活動だけに限っても，
ビラの配布 3 回で約 150 万円，事務所費で約 180 万円を支出しています（伊
藤・遠藤 2014）。立候補するためには供託金を用意する必要もあり，一定の票
数を得なければ没収されます。日本の供託金は国際的に見て高額で，国会議員
になろうとして選挙区に立候補するためには 300 万円が必要です。これまで供
託金が不要だった町村議会議員選挙でも，2020 年からは 15 万円が必要となり
ました。

どんな人が議員になっているか

　こうしてみると，立候補する平等な権利があっても，実際には，議員になる

にはさまざまなハードルがあることが分かります。

　日本の選挙で当選するためには，**3バン**と呼ばれる「地盤，看板，カバン」（**後援会**のような自前の支持者ネットワーク，知名度，資金）があると有利であるとされています。それらを親族から継承して立候補できる**世襲議員**は，選挙を有利に戦うことができるでしょう。いまの選挙制度となってから 2021 年の選挙までの合計 8 回の**総選挙**（衆議院議員選挙）では，世襲候補が立候補すると 8 割が当選しています（日本経済新聞社政治・外交グループ編 2022）。これでは，いろいろな人が政治家になるのは難しいでしょう。アメリカ，イギリス，ドイツ，韓国などでは世襲議員の割合が 10% 以下であるのに対して，この 40 年ほどの日本では国会議員の 25〜30% が世襲議員です（濱本 2022）。議員の世界では，年齢や学歴でなく，原則として当選回数に従って政党や政府で出世していくので，早くから当選しやすい世襲議員は，この点でも有利です。

　このような現状は，特定のタイプの議員が多いことと関連しています。いまの日本では，国会でも地方議会でも，男性，高齢の議員が多いのです。2021年総選挙の当選者のうち，実に 9 割超が男性で，7 割は 50 歳以上でした。地方議会では，50 歳以上の議員の占める割合が，市議会で 8 割，町村議会では 9 割を超えています（議員の平均年齢はそれぞれ 60.0 歳，64.8 歳）。他方，女性議員の占める割合は，都道府県議会で 11.6%，市議会で 16.2%，町村議会で 11.3%で，女性議員が一人もいない市議会が 29，町村議会では 269 もあります（2021年 7 月）。女性議員や女性候補者が，有権者や同僚議員からのハラスメントに遭っている実態も，近年明らかにされています。残念ながら，現状では，女性が働きやすい職場とは言いがたいようです。

　国会・議会では，さまざまな有権者の意見や利益が代表されたほうが望ましいでしょう。ある立場の意見や利益が，同じ立場の議員によって最もうまく代表されるならば，男性や高齢者があまりに多く，女性，若い世代，子育て世代の議員が少ないことは，いまの日本で**代表制**がうまく機能していないことを意味しているはずです。地域に議席を割り当てるしくみのように，あるまとまりに議席や候補者を割り当てるしくみを一般に「クオータ制」と言います。それぞれの性別が均等に代表されるようにするために，候補者や議席の一定割合を女性に割り当てる「性別によるクオータ制」（**ジェンダー・クオータ**）を導入す

る国は，世界で 100 カ国を超えています（三浦・衛藤編 2014）。

２ 官 僚

⬛▶ 試験で選ばれて政治を仕事にする

　政治に関わる仕事をしたいと思ったとき，KEYTEXT からも分かるように，第２の選択肢としては公務員があります。公務員とは，文字通り，公共の仕事（社会全体の利益に関わる仕事）に携わる職業で，国や地方自治体の職員のことです。給料や，仕事に必要なお金は，やはり税金と公債でまかなわれます。

　公務員は，あたかも税金で楽をしているかのように批判されることもありますが，国家公務員と地方公務員をあわせると 330 万人を超え，いろいろな職種が含まれることには注意が必要です。たとえば，警察は都道府県の仕事，消防は原則として市町村の仕事ですので，地方公務員のなかには警察官や消防士が含まれます。地方公務員（約 280 万人）のうちの３分の２は教育，警察，消防，福祉を仕事とする職員です。公務員という言葉からイメージされる，役所で一般行政に携わる職員は，地方公務員の約 20％ です。国家公務員（約 59 万人）も，自衛官や裁判官などの特別職が半数を占めています。

　特別職ではない国家公務員は，採用試験では，「総合職」（政策の企画立案に携わる職種），「一般職」（定型的な事務をおこなう職種），「専門職」（国税専門官や労働基準監督官など）などに分かれて選考がおこなわれます。政策づくりに携わって政治に深く関わるのは，このうちの総合職採用の職員です。**官僚**という言葉は，一般には，この総合職国家公務員のことを意味します。総合職は，各府省の幹部候補であり**キャリア**とも呼ばれます。かつては東京大学や京都大学の出身者が多くを占めましたが，いまは出身大学が多様化しており，2022 年度（春）採用試験合格者の出身大学等は 159 校です。一般職採用の職員はノン・キャリアと呼ばれますが，現在では一般職採用から幹部に登用されるケースが増えています。

　公務員は，選挙での当選ではなく，試験に合格したことに地位の根拠があります。これは，政治家とは違い，**能力主義**（メリトクラシー）の考えにもとづく採用方法です。

Column ❶-2　政治とは何か

　政治学は，政治についての学問ですが，「政治とは何か」「政治をどう定義するか」はとても難しい問題です。これまでに実に多くの答えが示されてきましたが，とても抽象的な議論になりますので，この本では深入りしません。

　本書では，集団を維持・運営する，そのために集団としてルールや方針を1つに決める（**集合的意思決定**），権力による強制が伴う，といった政治の側面をふまえて，「政治とは，みんなが，よりよく共存できるようにするための人間の営みである」という，**複数性**と**共存**を強調する見方をさしあたりの前提にします。これが意味するのは，一人だけの世界では，政治は存在しないということです。人間が複数いれば，利害や意見が衝突する。これが政治の前提条件なのです。そうした対立のなかで，奪い合いや殺し合いを避けて，お互いにとって望ましいかたちで共存できるようにめざす人間の営みを，ここでは政治のエッセンスととらえます。

　このように政治をとらえると，国家を単位とする政治だけでなく，家庭，学校，サークル，地域，職場など，日常の至るところにも「政治」が存在することになるでしょう。これを「小文字の政治」と呼ぶことがあります。

　優秀な人を試験で選んで政治の仕事を任せるしくみは，中世・近世ヨーロッパの君主国には存在しませんでした。時代をさかのぼると，古代ギリシアのデモクラシーでは，「みんなで政治をする」原則が徹底され，役人の仕事に関しても1年ごとに抽選（くじ引き）でみんなで分担しました。これに対して東洋には，試験で役人を選ぶしくみが古くからありました。中国では，優れた人間（「天子」）による政治を理想とする儒学（→第**6**章）が，国を支える思想として古くから採用されていました。そこでは，天子の補佐役である役人も優れた人間であるべきとされて，1905年に廃止されるまで1000年以上にわたって，能力試験で人材登用がおこなわれました（科挙）。身分制社会だった江戸時代の日本には能力試験のしくみはありませんでしたが，憲法や帝国大学がつくられたのと同時期の1888年に，能力試験で官僚を選ぶ制度が始まりました。優れた若者が試験を通じて官僚となり，のちに政治家に転じるという立身出世コースがこうしてできました（清水 2013）。

　いまの日本で官僚をめざす場合は，まずは国家公務員総合職試験を受験しま

す（地方公務員でこれに相当するのは地方上級試験で，都道府県や政令指定都市で実施されています）。2022年度の総合職試験は申込者が1万8295人（うち女性7481人），合格者が2137人（うち女性662人）でした。しかし，この試験に合格するだけではだめで，次に「官庁訪問」（採用面接）があり，各府省がそれぞれ採用者を決めます。採用予定数は，合格者数の3分の1ほどです。2015年度以降は，採用者の30〜40%が女性という傾向が続いています。これは今世紀初めと比べて倍以上の数字で，女性の役職者の割合も増えています。しかし，それでも課長クラスに女性が占める割合は6.4%，指定職（民間企業の役員に相当）では4.2%にとどまっています（2022年度）。

┃ 給与や昇進 ┃

　仕事や稼ぎはどうでしょうか。

　各府省は，ピラミッド型の組織です。厚生労働省を例にすると，省のなかにはいくつかの局があり，たとえば，その1つである健康局には，総務課，健康課，がん・疾病対策課，結核感染症課，難病対策課があります。このうちの，がん・疾病対策課は，国のがん対策に責任をもつ部署です。それぞれの課は，さらにいくつかの係に分かれます。

　総合職公務員は，2,3年ごとの人事異動でさまざまな仕事を経験しながら，20代のうちに係長，30代で課長補佐，40代で課長というように，入省同期が同じように横並びで昇進していくのが長らくの慣例でした。ただし，いまはこの横並びが崩れてきています（嶋田 2022）。

　稼ぎについては，内閣人事局が示しているモデル給与例（2021年度）では，総合職の大卒初任給は月額約23.3万円で，係員は年齢25歳で年間給与約315万円，課長補佐は年齢35歳で約716万円，課長は年齢50歳で約1253万円です。こうした給与水準は，「民間企業に就職した大学の同級生より低いけど，世間的には決して低くはない」（千正 2020: 86）額です。大学時代の同級生より見劣りするというのは，その気になれば，もっと給料のよい仕事を選ぶこともできたということです。

　横並びで昇進していたといっても，ピラミッド型組織で出世競争に勝ち残って，トップの事務次官まで上りつめることができるのは一人だけですから，か

つては，途中で，政府系法人や企業に再就職するのが一般的でした（「**天下り**」）。渡り鳥のように天下りを繰り返し，高額の退職金を何度も手にすることも珍しくありませんでした。「公務員はずるい」という世間のイメージが生まれるのも無理はありませんでしたが，天下りが規制されるようになって，近年では，定年まで府省に勤めることも多くなっています。

　さらに，官僚の仕事は，決して楽でも，居心地がよいわけでもありません。国家公務員を対象にした内閣人事局の2021年度の調査では，30歳未満の男性職員の7人に1人（13.5%），女性職員の9人に1人（11.4%）が「数年以内」に辞めたいと回答しました。同局による2020年の調査では，20代のキャリア官僚の3人に2人は，残業時間が月45時間を超え，3人に1人は「過労死ライン」とされる80時間を超えていました。

　長時間労働の原因の1つは，国会対応です。国会が開かれている会期中，各府省では，翌日の国会で議員が質問する内容が伝えられるのを夜遅くまで待ち，それから想定問答をつくって，翌朝には「大臣レク」をするという対応をせまられています。また，国会議員からは，政策の説明（「議員レク」）や資料も求められますし，地元選挙区でおこなう挨拶の原稿をつくれという要求すら多数寄せられます。不祥事や大災害が起きた場合は，通常業務をこなしながらその対応にも追われます。

　こうした状況もあって，近年では，国家公務員試験の申込者が減り，離職する若い官僚も増える傾向にあります。2014年に内閣人事局ができて，各府省に対する首相官邸の影響力が強くなったこと（「**官邸主導**」）も，こうした動向に影響しているとされます。

▌「ニーズの翻訳家」としての仕事 ▌

　立法，行政，司法のうち，公務員が主に受け持つのは行政です。これだけを見ると，政治家が立法した法律や条例を執行することが，公務員の仕事ということになりそうです。しかし実際には，総合職国家公務員や地方上級公務員の仕事はもっとずっと能動的で，創造的です。

　2013年から15年にかけて厚生労働省の事務次官を務めた村木厚子は，公務員を「ニーズの翻訳家」と表現しています。ニーズとは，必要とされるものの

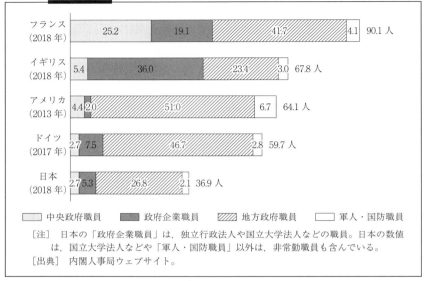

CHART 図1.1　公的部門で働く職員数（人口1000人当たりの割合）

フランス（2018年）　25.2　19.1　41.7　4.1　90.1人

イギリス（2018年）　5.4　36.0　23.4　3.0　67.8人

アメリカ（2013年）　4.4　2.0　51.0　6.7　64.1人

ドイツ（2017年）　2.7　7.5　46.7　2.8　59.7人

日本（2018年）　2.7　5.3　26.8　2.1　36.9人

　□ 中央政府職員　■ 政府企業職員　▨ 地方政府職員　□ 軍人・国防職員

　［注］　日本の「政府企業職員」は，独立行政法人や国立大学法人などの職員。日本の数値
　　　　は，国立大学法人などや「軍人・国防職員」以外は，非常勤職員も含んでいる。

　［出典］　内閣人事局ウェブサイト。

ことです。村木は，男女平等や障害者雇用の制度づくりに関わった体験をふまえて，公務員の仕事を「国民のニーズや願いを汲みとり，それを翻訳して制度や法律のかたちにつくり上げていく翻訳家のような仕事」と説明しています（村木 2020: 29）。

　こうした仕事は，わたしたちが，政治家がなすべき仕事として思い描くものと重なるので，政治家と官僚の役割分担が問題になるでしょう（→第4章）。村木は両者の関係について，官僚が複数の設計図を用意して，政治家が選択する，と整理しています。

　日本は「大きな政府」になってしまっているから，もっと公務員の数を減らすべきである，という主張はいまでも珍しくありませんが，実際は，日本はすでに「小さな政府」です。人口のどれくらいの割合が公務員かを国際比較すると，日本は，「小さな政府」の代表とされるアメリカやイギリスよりも「小さな政府」です（図1.1）。日本では公務員の定員は法律（総定員法）によって決めており，2018年に増加に転じるまでずっと削減されてきました。仕事は増えていますので，定員に数えなくてよい非正規職員を数多く採用しているのが

実情です。外国では公務員の職が女性の社会進出を促してきたため，日本では，公務員の採用をずっと抑制してきたことが，結果として女性の社会的地位に悪影響をおよぼしたとの指摘もあります（前田 2014, 2019）。

３　社会から政治に働きかける

　ここまでで，「政治を仕事に選ぶことはないな」と感じた人もいるはずです。しかし，政治家や公務員になる進路を選ばなくても，それでもわたしたちが，自分の仕事の一部として政治に関わることがあります。会社員も，自営業者も，看護師や医師や弁護士も，農家や漁師も，仕事のなかで政治に関わる可能性があるのです。どういうことでしょうか。

▌自分の利益を守る，社会を変える▐

　医師の診療報酬は，それぞれの医師が勝手に決めているわけではありません。その金額は，厚生労働省に設置された**審議会**（利害関係者や専門家からなる会議）の議論をふまえて，原則２年ごとに大臣が決めることになっています。だから，医師の団体（医師会）は，自分たちの利益が損なわれないように，政治に積極的に働きかけをおこないます。ここで医師会は，**利益集団**として政治に関わっています。同じように，農家，経営者，労働者などにも自分たちの利益を守るための団体があって，政治に働きかけをしています。

　自分とは関係のない世界の話と思うかもしれませんが，社会のあらゆる集団は，自分たちの利益や意見を伝えるために政治に働きかけて，利益集団として行動する可能性があります。

　大学に入学したものの，オンライン授業ばかりで，授業料に見合った学びができない。こんな場合にはどうしたらよいでしょうか。自分一人で窓口や教員に不満を伝えることもできますが，仲間を増やして働きかけたり，インターネットで意見を表明したりするのも有効でしょう（実際に新型コロナウイルス感染症がはじめて大規模に広がった 2020 年度にはそうしたことがおこなわれました）。これも，日常の場における「政治」です。規模や交渉相手は違いますが，これと同

じように，だれもが，自分に不利な政策をやめさせたり，有利な政策を引き出したりするために，集団をつくって政治に働きかける可能性があります。たとえば，日本の理容師と美容師は，どちらも国家資格によって業務の独占を認められた仕事であり，かつては「男性・女性のパーマやカットはどちらがやるか」をめぐって，それぞれの業界団体が政治家も巻き込んで激しく争っていました。

　仕事に関わる集団だけではありません。交通事故が多発する町内の危険な交差点に何らかの対策をしてほしいと思う住民は，町内会や自治会を通じて，役所や政治家に相談や陳情をするでしょう。宗教団体も政治に働きかけをしています。また，非営利組織（NPO）や非政府組織（NGO）という名前で呼ばれている**市民社会**の集団も，利益集団の1つです。NPOやNGOは，自分たちだけの利益のために政治に働きかけるのではなく，環境保護のように，社会の利益をめざす点に特徴があります。こうした活動は，環境保護運動や反戦運動に代表される**社会運動**とも重なっています。

利益集団はどのように政治に働きかけるか

　利益集団の働きかけには，さまざまなやり方があります。政治家や役所に直接に働きかけるのは，**ロビーイング**（ロビー活動）と呼ばれます。海外では，ロビーイングの専門家（**ロビイスト**）を雇って，政治家を説得することもよくおこなわれます。署名活動や集会やデモを通じた働きかけや，マスメディアやインターネットを使った広報や宣伝という方法もあります。

　交渉や説得にあたって利益集団の大きな武器となるのは，その集団がもつ人とお金です。たとえば，アメリカの全米ライフル協会は，豊富な資金を使い，銃規制反対のロビー活動をおこなっていることで知られます。政治家や政党の側から見れば，利益集団の集票力や資金は魅力的です。日本の各政党が，全国どこからでも投票できる参議院選挙比例区の候補者名簿に，有力な利益集団の「**組織内候補**」（ないし団体が推薦する候補）を並べるのは，こうした事情からです。自由民主党（自民党）は，郵便，建設，医療，宗教，農業などの業界団体から，民主党の流れをくむ立憲民主党や国民民主党は労働組合から，候補者を擁立することが多くなっています（**表1.2**）。

団体名	支援する業界	2022 得票順位	2022 得票数	2019 得票数	2016 得票数
全国郵便局長会（全特）	中小規模の郵便局（旧特定郵便局）	自民2位	41万	60万	52万
全国建設業協会	建設業	自民5位	25万	23万	29万
日本医師連盟	医師	自民6位	21万	15万	21万
全国農政連	農協	自民7位	19万	22万	24万
日本歯科医師連盟	歯科医師	自民8位	18万	11万 2)	——
日本看護連盟	看護師	自民9位	17万	19万	18万
神道政治連盟	神社	自民10位	17万	20万	25万
全国土地改良政治連盟	土地改良事業団体	自民12位	15万	14万	18万
日本薬剤師連盟	薬剤師	自民15位	13万	16万	14万
全国商工政治連盟	中小企業	自民16位	12万	20万	9万
日本理学療法士連盟	理学療法士	自民落選	12万	10万	13万
（航空自衛隊OB）	防衛	自民落選	10万	——	14万
全国介護福祉政治連盟	介護	自民落選	9万	8万	10万
日本遺族政治連盟	日本遺族会	自民落選	8万	——	11万
私鉄総連	鉄道会社・バス会社（産業別労働組合）	立民1位	43万 1)	10万	10万 4)
自治労	地方自治体職員（産業別労働組合）	立民2位	17万	16万	18万 4)
日教組	教職員（産業別労働組合）	立民3位	14万	15万	18万 4)
JP労組	日本郵政グループ（労働組合）	立民4位	13万	14万	19万 4)
JAM（ものづくり産業労働組合）	機械・金属（産業別労働組合）	立民5位	13万	14万 3)	11万 4)
基幹労連	鉄鋼・造船（産業別労働組合）	立民5位	13万	14万 3)	11万 4)
情報労連	情報通信・情報サービス（産業別労働組合）	立民7位	11万	14万	17万 4)
電力総連	電力会社（産業別労働組合）	国民1位	24万	26万	27万 4)
自動車総連	自動車産業（産業別労働組合）	国民2位	23万	26万	27万 4)
UAゼンセン	繊維化学食品流通サービス（産業別労働組合）	国民3位	21万	26万	20万 4)
電機連合	電機・電子・情報関連産業（産業別労働組合）	国民落選	16万	19万	22万 4)

［注］　自民：自由民主党　　立民：立憲民主　　国民：国民民主党
　　　　得票順位は，「特定枠候補」を除く党内の個人得票数順位。▨は落選。
　　　　1)「準組織内候補」の扱い　　2)「支援」の扱い
　　　　3) 国民民主党からの立候補　　4) 民進党からの立候補
［出典］　筆者作成。

利益集団がもつ専門知識や情報は，役所にとっても魅力的です。たとえば，障害者のための政策をつくるにあたっては，当事者や支援者の団体から現状や要望について聞き取りをするのが有益でしょう。したがって各府省は，さまざまな審議会を設置して，関係する団体の代表者や専門家を集めて，専門知識や情報を入手したり，利害の調整をしたりしています。歴史的に見ると，20世紀に，政府の扱う仕事が増えて，実質的な政策決定の多くを行政機関がおこなうようになるにつれて（**立法国家から行政国家へ**），行政機関と利益集団のあいだの交渉や取引が，政策決定に関して大きな影響力をもつようになりました。

▎集団がつくる政治 ▎

　大学1年生向けの政治学の授業で利益集団について説明すると，「ズルい」という感想がよく返ってきます。選挙以外のルートで意見を政治に伝えるのは，不公平ではないかというのです。

　利益集団の政治参加について考えるにあたっては，まずは，複雑な現代社会のさまざまなニーズは，数年に1回の選挙だけでは，きちんと政治家や役人には伝わらないという点をふまえる必要があります。社会の側から働きかけないと，政治の世界に伝わらないことはたくさんあるのです。

　有権者が選挙によって政治家を選び，その政治家が役人と一緒に社会全体に関わる仕事をおこなう。ここには，有権者の意見が政治家に伝わり，その結果として政策がつくられる，という政治の流れがあります。しかし，よく観察してみると，有権者から政治や政策に至るルート（経路）は，投票を通じたこの1本だけではありません。たとえば，今日では，世論調査の結果やインターネットの書きこみに反応して，政治が動くことだってあります。利益集団の政治参加も，**投票外の政治参加**の1つとして理解できます。それは，社会にあるニーズや情報を，政治過程に入力する1つのルートです。性犯罪を厳罰化する法改正のためにロビーイングをおこなったあるNPOの役員は，政治家への直接の働きかけが「想像以上に大きな変化の力」を生んだと語っています（『朝日新聞』2020年3月7日付朝刊13面）。

　しかし，利益集団の働きかけを「ズルい」と感じることに根拠がないわけではありません。実際には，だれもが同じように政治に声を届けられるわけでは

Column❶-3　誤解しやすい政治学の言葉

　政治学では，「市民」という言葉がよく使われますが，これは，自治体の単位としての市の住民（たとえば大阪市民や千葉市民）のことではありません。政治学の「市民」は，英語のシチズンに対応する言葉で，政治共同体（国家）のメンバーのことです。だから，「市民」は「国民」とも意味が重なるのですが，政治学では，「国民」は，英語のネイションに対応する言葉として使うことが一般的です（→第9章）。「市民社会」は，現在では，政府でも市場でもない，市民たちの領域を示す言葉として使われます。ただし，かつてマルクス主義の影響が強かった時代には，「市民」を資本家やブルジョワの意味で使うこともありました（→第10章）。

　同じように誤解しやすい言葉としては，上院・下院があります。日本では「衆議院の優越」が定められていますが，衆議院が上院となるわけではありません。**二院制議会**はもともとは身分制に由来する制度で，その名残りは，イギリスの貴族院と庶民院に残っています。それぞれは貴族と平民が集まる会議で，政治思想の歴史のなかでは，「知恵を発揮する会議」と「みんなの意志を示す会議」として位置づけられてきました。アメリカでは，貴族がいなかったので，建国するときに貴族院を上院に模様替えして，州の代表が集まる会議としました。現在の日本では，参議院が，貴族院や上院の流れを受け継ぐ会議です。

ないからです。集票力や資金をたくさんもつ利益集団は，政治家や官僚と接触しやすく，大きな影響をおよぼすことができるでしょう。力の強い集団が，政治家や官僚と緊密な関係をつくりあげて，内輪（インサイダー）だけで政治を動かして，特権的な利益（**レント**と言います）を得るならば，デモクラシーの原則とは衝突します。

　つまり，利益集団は，デモクラシーにとって，プラスにもマイナスにも作用するのです。利益集団は，社会のさまざまなニーズを拾い上げる点でデモクラシーに貢献しますが，しかし，その政治参加が閉鎖的で特権的になるならば，デモクラシーを損ねてしまいます。こうした点について，政治学はこれまでにさまざまに議論してきました。ここでは，ごく基本的で有名な学説を学んでおきましょう。

　ある特権集団が陰で政治を動かしている，という議論は人類史上で何度も登

場してきましたが，R. A. ダールは，アメリカのある都市の政治の実態を研究して，こうした政治理解を退けました（ダール 1988）。ある人やある集団が権力を独占して何でも決めているわけではなく，役所も含むいくつもの集団が，競争したり交渉したりしながら政策がつくられている。ダールが示したこうした政治のモデルを，政治学では**多元主義**（プルーラリズム）と呼びます（→第11章）。

　これに対してT. ロウィは，こうした多元主義を支える考え方を「利益集団自由主義」と呼び，集団が複数であろうが，行政と利益集団が密室で政策を決めることがデモクラシーの危機を招いている，と批判しました（ロウィ 1981）。また，P. シュミッターらは，歴史や社会構造をふまえた分析が必要であるという観点から多元主義のモデルを批判し，ヨーロッパ各国における利益集団と政治の関わりを「**コーポラティズム**」という別のモデルで説明しました（シュミッター・レームブルッフ編 1984）。これは，多元主義のような競争の政治でなく，協調の政治です。ここでは，経営者の代表，労働者の代表，国の三者が「賃金は抑えるが雇用は守る」などのように互いに協調・妥協して，政治の決定がなされます。

　日本における利益集団と政治の関わりはどうでしょうか。佐藤誠三郎と松崎哲久は，1970 年代初頭までに完成した日本のシステムを，「自民＝官庁混合体によって枠づけられ，仕切られた多元主義」と名づけました（佐藤・松崎 1986: 5）。この「**仕切られた多元主義**」は，各省庁の管轄ごとに，**族議員**（その分野に詳しく，業界とつながりも深い政治家）と官僚が互いに助け合いながら，利益集団と協調して政策を決めるしくみです。もっとも，半世紀を経た現在では，「団体離れ」が進んでおり，利益集団の影響力は低下している，と指摘されています。

　この章では，仕事選びという観点から，政治の世界を観察してきました。いかがでしたか。政治を仕事にする選択肢もあれば，そうでない選択肢もありますが，後者の道を選んだとしても，どうやら，わたしたちが政治そのものから逃れるのは難しいようです。政治はみんなに関わることを決めるので，わたしたちの仕事や生活は政治に影響を受けます。税金は，強制的に徴収されます。

だれかの働きかけの結果，自分が損をする政治の決定がなされることもあります。しかし，決められたことをただ受け身で受けとめるだけでなく，一人ひとりが政治に働きかけることを可能にするしくみが，デモクラシーなのです。そのしくみをこれから詳しく学んでいきましょう。

EXERCISE ●考えてみよう

① あなたが住んでいる市町村や都道府県の議会について調べてみよう。議員の給与はどれくらいでしょうか。どんな人が議員で，若者や女性はどれくらいいるでしょうか。選挙で当選するためには何票あればよいでしょうか。

② 国家公務員と地方公務員の試験について，試験科目や実施時期を詳しく調べてみよう。興味をもった府省について，公開情報をもとに，ピラミッド型の組織図をつくってみよう。

③ 自民党の政治資金団体「国民政治協会」の収支報告書は，インターネットで閲覧できます。どんな企業がどれくらい寄附しているのか，ランキング表をつくってみよう。

さらに学ぶために　　　　　　　　　　　　　　　Bookguide ●

林芳正・津村啓介『国会議員の仕事——職業としての政治』中公新書，2011 年。

　政治家自らが語る政治家の生態。2009 年の政権交代の記録としても面白く読めます。

村木厚子『公務員という仕事』ちくまプリマー新書，2020 年。

　公務員の仕事のやりがいを体験にもとづいて平易に語っています。嶋田博子『職業としての官僚』（岩波新書，2022 年）との併読をおすすめします。

A. フリスほか／国分良成監修，浜崎絵梨訳『図解　はじめて学ぶ　みんなの政治』晶文社，2019 年。

　海外の子ども向け入門書ですが，新鮮に学べます。「政治を変える」の章のように，日本の教科書と比べ，政治参加の記述が多いのも魅力的です。

映画で学ぼう

Movieguide ●

現代日本の政治家の実態について知るために，本文で触れた『はりぼて』と，『なぜ君は総理大臣になれないのか』（大島新監督，2020 年）を見比べてみよう。『女神の見えざる手』（J. マッデン監督，2016 年）では，利益集団やロビイストがどのように描かれているでしょうか。

その他の引用・参照文献

Reference ●

青木栄一 2021『文部科学省——揺らぐ日本の教育と学術』中公新書。

伊藤大貴・遠藤ちひろ 2014『市議会議員に転職しました。——ビジネスマンが地方政治を変える』小学館。

蒲島郁夫・境家史郎 2020『政治参加論』東京大学出版会。

坂本治也編 2017『市民社会論——理論と実証の最前線』法律文化社。

佐藤誠三郎・松崎哲久 1986『自民党政権』中央公論社。

嶋田博子 2022『職業としての官僚』岩波新書。

清水唯一朗 2013『近代日本の官僚——維新官僚から学歴エリートへ』中公新書。

シュミッター，P.・G. レームブルッフ編／山口定監訳，高橋進・辻中豊・坪郷実訳 1984〔1979〕『現代コーポラティズム——団体統合主義の政治とその理論』 I，木鐸社。

千正康裕 2020『ブラック霞が関』新潮新書。

ダール，R. A.／河村望・高橋和宏監訳 1988〔1961〕『統治するのはだれか——アメリカの一都市における民主主義と権力』行人社。

田中秀明 2019『官僚たちの冬——霞が関復活の処方箋』小学館新書。

辻陽 2019『日本の地方議会——都市のジレンマ，消滅危機の町村』中公新書。

日本経済新聞社政治・外交グループ編 2022『Reading Japanese Politics in Data データで読む日本政治』日経 BP。

濱本真輔 2022『日本の国会議員——政治改革後の限界と可能性』中公新書。

前田健太郎 2014『市民を雇わない国家——日本が公務員の少ない国へと至った道』東京大学出版会。

前田健太郎 2019『女性のいない民主主義』岩波新書。

三浦まり・衛藤幹子編 2014『ジェンダー・クオータ——世界の女性議員はなぜ増えたのか』明石書店。

山田真裕 2016『政治参加と民主政治』（シリーズ日本の政治 4）東京大学出版会。

ロウィ，T.／村松岐夫監訳 1981〔1969〕『自由主義の終焉——現代政府の問題性』木鐸社。

第**2**章

選　挙

政治家の就活？

INTRODUCTION

　第1章では，政治に関わる人間の典型としての政治家と官僚について，その仕事ぶりや給料についてかなり具体的に見てきました。本章ではこのうち政治家に注目し，政治家を政治家たらしめているものは何かについて少し理屈っぽく考えてみましょう。

　最初に答えからいきましょう。少なくともわたしたちが生きているデモクラシーの社会において，政治家を政治家たらしめているもの，それは選挙です。選挙とは政治家の就職活動だと言うこともできます。政治家は選挙に当選したとき，はじめて政治家になることができます。反対に，どんなに実績を積み重ねているベテラン政治家も，選挙に落ちたらその瞬間に失業です。「猿は木から落ちても猿のままだが，政治家は選挙に落ちたらただの人だ」（大野伴睦）という言葉を聞いたことがあるのではないでしょうか。これは，政治家が定期的に就職活動を繰り返しそのたびに失業の危機にさらされる，とても不安定な職業であることを端的に示しています。そして選挙という就職活動の面接官は，わたしたち選挙民・有権者です。本章では政治家を政治家たらしめ，わたしたち一人ひとりと政治家を結びつけている選挙について見ていきます。

上川あや『変えてゆく勇気——「性同一性障害」の私から』（岩波新書，2007 年）

　街頭活動でも，当初の反応は散々だった。毎朝，怖気（おじけ）づきそうになる心を奮い立たせ，大きく息を吸い込んで話しはじめる。例の「戸籍は男性」というフレーズにさしかかると，人々は驚いて振り返る……「親はどういう育て方をしたんだ」「家に帰って飯の支度をしろ」。そんな罵声を浴びせかけられたこともあった。

　それでも毎朝，毎晩，多くの通勤客が行き交う駅前に立つうち，いちいち私の姿を眺め回してささやきあう人は減り，私の声などまったく聞こえず，私の姿などまったく見えないかのように人々が過ぎゆくようになった。でも私は感じていた。みんな足早に通り過ぎてゆくけれど，その耳は確実に私の声を捉えているはずだと——。（上川 2009: 23）

　選挙というと，みなさんはどんな風景を思い浮かべるでしょう。1 つの典型は，選挙期間中に候補者が駅前などで演説をしている姿ではないでしょうか。その姿を脳裏に思い浮かべたとき，どんな感情がそこに伴っているでしょうか。無関心，無感動，「特に何も」という方も多そうです。同時に，気ぜわしい通勤・通学の際の一コマで，きちんと話の中身を聞いた記憶はないな，だいたいあんなことして何の意味があるのかと思った人も多いのではないでしょうか。

　そこで視点を変えて，実際に演説する候補者の身になったと想像してみてください。どうです。がぜん，緊張感が増してこないでしょうか。そもそも大勢の人を前にして話をするのが苦手だという方も少なくないでしょう。しかもそこにいるのは，さっきまでみなさんがそうだったように，自分の話にほとんど何の関心も示していない人の「群れ」です。この文章の書き手は，教員という職業柄，あまり熱心ではない聴衆を前にして話をすることに慣れてはいます。それでも決して愉快な体験ではありません。まして慣れていない人であれば，何を好き好んでこんなことをするのか理解が難しいのではないでしょうか。そんなことをするのは，少し「変わった」人か，よっぽど切実な事情を抱えている人なのではないでしょうか。政治家，とりわけデモクラシーにおける政治家が少し「変わった」人ではないかという話は本文でしますので，ここでは切実な事情がある人のほうに目を向けてみましょう。

　引用した KEYTEXT は，トランス・ジェンダーの女性として区議会議員選挙に立候補した上川あやさんが街頭に立ったとき，その目に見えていた風景を映したものです。1968 年，戸籍上は男性として生まれた上川さんは 2005 年，性的マイノリティであることを公表したうえで，東京都世田谷区議会議員選挙に立候補し，当

選しました。この文章には，大勢の人の前で「声をあげる」ことにまつわる緊張感とその「手ごたえ」が見事に描写されています。政治と選挙，政治家と有権者の関係や関わりを考えるうえで大事なことが，ここには描かれているのです。

写真 2.1　上川議員の演説風景
（同議員のウェブサイトより）

1　選挙はお嫌いですか

お行儀がよすぎない？

　わたしたちの社会は，選挙で選ばれた人を他のエリート（→Column ❷-1）に比べて特に「偉い」ということにしてある社会と言えます。具体的には，さまざまな種類のエリートたちのあいだで，たとえば選挙に当選した人と試験に受かった人（たとえば官僚）とのあいだで意見が食い違うような場合に，とりあえず基本的には（あくまでも「とりあえず基本的には」です）選挙に当選した人の決定を優先しようというしくみが組み込まれているということです。もちろん，INTRODUCTION でも言った通り，政治家の地位はとても危ういものです。選挙に落ちたらすぐに失業してしまうのですから。しかし，実はこれこそ政治家が他のエリートより「偉い」ことの根拠でもあるのです。つまり，その「偉い」ポジションがみんなの選択にかかっているというまさにそのことが，その

Column ❷-1　エリート

　みなさんは「エリート」と聞くと，どんな人を思い浮かべますか？　生まれ
や家柄をひけらかす鼻持ちならないやつでしょうか？　政治学は「エリート」
を扱うと言うと政治学もまた鼻持ちならない学問かと思われるかもしれません。
しかし「政治家がエリートである」と言うとき，政治学では多くの場合，「選
ばれて公職にある」という意味で，その言葉を使っています。家柄がどうとか
お金持ちであるかどうかはその際，問題ではありません。ある言葉を日常の語
感を離れて1つの専門用語として用いるということが，政治学に限らず学問
にはよくあります。「エリート」もその例です。

人が少なくとも次の選挙がおこなわれるまでは，わたしたち「みんな」の支持
を受けた代表であることを意味するというわけです。したがって，政治家が帯
びる特別な「偉さ」も，彼ないし彼女個人が偉いことから来るのではなく，そ
れが一人ひとりかけがえのないはずのわたしたちみんなの「偉さ」から来てい
るということになります。こうした考え方あるいはそれを前提としたしくみの
ことを，通常は民主主義とかデモクラシーと呼んでいるわけです。

　したがって，みんなのもつ「偉さ」を政治家に託す場である選挙は，デモク
ラシーにとって，とても重要な意味をもっています。いや，むしろ選挙がデモ
クラシーそのものだと言っても大げさではないかもしれません。「選挙はデモ
クラシーの華」と言われるのはそういうわけなのです。これは反対から言えば，
ちゃんとした選挙がおこなわれない社会，つまり，「みんな」にもれなく選挙
権が与えられ，自由かつ公正な環境で安全に投票がおこなわれ，その結果とし
て政治家が平和的に交替していくというしくみが社会的にきちんと実装されて
いない社会が，たとえどれだけ力を込めて「わたしたちの社会は民主的です」
と言い張ろうとも，あまり信用されないということを意味します。つまり単に
名前だけではない「まっとうなデモクラシー」とは公正な選挙をおこなうデモ
クラシーのことなのです。

　選挙は大事です。そうであるからこそなのでしょうが，選挙を語るその語り
口は，しばしばお行儀のよいきれいごとに終始しがちです。「若い人も政治に

関心をもって，必ず選挙に行きましょう」。そういう台詞ならもう聞き飽きた
という方も多いのではないでしょうか。まずは，みなさんの「え，またその
話？　もういいよ」という反応について考えていきましょう。結論から言うと，
その反応は実にもっともなところがあります。

　第1に，「選挙は大事」という言い方は，言われすぎると何か嘘くさい感じ
がしてこないでしょうか。選挙が大事ということで，何か他の大事なことを隠
しているんじゃないか，というような。確かにそうです。18世紀のJ.-J.ルソ
ーによる「イギリス人が自由なのは選挙のあいだだけ」（ルソー 2010）という
趣旨の有名な警句は，そのことと関係します。考えてみてください。「政治に
関心をもとう」「政治に参加しよう」とよく言われますが，実はそれと「投票
に行こう」「選挙に行こう」とがぴったりと重なるわけではありません。政治
への関わり方，参加の仕方は投票に行くこと以外にも実にさまざまなものがあ
るはずです。それこそ（要件を充たしていれば）自分が立候補してもいいでしょ
う。政党に加入してもいいはずです。あるいはそこまで極端でなくてもデモ行
進に参加すること，道で演説している立候補予定者と握手すること，地域選出
の議員に手紙を書くことも（場合によっては，無名の一票よりは，署名入りの一有
権者の声のほうが政治家を動かすことも考えられるでしょう），それぞれ立派な政治
参加です。

　それどころか，第2部で詳しく学ぶように，デモクラシーの歴史を考えれ
ば，「みんなで決める」というあり方こそが「ほんとうのデモクラシー」とさ
れていた時代のほうが長かったのです。特定のだれか（政治家）を選びその人
にお任せするのではなく，自分たちが自分たちのことを決めるべく盛んに行動
する。こうした古い「ほんとうのデモクラシー」の立場から見れば，選挙や投
票というのは，本来みなさんがもってるはずの政治参加のもっと多様な自由を
売り渡してしまう嘆かわしいものにほかならないということになります（ルソ
ーはまさにそう考えて先ほどのように言うわけです。本書には，この「ほんとうのデモ
クラシー」が，これから何度も登場します）。

　とはいえ，教室で「政治に関心をもとう」「積極的に参加しよう」と教える
大人や先生に「分かりました，では特定の政党に加入してばりばり活動しま
す！」と答えたら，目を白黒させて「いや，必ずしもそういうことでは……」

と困惑するのではないでしょうか。「選挙こそがデモクラシー」という言い方には，うがった見方をすれば，あくまでお行儀よく一票を投ずる有権者としてのみ政治に関わってくださいというメッセージが隠されているのかもしれません。

■「賢い有権者」のまぼろしを追って ■

　もちろん，「わたしは手紙を書いたり，デモに行くのはだるいからいいや。有権者として投票のみの政治参加で結構です」という方もいらっしゃるでしょう（後に見るように，それはそれでもっともなことです）。しかし，その場合でもそれで問題がすべて解決されるわけではないことには，すでにお気づきでしょう。「選挙が大事です」という言い方の背後には言外に，有権者一人ひとりに対して，社会の出来事を客観的に認識して正しい判断を下す「賢い有権者」であれ，というかなりお説教臭いメッセージもまた隠されています。

　しかし，そんな「賢い有権者」はどこにいるのでしょうか。そして「賢い有権者」とはそもそもどんな有権者なのでしょうか。たとえばそれは「世界や社会全体にとって良い候補や政策が選択できる有権者」なのでしょうか。それとも「自分にとって得になる候補や政策が選択できる有権者」なのでしょうか。

　「選挙が大事です」論者たち（こう呼ぶことにします）は，この点を次のように考えました。まず，前者の意味での「賢さ」を有権者に求めることをあきらめました。そして，後者の意味で，つまり「自分にとって得になる候補や政策が選択できる」ことを「賢さ」（**合理性**）と仮定することで，なんとか「合理的」な有権者を発見しようと努力することにしたのです。

　これはつまり，有権者を市場における「賢い消費者」になぞらえる試みと言えます。「賢い消費者」はまず，自分がどんな商品を望んでいるのかを知っている必要があります。そしてどの会社がどんな製品を提供しているかを知り，それらを比較したうえで，どの会社が提供する商品が自分のもともとの希望に近いかを判断し，購入を決断するはずです。同様に，「賢い有権者」は自分がどんな政策を望んでいるかを知っており，また候補者の提示する政策のうちでどの政策が自分のもともとの希望に近いかを判断し投票をおこなうはずです（このような「賢い投票行動」のことを**争点投票**と言います）。

ところが，政治学の研究が進めば進むほど明らかになってきたのは，このような争点投票が可能になる条件はかなり限られているということでした。有権者のほとんどは，自分たちが何を望んでいるのかを認知しておらず，そして候補者がどのような政策を掲げているのかについて多くの場合ほとんど知りません。

　それでも，「選挙が大事です」論者はあきらめませんでした。「賢さ」のレベルをもう一段引き下げることにしたのです。数ある商品のなかでどれが一番欲しい商品なのかを選ぶことはできなくても，購入した商品の使い心地が良かったか悪かったかは判定できるはずです。同様に，現在の政府を担う政治家について，その在任中，景気が良かったか悪かったか，自分の収入が増えたか減ったかによって，評価を下すことならできるのではないでしょうか（このような「賢さ」のレベルが一段低い投票行動のことを**業績評価投票**と言います）。

　ところが，これもあまりうまくいきませんでした。たとえば，有権者は景気と違って政治家の力がおよばないはずの自然災害についても政治家の責任を問おうとしたり，4年の在任期間中3年間は景気が最悪でも直近の1年だけ景気がよい場合にはその政治家に高い評価を下したりといったような，明らかにあまり「賢くない」行動を示すことが分かってしまったのです（Achen & Bartels 2016）。

　それどころか，政治学者がいろいろと調べた結果判明したのは，有権者がステレオタイプやイメージによって動かされていること（美顔や笑顔の候補者に明らかに多くの票が集まります），あるいは政党やイデオロギー（政治についての考え方や立場）が先にあり，そこから投票先が決まるということでした（山田・飯田編 2009）。つまり A 党の候補者に投票することはあらかじめ決めたうえで，そのために都合の良い情報を後付け的に選んでくるといった投票行動のほうがむしろ普通だったのです。

「賢さ」のパラドックス

　また，そもそも「賢い消費者」になぞらえて「賢い有権者」を考えるやり方を突き詰めると，とても変なことになります。考えてみてください。本当に自分にとって得になることを選択する「合理的な個人」が投票に行くでしょうか。

それはつまりこういうことです。いままで有権者は，自分の得になりますよと示された政策Ａと政策Ｂのあいだで判断することが想定されていました。ところが，この判断を，投票することと投票以外の他のこと（寝る，食事に行く，友達と遊ぶ……）とのあいだで下すことにするとどうでしょうか。そういう有権者が投票に行くためには，投票に行くために生じるコストを上回る何かよいことが必要になります。しかも，考えてみれば分かることですが，有権者が増えれば増えるほど，あなたの一票が選挙結果を左右する確率は低くなります。実際問題，ほとんどの選挙であなたの一票が結果を左右することはまずありません。そうであれば，投票に行かずに何か他のことをしていることのほうが「賢い」ということになります。投票はコスパが悪すぎるというわけです。

　そして，果たしてそれは悪いことでしょうか，と「ほんとうに賢い消費者」は続けるはずです。政治的無関心による棄権を「選挙は大事です」論者は悪いことだと言うけれど，みんながそんなに熱心に投票に向かい，選挙結果に一喜一憂するような社会（それはきっと，選挙結果によって生活の根本がガラッと変わってしまうような社会でしょう）は本当に健全な社会なのでしょうか。むしろ，みんながほどほどに政治に無関心でも大過なく過ごせていける社会のほうが望ましくないでしょうか。

　このように見てくると，「選挙は大事です」論者の旗色はあまりよくありません。「ほんとうのデモクラシー」論者からは，政治参加を投票行動に切り詰めていてけしからん，と怒られます。他方で，「賢い消費者」論者からは，政治に関心をもつことを無条件に良いものとして押し付けているのではないか，と叱られるのです。そして肝心の「賢い有権者」の存在は，これまで見てきた通り，自明ではありません。

 ## 選挙はいらないか

▌他にどんなやり方があるの？ ▐

　「賢い有権者」という理想には，確かに押しつけがましいところがあります。ですが，この理想を完全に捨て去ってしまうと，選挙はとたんにそのお行儀の

悪い姿を露わにします。それぞれの「なかま」が徒党を組んで，互いに相手を
誹謗中傷し合う泥仕合。それは要するに争いであり疑似的な戦争です。勝てば
官軍となれば，そこには当然，卑怯なズルが横行するかもしれません。「選挙
は大事」という言い方が嘘くさく聞こえるのは，実はみなさんが選挙の本質を
こうしたお行儀の悪いものと見抜いているからなのかもしれません。選挙は，
所詮，政治やデモクラシーにおける物事の決め方の１つでしかありません。で
あれば，いっそ選挙なんて捨ててみるという手はないでしょうか。

　もちろん，「選挙をやめて独裁で」というわけにはいきません。そこで，あ
りうる考え方はおそらく２つあります。１つは政治家の選び方を投票以外のも
のにすることです。たとえば抽選（くじ引き）で，わたしたち全員のなかから
無作為に政治家を選ぶのです。もう１つは，投票を政治家を選ぶことから切り
離し，望ましい政策をわたしたちが直接決めることです。この２つの方法はど
ちらも，ある程度であれば，すでに実際に社会のなかに導入されています。前
者は裁判員制度がそうですし，後者は住民投票（レファレンダム）がそれです。
そして実はこれは言うなれば，投票で政治家を選ぶ間接民主主義（代議制民主
主義）に対し，それ以前にあったとされる古代型の「ほんとうのデモクラシ
ー」の復活と言えるものです。住民投票はともかく抽選もそうなのかと驚かれ
るかもしれませんが，そうなのです。

　投票で政治家を選ぶ間接民主主義（代議制民主主義）が一般的になる以前には，
政治家を抽選で選ぶデモクラシーのかたちもありえたのです（→Column❶-
1）。最近では抽選による政治家の選抜と，討論や熟議を組み合わせたデモク
ラシー（ロトクラシーと言います）が真剣に構想されています。立候補したい人
が，みんなが選びたい人とは限らないというのは，身近なところでもよく分か
る話でしょう。そうであれば抽選＋熟議（討論）というかたちの民主主義にも
可能性はあるのかもしれません。

　また，住民投票については，インターネットや電子的プラットフォームが新
たな可能性を開いてくれるでしょう。全員が参加する直接民主主義は大規模な
社会では難しいというのは昔の話です。いまや手元の携帯端末を通して一人ひ
とりが電子投票をしながら「みんな」に関わる事柄を決めていく，そうしたこ
とは決して絵空事ではないはずです。そして確かに，政治家を選挙で選ぶとい

う過程をスキップすることで解決しそうなことはいろいろあります。たとえばジェンダーや年齢の偏りの問題がそうですね。無作為抽出で政治家を選ぶ，あるいは電子投票で選ぶということになれば，「議員はおじさんばっかり」ということもなくなるかもしれません。

▎消極的な擁護▎

では，やっぱり「選挙（代議制民主主義）はオワコン（時代遅れの，終わったコンテンツ）」なのでしょうか。正直に言うと，これを書いている人にもよく分かりません。そうである気もしますし，そうでない気もします。とりあえず，いきなり結論を出す前に，もう少し選挙のいいところを挙げて考えてみましょう。

そもそも考えてみれば，選挙を基本とするデモクラシーは，それ自体としてすばらしいかどうかをあまり問われてこなかった制度と言えます。なぜなら，それはもっと悪い状態，つまり一人の君主による恣意的な政治や，内戦や内乱など暴力的手段による問題解決に比べて相対的にましなものとして位置づけられてきたからです。「頭をかちわる代わりに，頭数を数える」（J.ブライス『近代民主政』〈1921 年〉，もともとは J.スティーブン『思想と討論の自由』〈1873 年〉から）ほうがいいでしょう，というわけです。相手を殲滅すべき敵ではなく，競争におけるライバルに変える。選挙や投票のこうした利点は引き続き大事ではないでしょうか。とりわけ，人と人の関係はともすればこじれやすく，放っておけば最後は殺し合うことになるかもしれないというシニカルな認識に立てば，なおさらです。「選挙なんかいらないよ」と言う人たちは，この点を甘く見すぎてはいないでしょうか。

政治的無関心についても同様です。放っておけば人間は政治に関心なんかもたないというのは，たぶん嘘です。先ほど，合理的に考えれば人は投票に行かないはずだという話をしましたね。しかし，それにしては多くの人が依然として投票に行きます。なぜでしょうか。それは，おそらく人びとが十分に合理的でないからというより，選挙それ自体が割と楽しいことだからである可能性があります。先ほど，選挙のお行儀の悪さを疑似的な戦争にたとえました。戦争は決して楽しくありません。ですが，疑似的な戦争は楽しいことがあります。スポーツやお祭りのもっている楽しさには，そういうところが含まれています

写真 2.2　台湾の選挙キャンペーンの様子

太鼓や銅鑼を鳴らす男衆に先導されて台湾の神様「七爺八爺」が登場し，熱気を帯びる選挙集会（台北市，2019 年 12 月 28 日）。
［写真提供］　毎日新聞社。

よね。そして選挙は少しばかりお祭りに似ています（**写真 2.2**）（杉本 2007）。お祭りに参加することについて，「合理的に考えれば行かないはず」というのは頓珍漢です。参加それ自体が手段ではなく目的なのですから。そしてこの楽しさは選挙だけでなく，おそらく政治とそれに関連して発生する争いや対立それ自体にもあると言えるでしょう。

　他方，もちろんこの楽しさには危険もあります。スポーツやお祭りは，それが激しいものであればあるほど楽しさも大きいかもしれませんが，危険も付きまといます。政治も同様です。政治にまつわる対立は，人を興奮させますが，度を過ぎれば喧嘩を引き起こし，周囲の人間関係を壊すことになりかねません。

　この点，選挙というのは，公職選挙法をはじめとするさまざまなルールによって縛られています。たとえば日本の公職選挙法 178 条 6 項は候補者が当選後，「隊を組んで往来する等によつて気勢を張る行為をすること」を禁止しています。勝者はあからさまに勝ち誇って敗者を挑発してはいけないのです。こうした工夫は，政治がもっている楽しさとその裏側に張り付いている危うさを，「良い加減」のうちに収めようという知恵と言えるかもしれません。そのままだったら危険すぎて近づきたくないという人に「これくらい安全なら関わってもいいかな」と思わせることができる。政治参加を忌避する傾向が強い日本社

Column ❷-2 政治学と性教育

B. クリックは『シティズンシップ教育論』において，政治をセックスにたとえて，政治学と性教育が陥りがちな欠点は似ていると指摘します（クリック 2011）。つまり，大事なことではあるけれど，子どもに正面から教えることは難しくて，結果として性教育が性行為の解剖学的解説に終始しがちであるように，政治学も政治過程の解説に終始しがちであるというのです（大事なことは，人体図の解説ではなく，目の前のパートナーをどのように尊重するのかということのはずなのに）。

この本の読書には主に大学生のみなさんを想定していますので，選挙や政治のもつ「少し危うい，でも（だから？）楽しい」側面についても踏み込んでいます。性教育は水泳にもたとえられ，「子どもたちをプールから遠ざけるより，泳ぎ方を教えるほうがよい」などと言われますが，これもまた政治学にも当てはまりそうです。もちろん，水泳にも性にも興味がない人がいるように，政治に興味がない人もいます。それは別に悪いことではありません。ただ，多くの人にとってそれがどういう意味をもっているのかを知っておくことは，そういう興味のない人の役にも立つはずです。

会においては，「選挙には行かなきゃ」という規範意識が比較的強いことが知られていますが（西澤 2004），これは選挙がもっている「政治的対立の処理方法として比較的安全なもの」という穏健な性格を，人びとが直観的によく理解しているからなのかもしれません。

┃ （やや）積極的な擁護 ┃

以上は「〜よりはまし」という消極的な弁護の仕方でした。では，選挙に積極的な利点は何かあるでしょうか。第1に，「選挙は嫌いでも選挙権は嫌いにならないでください」という方向があるかもしれません。次の選挙に投票しに行かないかもしれないという人も，「ではあなたの選挙権は剥奪しますね」と言われたら嫌な気分になるでしょう。もしかしたら深く傷つくかもしれません。それはやはり投票が，「賢い消費者」が購入するかもしれない商品以上の何かだからなのではないでしょうか。それが「みんな」の一員として認められること，メンバーシップの問題に関わっていることを示唆しているからではないで

しょうか。市場のなかでの消費者と商品の関係であれば，商品Ａがたとえ購入できなくても，消費者は他の商品Ｂや商品Ｃを購入すればいいだけでしょう。ところが，政治の場においては，国家をはじめとするコミュニティが提供するサービスはだいたい代替品がないものです。いわば一社提供の独占市場なのです。そして人は偶然，何らかの政治コミュニティに生まれおち，通常はそのあいだを自由に移動できるわけではありません（旅行はできても旅行先でその国の選挙に参加はできないわけです）。政治に参加する，しかも安全にそして公的に認められたかたちで参加する権利というのは，代わりのきかない貴重なものです。

　第2に，選挙は，「みんな」を「つくる」ための運動であるという視点からも大事です。デモクラシーは「みんな」で「みんなに関わる事柄」を決めるしくみです。ところが，「みんな」の意見や利益というものが最初からあるいはあらかじめ存在するわけではありません。それはまず自分一人の切実な利害や思いから始まるはずです。「全体はなんとなくこういう方向にまとめようとしている雰囲気を感じるけど，自分としては嫌だな」と思うことがあるんじゃないでしょうか。そこであなたは我慢するべきでしょうか。「自分一人なら，自分が我慢すればいいだけだし」と思うかもしれません。

　しかし，あなたは本当に一人なのでしょうか。たとえばあなたが性的マイノリティだとしましょう。そして，そのことで何かしらの不満や不都合を感じているとしましょう。みんなの議論はそれを無視して進んでいる。そこであなたは黙っているべきでしょうか。もちろん，それはどちらでも構わないのです。無理に声をあげる必要はありません。しかし，大事なのは声をあげると，それが「一人」の意見ではなかったことが分かることがあるということです。それはもちろん数のうえでは多数ではないかもしれません。しかし，一定の数の同じような悩みを抱えた「なかま」が見つかるかもしれない。

　もちろん性的マイノリティはたとえですので，実際にはこうした「なかま」にはいろいろな種類があることでしょう。LGBTQ＋の当事者の団体から，第**1**章，第**3**章に登場するような業界団体まで。その「なかま」の希望についても，「みんな」からは，正当な訴えであると見られることもあれば，単なるわがままと見られることもあることでしょう。しかし，大切なのは，それによっ

て，そうした声がなければ存在しなかったことになっていた不満や対立軸を「みんな」の前に提示することができるということです（KEYTEXT参照）。

　そして実は先に挙げたインターネット・デモクラシーが苦手とするところは，論点を提示する，あるいはつくりあげていく，こうした機能だと言えるかもしれません。物事を決めるときに一番大事なのは議題を設定し，論点を提示することです。つまり会議ですね。会議に際しては事前交渉や根回しが必要不可欠です。そして，駆け引きや取引あるいは妥協が必要とされるのもまさにこの部分です（森田 2006）。ネット上だとなかなかこうした種類の作業は難しい。コロナ禍をへて，そう実感している方も皆さんの中にはおられるかもしれません。

　駆け引きや妥協，と言うと，少し「汚い」印象があるかもしれません。そうだとしても，これは社会に必要な汚さだということは理解してもらえるのではないでしょうか。選挙を軸とした代議制民主主義とは，この「汚れ仕事」を担う専門家として政治家を雇うしくみなのだと考えることができます。そう，「汚れ仕事」です。そう考えると，抽選で政治家を選ぶロトクラシーの欠点もまた見えてきます。妥協や取引などの少し「汚い」仕事をしながら，ときには生死にも関わる「みんな」に関わる決定を下し，あげくその責任を問われる。考えようによってはこんなに割に合わない仕事はありません（同じことは，たとえば凄惨な殺人事件を審理したり，死刑判決を下したりしなくてはいけない裁判官にも言えます）。政治家を好き好んでやりたいという人は，もしかしたら少し「変わった人」です。少なくとも効率よくお金を稼ぐ方法を追求しているという意味で「賢い人」ではどうもなさそうです。「何か大きなことをしてみんなに称賛されたい」という人である可能性はあります（アリストテレス 1971）。そういう人が，何かもっと別の変なこと（そしてその結果，多くの人が不幸になるような変なこと）をしでかす前に，「みんな」のために働く政治家にしてしまうというのは，大人の知恵というものではないでしょうか。

　この観点から見れば，選挙の最大の機能は，こうした「変わった人」としての政治家の才能を備えた人を鍛え，教育し，選抜することにあると言えるでしょう。選挙を通して政治家は鍛えられるのです。まず笑顔です。政治家は選挙に際し，口角筋がひきつるほど笑わなくてはいけません。そして握手です。数えきれないほどの多くの人と握手をして，身体を寄せ合わせなくてはいけませ

ん（御厨 2016）。

　もちろん，これは欠点でもあります。握手を求められれば拒むわけにはいかない選挙期間中の政治家は，肉体的にも精神的にもとても無防備です。罵声を浴びせられることも，殴られたり殺されたりする危険だってあります（多くの人と触れ合うことが選挙戦の本質である以上，警備には限界があります）。また，こうしたタフネスの要求がジェンダー・バランスの悪さの原因となるおそれもあります。セクシュアル・ハラスメントの危険もありますし，家庭内でのケア労働を配偶者に丸投げされやすいほうの性別に不利に働くことも大いに考えられるところです。こういった点を考えると，政治家にどれほどの試練を与えるべきかはなかなか悩ましい問題だと言えます。とはいえ，まったく何の試練も経ていない政治家に，わたしたちの，ときには生死に関わる決定を委ねるのはいささか心もとない気がしませんか。

3　技術的な改善点

┃一人一票┃

　現行の選挙は多くの場合，一人が一票をもち，最も多くの票を集めた候補者が当選するという単純多数決でおこなわれています。しかしまず，現在「一人一票」というのは本当でしょうか。たとえば人口の多い選挙区と少ない選挙区とでは実質的に一票の価値が変わる可能性があります（**一票の格差**）。また，「一人一票」といっても，これはこの社会では 18 歳以上の話です。18 歳未満の子どもには一票は与えられていないわけです。しかし，これはおかしくないでしょうか。ほぼ確実に将来の有権者になるのだとしたら，たとえば 50 年後の未来に関わる決定を，おそらく 50 年後に生きていない人は関われるのに，おそらく 50 年後にも生きているだろう人が関われないのは不合理に思えます。この点について，18 歳未満の子どもにも投票権を与え，それをたとえば保護者に委託するなどの制度は考えられないでしょうか（安藤 2016）。

　先にも述べた通り，選挙権は「みんな」の範囲に関わる大事な権利です。上のような理屈があるとはいえ，子どもがいる人に一票以上の票を与えるのは，

子どもがいない人とのあいだで不平等が生じます。そして，そういうことを言い始めると，すぐに「お金持ちと貧乏人とで同じなのはおかしい」とか，「政治の知識のある人とない人とで同じなのはおかしい」という議論も出てきそうです。実際に過去にいくつもそういう議論がありました（ミル 2019）。お金持ちも貧乏人も，知識のある人もない人もみんな等しく一票というところに権利としての選挙権の大きな意義の１つがあるのは確かで，その点をふまえたうえであれば，「みんな」の範囲に直接関わるこの問題の議論を恐れるべきではないでしょう。

多 数 決

次に考えたいのは多数決です。多数決は本当に正しいのでしょうか。正確に言い直せば，「みんなの意志を１つに集約するしくみ」（**集約ルール**）としてそれは最も優れたものなのでしょうか。実は単純多数決という方法は，選択肢がＡかＢかという２つのときには問題がなくても，Ａ，Ｂ，Ｃという３つのときに問題が発生する可能性があります。たとえばＡとＢという強い支持を集める２人の候補者がいたとき，最も支持が弱かったはずのＣが漁夫の利を得るというような場合を考えると，問題点が直観的に理解できるでしょう（もう少し詳細な問題点は Column ❷-3 参照）。こうした事態を避けるためにはたとえば，Ａに５点，Ｂに３点，Ｃに１点というようなスコアをつけて投票するスコアリング・ルールという集約ルールが知られています。順位に重みをつけたり，支持の度合いや強さに重みをつけたりするこの種の集約ルールが実際の投票制度に組み込まれている国も存在します。スコアリング・ルールを採用してもすべての難点を回避できるわけではありません。しかし，重要なのは単純多数決が唯一の集約ルールではないこと，どのような集約ルールが望ましいかは，場合によって変わってくる可能性があるということなのです（坂井 2015）。

選 挙 制 度

同じことは集約ルールだけでなく選挙制度自体にも言えます。たとえば，獲得票数の多い順に当選者を決めるか，それとも政党が獲得した得票に比例して議席を配分するか。前者を**多数代表制**と言い，後者を**比例代表制**と言います。

Column❷-3　多数決の難点

　有権者が21人，立候補者がX，Y，Zの3人いて，投票結果が「Xに8票，Yに7票，Zに6票」だったとき，勝者は最多得票のXです。しかし，もしそれぞれの有権者がすべての候補者に順位をつけていてそれが図のようなものであると仮定すると，単純多数決の問題点が見えてきます。下の図を見てください。Y→Z→Xの順番で投票した7人とZ→Y→Xの順番に投票した6人と合わせて13人はXを最下位にしていることになります。Xは最上位決め投票でも最下位決め投票でも1位になっているわけです。つまりXが最上位になったのはYとZとの争いが熾烈だったことの結果にすぎないのです。この場合，Xを最上位決め投票での勝者という側面だけをとって「投票の勝者」とみなして，はたしてよいものなのでしょうか。「多数決」がはたして本当に最良の方法なのかというのは，具体的にはこういうことです（坂井 2015）。

図　本当にXが勝者か

	1位	2位	3位	
選択肢 a	X	Y	Z	4人
選択肢 b	X	Z	Y	4人
選択肢 c	Y	Z	X	7人
選択肢 d	Z	Y	X	6人

［出典］　筆者作成。

　このどちらの選挙制度をとるかによって選挙の様相や性質は大きく変わり，政治家の行動の仕方も変わってきます。

　重要なのはここでも，集約ルールの場合と同じく，「みんな」の民意を歪（ゆが）みなく完璧に反映する万能のルールは存在しないということです。多数代表制，そのなかでも選挙区の定数が一人の小選挙区制は，いわば勝者総取りとも言うべきで，多くの「死に票」が出ることになりますが，二大政党制のような「あれかこれか結局どっちなんだ」という局面で勝者をはっきりさせるためには向いた制度です（**民意集約機能**に優れていると言います）。これに対し，比例代表制は，「死に票」が少なく，有権者の志向のばらつきを比較的素直に反映します（**民意表出機能**に優れていると言います）。また，比例代表制のもと，「人」よりも

「政党」本位の投票ということになれば，先に見た「タフな選挙戦」から候補者を解放するという利点もあります（ジェンダーの偏りも解消されやすくなるかもしれません）。しかし同時に，この制度では全体として明確な勝者が決まらないため，結局，政治家や政党同士の妥協や交渉で物事が決まっていくということもありえます。このように，選挙制度のデザインは政治家の行動のみならず，政党のあり方や，二大政党制か多党制かなど，国のかたち全体にも関わってくるのです。

EXERCISE ●考えてみよう

① 「賢い有権者」（合理的な有権者）とは，どのようなものとして想定されてきたのでしょうか。まとめてみましょう。

② 選挙に代わるデモクラシーの方法としてロトクラシーやインターネット・デモクラシーを紹介しましたが，その利点と問題点を考えてみましょう。

③ 選挙制度にはどのような種類があるでしょうか。そしてそれは政治のしくみにどのような影響を与えているでしょうか。具体的な例を取り上げて考えてみましょう。

さらに学ぶために | **Bookguide ●**

蒲島郁夫・境家史郎『政治参加論』東京大学出版会，2020 年。
　　投票行動論の第一人者の著書。専門的に学ぶならまずはこの一冊。

早川誠『代表制という思想』（選書〈風のビブリオ〉1）風行社，2014 年。
　　「ほんとうのデモクラシー」に比べてまがいもの扱いされがちな代表制デモクラシーについて，その意味をじっくりと考えるのにおすすめです。

杉本仁『選挙の民族誌──日本的政治風土の基層』新泉社，2007 年。
　　「祭り」としての選挙についてはこれを。

映画で学ぼう | **Movieguide ●**

選挙のとき，政治家とその配偶者がどのように振る舞うことが期待されているのかを知るには想田和弘監督『選挙』（2007 年）がおすすめです。当選する見込みがほとんどない「泡沫候補」に焦点を合わせた藤岡利充監督『立候補

（2013 年）は，「人はなぜ政治家になろうとするのか」という根源的疑問を観る者に問いかけます。女性が政治家になることにまつわる困難については，『レボリューション──米国議会に挑んだ女性たち』（R. リアーズ監督，2019 年）があります。

その他の引用・参照文献 |　　　　　　　　　　　　　　　　　　**Ｒｅｆｅｒｅｎｃｅ** ●

アリストテレス／高田三郎訳 1971〔紀元前 4 世紀〕『ニコマコス倫理学』岩波文庫。

安藤馨 2016「世代間正義における価値と当為」杉田敦編『グローバル化のなかの政治』（岩波講座　現代 4）岩波書店。

クリック，B.／関口正司監訳 2011〔2000〕『シティズンシップ教育論──政治哲学と市民』（サピエンティア 20）法政大学出版局。

坂井豊貴 2015『多数決を疑う──社会的選択理論とは何か』岩波新書。

西澤由隆 2004「政治参加の二重構造と『関わりたくない』意識──Who said I wanted to participate?」『同志社法学』55 巻 5 号。

御厨貴 2016『政治家の見極め方』NHK 出版新書。

ミル，J. S.／関口正司訳 2019〔1861〕『代議制統治論』岩波書店。

森田朗 2006『会議の政治学』慈学選書。

山田真裕・飯田健編 2009『投票行動研究のフロンティア』おうふう。

ルソー，J.-J.／作田啓一訳 2010〔1762〕『社会契約論』白水 U ブックス。

Achen, Christopher H. and Larry M. Bartels 2016, *Democracy for Realists: Why Elections Do Not Produce Responsive Government*, Princeton University Prress.

第3章

政　党

集団とデモクラシー

INTRODUCTION

　　この章で考えたいのは，政治家がつくる集団や組織としての政党という存在です。選挙で選ばれたとはいえ，政治家は一人ではほぼ何もできず，その活動は政党という組織・集団を介することになります。「みんなでみんなのことを決める」デモクラシーの政治において，その主人公とも言えるのが実はこの政党という組織・集団なのです。前章の主題が有権者という個人と政治家という個人のあいだの関係だとすれば，本章の主題は，団体や政党といった集団同士の関係ということになるでしょう。

KEYTEXT

　① **G. サルトーリ『現代政党学——政党システム論の分析枠組み』**（1976 年）
立憲主義は——アリストテレス以来——政党政治ではなく混合政体の政治を賞賛し，それを求めてきた。特に，立憲多元主義——権力分立と抑制・均衡論——は政党多元主義のはるか以前から存在するものであり，政党抜きで，また，政党に反対して構築されたものである。……立憲政治の理論は，ロックからクック，ブラックストーンからモンテスキュー，ザ・フェデラリストからコンスタンに至るまで，政党に対しては何らの場所も提供しなかったし，確かに，それを必要としなかったのである。（サルトーリ 2000: 24）

政治的細大の旨義既に明にして之れに加ふるに意気の投合を以てし道徳の信用を以てするに於ては他日我日本国に於て厖然たる一大日本党なる者を擁立するに至るも未だ知る可らず。（中江 1984: 182）

　政治思想史の古典を読んでいくと，政党の扱いがひどく小さいことに気づくことになります。KEYTEXT ①は，現代の政党論の基礎を築いた研究者 G. サルトーリがそれを正確に指摘した一節です。古代ギリシアに端を発する西洋の政治思想の歴史のなかでは，次の第 4 章で扱う議会や立憲主義といったテーマについてはさまざまに論じられてきました。それが引用文中で「混合政体」とか「立憲政治」「立憲多元主義」などと呼ばれている「権力分立と抑制・均衡論」の議論の系譜です。これに対し「政党政治」や「政党多元主義」は，あまりどころかほとんど議論されてこなかったというのです。この章で学ぶように，「政党」という集団がそもそもあまりよいものだとは思われておらず，そうしたものは存在しないことがむしろ理想だった時代のほうが長いのです。このことは，政党政治を考えるうえでふまえておきたい知識です。

　また，政党という考え方を受け入れたとしても，それが複数存在することを自明のものとして受け入れるかどうかはまた別問題です。KEYTEXT ②は西洋の政治制度を急いで受け入れつつあった 19 世紀後半の日本で発表された文章です。書いたのは熱心な議会制擁護者として知られていた中江兆民です。ところが彼の「政党論」は，「政治的細大の旨義」（旨義はいまの主義と同じです），つまり政治に関する方針が一致して，「意気の投合」し，互いに「信用」できれば，「一大日本党」という巨大政党ができ，その一党があれば，それでいい，というものでした。しかし，これもこの章で学びますが，近代・現代の「まっとうなデモクラシー」の考え方では，政党が複数存在して相互に競争する環境が確保されていることを重視しています。

　政治思想の古典が，いまでは当たり前とされていることとは違うことを言っているとき，そこには問題になっている制度やしくみが「そもそもなぜ大事なのか」を考えるチャンスが広がっているのだと言えます。

1 利益集団と政治

デモクラシーは団体戦

　政党という集団について考える前に，第1章でも少し扱った利益集団（利益団体）についてあらためて見てみましょう。第2章で選挙について考えた際には，ともすれば有権者（一個人）と候補者（一個人）の関係に焦点が当たっていましたが，これは実は必ずしも事態の正確な描写とは言えません。選挙に際しては政治家も政党という集団に所属していることがあります。また有権者のほうも特定の集団に組織されていることがあります。ニュースなどで聞いたことはありませんか，「業界団体の手厚い支援を受けたA候補は……」といったようなことを。選挙を中心としたデモクラシーとは，個人戦というより団体戦としての様相を呈するのです。

　印鑑（ハンコ）というものがありますね。日常生活のいろいろな場面，とりわけ堅苦しい場面ではいまでもよく用いられますが，本当に意味があるかと問われれば少し怪しい。特に電子化・オンライン化の流れを考えると「もはや不要では？」と思う人も多そうです。もっとも，もしあなたのご実家がハンコ屋さんだったら，あるいはあなたの就職先がハンコ業界だったらどうでしょうか。「もはや不要」などとは軽々しく言えないはずです。こうした立場に立たされた関係者にとって，とりうる手段の1つとして集団をつくることが考えられます。普段はライバル関係にあるそれぞれのハンコ屋さんたちが，業界団体をつくり，特定の政治家の選挙活動を支援し，当選したその政治家を通じて政策過程に働きかけをおこなうのです。実際，そうした働きかけに応えるかたちで結成された「日本の印章制度・文化を守る議員連盟（ハンコ議連）」も存在します（写真3.1）。

　ハンコのところを何か他のものに置き換えて考えれば，これはみなさんにも馴染みのある政治の風景ではないでしょうか。もちろん，こうした働きかけが成功するかどうかは，場合によります。また，こうしたかたちでの特定団体の

写真 3.1　ハンコ議連の会合の様子

印章産業が盛んな山梨県の長崎幸太郎知事が，印章制度の
維持・発展を訴えている（2020 年 10 月 8 日）。
［写真提供］　朝日新聞社。

自己利益追求をどう評価するのかについても，「ハンコ」のところを何に置き
換えるのかによってみなさんの意見は大きく変わってきそうです。電力業界，
自動車業界，労働組合，宗教団体，環境団体，人権団体……。

2つの合理性

　ところで，ここで考えてみていただきたいのは，このとき，意味の違う2つ
の「合理性」がせめぎあっているということです。それを実感するために，あ
えて巨大な利権団体でもなく，普遍的な価値の実現をめざす団体でもなく，社
会のなかで相対的に小さな集団的自己利益を追求しているハンコ業界を例に出
してみました。つまり，こういうことです。「ハンコなんか不要だ」というの
は，社会全体を見渡せば，確かに合理的な意見かもしれません。他方，ハンコ
業界のほうから見れば，そうした世間の雰囲気に従って座して廃業を待つのは
合理的ではありません。政治を介して自分の業界に有利なようにルールを変え
よう（あるいは有利なままで変えさせないようにしよう）とすること（**レント・シー
キング**と言います）は合理的な行動です。

　社会全体を見渡したうえの「望ましさ」を追求するという意味での合理性
（本当にそんなものがあるとしてですが）と，特定の個人や集団にとっての「望ま
しさ」を追求するという意味での合理性と。大事なことは，この2つの合理性

┌───┐
Column❸-1　団体の不思議
└───┘

　　利益集団の典型は，ハンコ業界の団体のような，職業や業種にもとづいて組織される**セクター団体**ですが，人権団体や環境団体をはじめとする**価値推進団体**も，政治過程に影響を与えようとする際には利益集団として振る舞うことになります。そして，このことは，人間や政治にとっての「団体の不思議」とでも言うべきものを解く鍵になるかもしれません。というのも，本文では複数の人間に共通の利益があれば，そこに利益集団が生じるのは当然であるかのように書いてしまいましたが，実際にはそうとは限りません。なぜなら，個々人にとってみれば団体活動は利益をもたらすだけでなく，コストもかかるものだからです。そこで自分だけはその団体に加入せず，その団体が獲得した利益にただ乗り（**フリーライド**）するほうが合理的ということになります。そして全員がそのように合理的に考えるなら団体は形成されないはずです（これを**集合行為問題**と言います〈オルソン 1996〉）。

　　ところが，それにもかかわらず実際には多くの団体が現に存在します。団体に加入した人に対して排他的な特典を与えるなどのインセンティブ（動機づけ）に注目することで，この問題をあくまで合理的に考えてみることもできますが，その場合でも個々人にあまり利益を与えない価値推進団体が多く存在することはあまりうまく説明できません。ここにも第**2**章の選挙の際にも見たような，合理性をめぐる複雑な問題がありそうです。団体をつくって何らかの利益を追求すること，あるいは何かの価値を「みんな」で推進することそれ自体が，人間にとって手段ではなく目的そのものであるという可能性があります。

のうち，意外かもしれませんが，本書で扱うようなデモクラシーが基本に据えるのは，後者の合理性だということです。もちろん前者の合理性，すなわち全体の公益という視点がまったく不要ということはないでしょう。たとえば前章で扱った古代の「ほんとうのデモクラシー」は，むしろこちらの合理性を重視するものと言えます。ところが，近代の「まっとうなデモクラシー」がめざすのは，それぞれの**利益集団**が（もちろんルールにのっとったフェアなかたちでなくてはいけませんが）競争しながら自己の利益を追求していくことです。「まっとうなデモクラシー」では，そうやって形成される多元的な秩序（いろいろな集団や利益が存在する社会の姿）が重視されるのです。

2 政党の機能と役割

┃ **政党が果たしている役割** ┃

　政党は政治家が組織する集団です。政党は，それぞれの政治家が選挙に当選（再選）するための選挙互助会としての機能を果たしています。一般的に，選挙で当選するためには選挙のスタッフをはじめ多くの人とお金を動員することが必要ですが，そうした資源（**リソース**と言います。お金や人のことです）をすべて自分一人でまかなえる人は，常識的に考えてそんなに多くはありません。政党という組織をつくることで，自前の資源をもたない政治家志望者の当選可能性を上げることができます。あるいは，落選した候補者が次の選挙をねらう際の（できれば生活を含む）活動を支えるセーフティネットとしての機能を担わせることもできます。また当選可能性が高く，自分たちの仲間になってくれそうな人をリクルートする（募集する）機能，あるいは，仲間の政治家同士が互いに政策に関する情報を共有し，協力し合いつつ切磋琢磨することで，リーダーシップを涵養する「政治家の学校」としての機能も期待できるでしょう（**政治的補充機能**と言ったりします）。

　また，政党の存在は，政治家にとってだけでなく，先ほど出てきたような業界団体をはじめとする利益集団にとっても好都合です。業界団体は，当選するかどうかが不確実な個々の議員に，少しずつ限られた資金や人員を提供するよりは，それらを一括して政治家が所属する組織に投資することで，確実に多くの影響力を行使できるかもしれません。

　以上の事態がさらに進むと，社会のなかに存在するさまざまな利益がいくつかの「束」として集約されていくことになります。つまり似たような利害を追求する異なった団体が同じ政党に「相乗り」するわけです。たとえば労働者の立場から自分たちの利益を追求しようとする複数の団体がおのずと A 党に相乗りし，反対に経営者の立場から自分たちの利益を追求しようとする複数の団体は B 党にというように。

　こうして政党のもとに束ねられることになったさまざまな利益の「束」は，

うまくするとたとえば政府の「大きさ」についての理念的対立軸に沿って提示されるようになるかもしれません。たとえば，労働者たちの利益を集約したA党は「高負担・高福祉」（払うお金は多いが，国の福祉サービスが充実していること）の「大きな政府」をめざし，経営者たちの利益を集約したB党は「低負担・低福祉」の「小さな政府」をめざすというように。

　これは考えてみれば有権者にとっても，ありがたい事態です。たとえば個々の政治家を人柄で選ぼうとすることは厳密に実行しようとすると，とても時間や労力がかかる作業のはずです。ですが，ある政党の政策パッケージ（各政策を一つにまとめたもの）に自分が概ね賛同しており，政治家たちがその政党の方向性に沿った活動をおこなうことが期待できるのだとすれば，個々の政治家の人柄を吟味しなくても，政党を目印として投票することで有権者は自らの望みを充たせる可能性が高くなるわけです。

　もっとも，政党は単に有権者の利益を反映させるだけの存在にはとどまりません。選挙で勝たなくてはいけない政治家はどうしても，有権者の生活に密着した個別的な利益の「御用聞き」になりがちです。ところが安全保障や環境問題といった，目の前の生活とは直接関係ないけれど重要な問題や理念に関わる事柄も，政治では大事です。政党は，個々の有権者の声に直接左右されないかたちで政治家がそうした問題や理念について考える場所として機能することも期待されます。

　政党は，こうして社会のなかのさまざまな利益や問題や理念を集約して，整理し，有権者に提示することで（これを**利益集約機能**と**利益表示機能**と言います），社会と政治を接続する役割を担っているのです。

▎政党システムと政党の数 ▎

　それでは，このような政党が社会のなかにいくつあるのがよいのでしょうか。これは社会のかたちに大きな影響を与える重要な問題です。政党の数は，論理的には，1つ，2つ，たくさんという3つに分けられます。専門的にはそれぞれを一党制，二党制，多党制と言います。

　ここまでの本章の議論は，この3つのうち，二党制と多党制という**複数政党制**の場合を念頭に置いていました。社会のなかの諸集団の自己利益追求が認め

られて，そうした利益の束が最終的には2つもしくはそれ以上の（ただしあまり多すぎない）数にまとまるのが望ましい，という前提で話を進めてきたわけです。この前提は，「まっとうなデモクラシー」を考えるうえで重要です。第**2**章で，まともな選挙がおこなわれていない社会は，まともな民主主義の社会とはみなされないという話をしましたね。実は「まっとうなデモクラシー」のイメージのなかには，単に選挙がおこなわれているということだけでなく，その選挙の結果として複数政党制で政治が運営されていることが含まれていることも多いのです。そこで以下ではまず，複数政党制（二党制と多党制）について考えていきます。

　その社会が二党制になるのか，多党制になるのかは，まずもって選挙制度によって決まると考えられます。前章でも簡単に触れましたが，小選挙区制度（各選挙区の定数は1人で，相対的に多数を占めた候補者が当選）のもとでは二大政党制がもたらされやすいと考えられています（**デュヴェルジェの法則**）。各選挙区で見れば，有権者が自分の投票を無駄にしたくない（勝ち馬に乗りたい）と思っているとしたら，2位以下の候補には入れたがらないはずですし（心理的側面），全国規模で見れば中小規模の政党は議席を得ることが困難になり（機構的側面），1位争いをする二大政党のあいだの競争になるはずだからです。

　この小選挙区・多数代表制度のもとで2つの政党が互いに政権を争い，ときには政権交代がおこなわれる。こうした政権交代の可能性を前提にした二大政党制は，「まっとうなデモクラシー」の1つの典型と考えられています。社会の集団的利害は2つの陣営に集約され，選挙は二者択一「あれかこれか」の政権選択の意味合いを強く帯びてきます。選挙で示された民意によって正統性を付与された一方の側は，次の選挙までは自らを支持する諸集団の意向に沿った政策を推進するべく努力し，次の選挙で反対側が勝利すれば同じことが反対側を支持してきた諸集団に向けておこなわれる。このようにして効率的・機動的な政策の推進と社会全体の幅広い利益に目配りした政治との両立が，長い目で見れば，結果として可能になる。そういう見通しなわけです。

　しかし，そう筋書き通りにいくわけではありません。というのも，この見通しにはやはり大きな前提が実は隠されているからです。それは，有権者のもっている利益や意見の分布が単純化すれば図3.1の左図（双峰型）のように二極

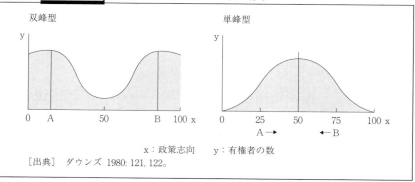

双峰型

単峰型

x：政策志向　　　y：有権者の数

[出典]　ダウンズ 1980: 121, 122。

化していること，つまり，たとえば農村と都会，あるいは労働者と資本家のように，地域や階級によって利益と意見が根本的に2つの極に分かれているという想定です。こういう状態であれば，政権を競い合う2つの政党は，それぞれの「極」を自分たちの強固な地盤としてもち，それを優先する政策を約束することが合理的な行動になるはずです。そして確かに，後で見るように，二大政党制が定着していく時代には，こうした地域や階級ごとに利益や意見が根本的に違うという想定にはリアリティがありました。

　ところが，時代が進むにつれてこうした違いは薄れていくことになります。その結果として，有権者の利益や意見が**図3.1**の右図（単峰型）のようなものに近づいていくと，2つの政党はそれぞれのもともとの地盤より中間地点に向けて移動して政策を組み立てるのが合理的になります（**ダウンズの法則**，ダウンズ 1980）。しかし，こうして2つの政党の政策が似たり寄ったりなものになってしまえば，政権交代の実質的意義も失われてしまい，人びとは政治に関心を失うかもしれません。

　そこで考えてみたいのは多党制です。小選挙区ではない大選挙区制（各選挙区の定数が1より多い），あるいは多数代表制ではない比例代表制を選挙制度として採用した場合，その社会には多党制への傾向が生じることになります。多党制が適しているのは有権者の利益や意見が，民族，宗教，地域，階級などといった社会的亀裂に沿って分布している社会だとされます。多党制のしくみは2つに収束しない民意の束をすくい上げるのに優れた制度です。投票に際して

Column ❸-2　G. サルトーリの政党システム論

　一党制，二党制，多党制（1つ，2つ，それ以上）という分類をもう少し細かくしていくことも可能です。一党制の典型的な例は，ナチ・ドイツやソ連などの，全体主義国家や権威主義国家ですが，現在の中華人民共和国などのように，一応複数政党の存在が名目上許されてはいるものの実質的な影響がほとんどないものも，一党制のうちに含めるべきでしょう（ヘゲモニー政党制）。また，日本のように複数の競争的な選挙がおこなわれていながら，特定の政党が他の政党を圧倒する議席を占有し続けるような場合もあります（一党優位体制）。二党制は，イギリスやアメリカに典型的な，2つの大政党が政権を競い合うシステムです（ただし，第4章で触れる政体の次元で比較すれば議院内閣制のイギリスと大統領制のアメリカは大きく異なることにも注意しましょう）。多党制は主にヨーロッパに見られるとされ，穏健な多党制，分極的多党制，原子化的多党制に分けることができます（サルトーリ 2000）。

　も小選挙区制と違い，「死に票」になることが少なくなることから，自分たちが政治に関与しているのだという**政治的有効性感覚**も高まり，社会の安定につながる可能性が指摘されています（レイプハルト 2014）。

　他方，多党制にも問題はあります。それは政治家への依存度（政治家に委ねてしまう割合）がかえって高まってしまう可能性があるということです。多党制においてはどの政党も単独では政権を構成できずに連立政権（連合政権）となる場合も多く生じますが，その場合，どの党とどの党が組んで政権を構成するのかについては結局，政治家同士の交渉に多くを委ねることになります。その過程で有権者の民意によるコントロールがどれだけ効くのかは不透明です。また，連立政権の性質上，政権を構成する各政党は拒否権をもつことになり，一貫性のある政策を機動的に進められない可能性があります。さらには，連立政権を構成することがかなり困難であるか，あるいはそもそも不可能なくらい多党化が進んでしまう場合（分極的多党制，原子化的多党制）には，社会がかえって不安定になってしまう危険もあります（サルトーリ 2000）。

　以上から分かるのは，どのような選挙制度が望ましいのかは一概に言えないこと，どれが望ましいかはその制度が埋め込まれる環境であるところの社会の

状態に大きく依存するということです。選挙制度は政党システムを規定する大きな要因の1つであることは確かなのですが，政党と政党のあいだの関係や政党内部の組織構造は，結局のところ，その社会の歴史的経緯や思想的傾向に大きく依存しています。そこで，以下では歴史と思想の話を見ていきましょう。

③ 政党をめぐる歴史と思想

⫸ どんな政党がいままであったのか

▎思想史から

　本章では最初に，集団の自己利益追求を一概に否定できないというところから始めました。政治家も同様に政党という集団をつくります。複数の政党が自分たちの得票を最大化しようとして競争するのが，複数政党制です。こんな紹介をしてきました。ですが，こうした政治の姿はそもそも本当に望ましいものなのでしょうか。社会のなかに利益集団が生じ，それが自分たちの利益を追求することは百歩譲って仕方がないとしても，同じことを政党がおこない，しかも複数の政党が互いに競争する必要は本当にあるのでしょうか。先に政党の数は1つか2つかそれ以上と分類して，二党制と多党制が「まっとうなデモクラシー」と思われていると紹介してきました。では一党制はどうなのでしょうか。

　そうです。第2章でも触れた「ほんとうのデモクラシー」という考え方をもう一度思い出してください。実は政治思想の歴史をひも解くと，党派対立を肯定的にとらえる意見に出会うことは，ある時期までほとんどありません。政党の数は2つもいらない，1つあれば十分だ，いやいやそもそも政党などいらないのだという意見が多くを占めます。例外は，共和政ローマにおける激しい党派対立について逆説的にローマの覇権の拡大を後押しした要因として分析したN.マキァヴェッリ（マキァヴェッリ 2011），またアメリカ建国期に連邦制の国家においては複数の党派（ファクション）を競争させることでお互いの悪影響を打ち消すことができるはずと主張したJ.マディソンくらいです（ハミルトンほか 1999）。特に後者のマディソンのアイデアは，これまで話してきたような，多元主義（プルーラリズム）としての「まっとうなデモクラシー」の秩序観

に直接つながる意味で重要です（→第8章）。ただし，マディソンの議論は，あくまで連邦制と組み合わせることで「王がいない政治体制は大規模な社会では不可能である」というそれまでの常識を打ち破ることに主眼が置かれ，政党対立は人間の本性に根差す必要悪にすぎないとされていたこともまた確かです。この意味では，政治思想の歴史のなかで党派的な対立の存在を正面から肯定した議論はほとんどないと言っても過言ではありません（KEYTEXT ①）。つまり，現在の「まっとうなデモクラシー」の標準から言うと「望ましくない」とされる一党制や，そもそも党の存在を認めない無党制は，政治思想の歴史の観点から言えば，決して突飛な考え方とは言えないのです。

世界史から

また，これまで政党が選挙（→第2章）を介して，議会（→第4章）と関わるかたちを，さも当然のように語ってきましたが，これも自明のことではありません。ホイッグ（自由党）とトーリー（保守党）という2つの党派が議会で対峙しながら政権を交互に受け持つ慣習が定着した18世紀のイギリスがこうした意味での議会制デモクラシーの発祥の地です。のちにこうした制度が（各地で微妙な変容を伴いながら）西洋諸国を中心に世界の各地へと輸出されていきます。選挙と政党を前提とした議会制デモクラシーは，いわば近代ヨーロッパの発明品なのです。

初期の議会制デモクラシーにおいて，政党の担い手は自ら資産をもつ地方名望家でした（**名望家政党**）。選挙の形式も，財産資格とジェンダーによって有権者がきわめて少数に限られた**制限選挙**だったので，政党の組織は政治的主張を同じくする個々の議員たちのクラブ組織のようなものにとどまり，政党自前の組織を発達させるにはおよびませんでした（**幹部政党**）。

ところが，国民国家化の進展（→第9章），徴兵制や国民軍の組織化に伴い，選挙権が財産によって限定されている不合理が顕著になっていきます。こうして兵隊にとられる可能性のある男子普通選挙が実現し（やがて女性の参政権も徐々に認められていきます）有権者の数が激増するにつれて，政党の姿も変貌を余儀なくされます。具体的には，新たに有権者となった大量の無産労働者を政治的に動員するしくみとして，社会主義政党を手始めに，政党の組織化が進み

ました。個々の有権者が党費を払って入党し，自分たちで討議しながら政策を練り上げ指導者を選出することをめざすボトムアップ型のこうした組織政党を，従来の名望家政党や幹部政党と対比して，**大衆政党**と呼びます。

　他方で，20世紀の世界恐慌を経験したヨーロッパでは，議会制デモクラシーが徐々に問題解決能力を失っていくとともに，政党は再び議会の枠を飛び出ることになります。その代表例が共産主義とファシズムです（→第 **10** 章）。このうち，共産主義政党は，資本家と区別された労働者による階級政党として自らを定義し，一部の前衛や指導部による厳しい規律によって特徴づけられていました。他方，ファシズム政党は，民族政党として自らを位置づけ，神話や象徴（シンボル）による一体感の醸成を特徴としていました。

　政治思想史の観点から興味深いのは，これらの**イデオロギー政党**は，左右の違いこそあれ，どちらも「ほんとうのデモクラシー」への先祖帰りという性質を有していたことです（イデオロギーや左右という言葉の意味については第 **9** 章で説明します）。真理を独占し，そうした立場から全体を配慮する政党（H. アレントはこれを「世界観政党」と呼びます〈アレント 2017〉）がたった１つあればそれでよいのだという考え方です。事実，共産主義にせよ，ファシズムにせよ，政権を奪取した国においては一党制への志向が強く見られたのです。

　第二次世界大戦後のヨーロッパでは，ファシズムの脅威が去った後，1920年代の政党配置が復活して，およそ1960年代まで存続したとされることがあります（リプセット＝ロッカンの凍結仮説。リプセット・ロッカン 2013）。他方，1960年代以降，有権者のあいだで**脱物質主義的な価値観**が支配的になると（イングルハート 1978），宗教や民族，資本家や労働者といった社会的亀裂に沿って分断されていた従来の利益の束が溶解し，それとともに政党もあらゆる有権者にアピールする**包括政党**になるという仮説も提起されました（Kirchheimer 1966）。実際に，そうした仮説の通りになっているかはともかく，これも理論的には一党制への傾向を指摘したものとみなすことができるでしょう。

戦前の日本の場合

　日本における政党制の受容の特徴は，議会制と比べた場合の理解のタイムラグ（時間差）にあります。議会が幕末の流行語「公議輿論（よろん）」の延長線上に素直

にイメージされたのに対し，欧米語のファクション（党派）と同様に漢字の「党」にも良いイメージがないこともあって，政党を政治運営の基本に置くことや複数政党制を良しとする発想はなかなか理解されませんでした。明治革命政府内部の権力闘争から派生した**自由民権運動**のなかで最初の政党（自由党）が誕生することになりますが，その政党も当初は自ら「公党」（愛国公党）と名乗り「偽党撲滅」を唱えていました。この政党の主要な理論家でヨーロッパの政治思想への深い理解で名をはせた中江兆民が，議会制の理想として「一大日本党」の成立を挙げたのは，まさに象徴的でした（KEYTEXT②）。

　もっとも，日本でも，対外戦争にあたって国民負担が増大すると，有権者の範囲が拡大していきます。それと呼応するかのようにして政党は実力を蓄え，1910年代から20年代にかけての「大正デモクラシー」と呼ばれる時期に，政党は日本政治の中心に躍り出ることになります。自由党の系譜を引く政友会系の政党と，同じく自由民権運動期に起源をもつ改進党系の政党が交互に政権を担うという，政権交代を前提にした二大政党制が一挙に実現することになりました。

　しかしながら，こうした二大政党制は，結果として，短命に終わりました。その要因としては，治安維持法（1925年）などによって言論の自由が制限されて社会主義政党が実質的に非合法化されていたことや，軍部や貴族院をはじめとする，選挙によらずに選出されるエリートたちが大きな拒否権をもつという明治憲法の構造的欠陥がしばしば指摘されるところです。これはつまりデモクラシーが不十分だったから失敗したという理解です。ただ同時に，当時の二大政党制がデモクラシーの行き過ぎともいうべき政治腐敗を抱え，有権者の政治不信が極端に高まっていたという側面も見逃せません。

　やがて，国際情勢が悪化していくとともに，1932年の五・一五事件や36年の二・二六事件などのテロが続発して政党不信は最高潮に達します。ついに各政党は解散し「一国一党」の掛け声のもと**大政翼賛会**（1940年）という組織へと吸収されていくことになります。1930年代のドイツにおいては，多党制が進展していくなかで政党政治の機能不全が起きましたが，二大政党制が機能していた日本でも同様に政党政治の崩壊が引き起こされたのです（→第**6**章）。

Column ❸-3　野党という言葉

　「野党」という日本語は 1923 年刊行の『近代（モダン）語新辞典』に収録されている比較的新しい言葉です。それ以前は「民党」「在野党」などと呼ばれていました。「朝野」「官民」という言葉があるように「民」「野」の反対語は「官」（内閣）であり「朝」（政府）です。もともとは政府や内閣に入ることのできない勢力のことを意味しており，初期議会の「民党」とはまさに政府に入る予定が決してない民間勢力のことでした。1920 年代に入り二大政党による政権交代が常態化する時期に「野党」という言葉ができたのは，日本における政党観の変化を示しているのかもしれません。

　もっとも，戦後の日本政治では 55 年体制（→第 **7** 章）のもとで政権交代の可能性が封印され，「野党」という言葉の語感は再び明治期の「民党」に近づいていきます。資本主義と社会主義・共産主義というイデオロギー対立を背景に，社会主義・共産主義に親和的な立場が「革新」と呼ばれることになり，それ以降「野党」は基本的に（内部に対立を含みつつも）「革新」勢力として把握されることになります。

┃ 戦後の日本の場合 ⑴──一党優位体制 ┃

　敗戦と占領期を挟み，戦後の日本の政党システムは 1955 年に結成された自由民主党（自民党）が 1993 年まで単独で政権を担う**一党優位体制**であったと考えられています。ただし，自民党の組織は多元性や分権性によって特徴づけられていました。党内は「領袖（りょうしゅう）」と呼ばれる複数の有力者を中心に**派閥**が形成され，選挙支援や政策形成といった本来，政党がおこなうべき作業がこの派閥単位でおこなわれることも珍しくありませんでした。党首（総裁）の選出（自民党は常に第一党でしたので，党首の選出は議会における首相の選出とほぼ同義でした）もこの派閥が単位となり，党首の交代は一種の疑似的政権交代の機能を果たしていたとも指摘されます。

　また，選挙に際しては党の組織ではなく，それぞれの候補者が自前で組織した**後援会**を活用することが一般的でした。当選した自民党議員たちは各種政務調査部会に配属されました。内閣が提出する予定の法案はそれぞれ関係する政務調査部会で事前に審査され，総務会で党全体の合意を経て国会に提出される

ことが原則となり（**事前審査制**），各議員は政務調査部会の場で法案を提出する官庁に対し一種の拒否権を手にすることになりました。

　そうした環境では，政治家と官僚とのあいだに，ある種のもちつもたれつの関係が生まれるのも当然でした（**族議員**）。自民党は，官僚機構との癒着ともとれる深い結びつきを通して，社会の生活のさまざまな領域の利益を集約し反映することにかけて高い能力を示し，政策はよく言えば柔軟，悪く言えば総花的と言えました。こうした自民党の姿は典型的な**包括政党**のそれだったと言えます。ヨーロッパでは実現しなかった一党制としての包括政党化が日本では実現したのです（→第**7**章）。

　こうした自民党の分権性・多元性を制度的に支えていたのは，当時の中選挙区制度でした。中選挙区制度は二大政党制より多党制をもたらす傾向があり，実際に日本社会党（社会党），日本共産党（共産党），公明党，民主社会党（民社党）といった諸政党が安定して議席を確保していました。このうち，社会党や共産党は社会主義や共産主義を党是としたイデオロギー政党ですが，所属議員がそれぞれ自分の後援会をもつ自民党に比べると，党員を中心としてはるかに組織された**近代政党**としての性質を備えていました。こうした革新政党は国政選挙では自民党政権を脅かすには至りませんでしたが，地方首長選挙では両党の連携が成立して勝利する事例も見られました。こうした自治体のことを**革新自治体**と呼びます。また創価学会という宗教団体を最大の支持勢力にもつ公明党も，都市化が進むなかで地縁から切り離された都市住民の利益を集約して一定の存在感を示していました。こうした諸政党は，国会の議事日程の調整に関わる国対（国会対策委員会）政治（→第**4**章）を通して自らの議席以上の影響力を自民党におよぼすことができたと考えられています。

戦後の日本の場合 (2)——二大政党制？

　1993 年に自民党は政権の座を降ります。それとほぼ時を同じくして小選挙区制の導入を柱とした政治改革がおこなわれたことで，日本の政党と政党システムは大きく様変わりすることになりました。自民党はすぐに政権の座に返り咲き，その後，一時的に政権を失うことはあっても，公明党との連立を維持しつつ，ほとんどの期間に政権を維持したため，一見すると（公明党が参加してい

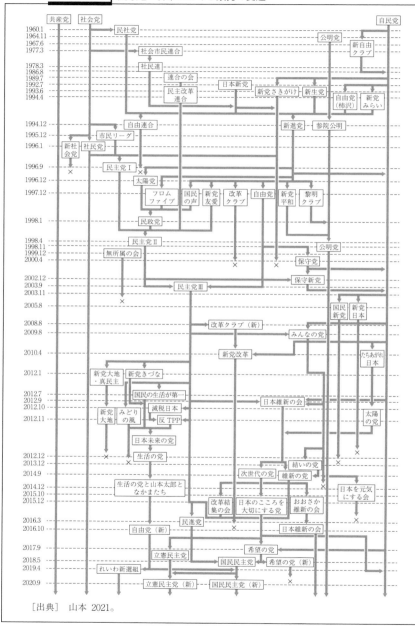

[出典]　山本 2021。

る点では新規とはいえ），それまでと同じような体制が持続しているように見えるかもしれません。ところが，小選挙区制の導入に伴い，党執行部の各候補者に対する統制は強化され，かつての自民党がもっていた多元性や分権性は失われました。

　また，かつての野党第一党だった社会党は名称変更とともに大幅に議席を失います。自民党から離党した人びとや革新系の少数野党出身者を中心に結成された民主党が一度は政権の座につき二大政党制の一翼を担うかと思われましたが，政権は安定せずその後も離合集散を繰り返しつつ分裂してしまいました。その原因はさまざまですが，1993年の政治改革が完全な小選挙区制度の導入に失敗し，比例代表制を併用したことなども一因と考えられています。

　有権者も特定の投票先をもたない無党派層が多数を占めるようになり，選挙当時の情勢（いわゆる「風」）により投票結果が大きく変わることから，政党自体が，地道で日常的な党活動や党員からのボトムアップ型の意思決定よりも，執行部による広告代理店を介したメディア戦略に注力する選挙プロフェッショナル政党へと変化しつつあるという指摘もあります（中北 2012）。

　ともあれ，政権を担いうる政党はいくつあればよいのか。1つでいいのか，2つか，それ以上か。いまでも日本を含む各国で模索が続いていると言えるでしょう。

政党のこれから

　政党を中心としたデモクラシーの未来は，それでははたして明るいのでしょうか。答えはイエスでありノーです。現状，政党よりましな政治の単位は見つかりません。それは，有権者の能力や資源に限界があるからです（→第**2**章）。選挙の場で問題にされる政策についてはもちろんのこと，候補者の人柄についても，じっくりと吟味し判断する余裕は多くの有権者にはありません。政党というラベルは，有権者が安心して自らの投票先を決めるほぼ唯一の手がかり（キュー）である場合も多いのです。

　コンジョイント分析という実験手法を用いて，1回目に政党名を隠した状態で被験者に，ランダムに提示される政策パッケージを評価させる実験を行った場合，自民党の政策マニフェストの評価はきわめて低くなったのに対し，2回

目に自民党という政党ラベルを付して同種の実験を行った場合には，本来自民党が提示していない政策パッケージ，あるいは自民党が提示しそうにない政策パッケージについても，その評価が高まったと言います（堀内 2021）。これは，現代日本においても「自民党」というブランドが（その中身はともあれ）いまだにとても根強いことを示しているでしょう。

　他方，有権者が，自民党なら自民党という政党をどのような物差しで評価しているのかはますます自明でなくなりつつあります。ひと昔前であれば，保守や革新，右翼や左翼という主にイデオロギーにもとづく「物差し」によって政党の立ち位置を評価することがごく普通におこなわれていました。ところが，最近では自民党が「保守」政党であり，共産党が「革新」政党であるという認識自体が必ずしも共有されてはいないのです（遠藤・ジョウ 2019）。

　根拠や位置づけがよく分からないままに単にブランドであるという理由だけで特定の政党が支持されるのは，あまり健全な状況とは言えなさそうです。だからといって「政党なんかなくたっていい」ということにはならないのは，政党の機能と役割が実は本章で述べたものだけにはとどまらないからです。政党は，次の第 **4** 章で詳しく見ていくような，リベラル・デモクラシーに組み込まれた権力分立のしくみにまとまりを与えるために必要な集団です。それはいわばそのままではバラバラになってしまいかねない部品をつなぎ合わせるノリのようなものと言ってもよいかもしれません。「決める」と「決めすぎない」の絶妙なバランスの上に成り立っているリベラル・デモクラシーにあって，物事を「決める」ための装置の代表格は，やはりこの政党という集団なのです。

EXERCISE ●考えてみよう

① 　身の回りの業界団体を取り上げて，政治家に対してどのような働きかけをおこなっているかを調べてみましょう。

② 　一党制，二党制，多党制の概要とそれぞれの長所と短所をまとめたうえで，社会のなかに有力な政党の数は何個あるのが望ましいかを，議論してみましょう。

③ 　これからの政党はどのようなかたちで運営されるのがふさわしいでしょうか。議員（政治家）と政党員，政党外の有権者との関係に着目して，議論してみましょう。

さらに学ぶために　Bookguide ●

山田央子『明治政党論史』創文社，1999 年。
　明治期の日本の政党をめぐる思想の歴史。

中北浩爾『自民党政治の変容』NHK ブックス，2014 年。
　戦後日本の自民党政治の強さの秘密とその変化について。

濱本真輔『日本の国会議員──政治改革後の限界と可能性』中公新書，
2022 年。
　現在の日本の政治家の実像について知ることができます。

映画で学ぼう　Movieguide ●

　政党をテーマにした映画というのは少なくても，人間社会の派閥や徒党の軋轢（あつれき）を描く作品は枚挙にいとまがありません。さしあたり深作欣二監督『仁義なき戦い』（1973 年）を。森谷司郎監督『小説吉田学校』（1983 年）は自民党の草創期を扱い，政党と政党，派閥と派閥の権力をめぐる確執を描く興味深いものです。『仁義なき戦い』と出演する俳優さんが一部重なっていますが，あまり違和感がないのも味わい深いところです。

その他の引用・参照文献　Reference ●

アレント，H.／大久保和郎・大島通義・大島かおり訳 2017〔1951〕『全体主義の起原〔新版〕』1・2・3，みすず書房。

イングルハート，R.／三宅一郎・金丸輝男・富沢克訳 1978〔1977〕『静かなる革命──政治意識と行動様式の変化』東洋経済新報社。

遠藤晶久・ウィリー・ジョウ 2019『イデオロギーと日本政治──世代で異なる「保守」と「革新」』新泉社。

オルソン，M.／依田博・森脇俊雅訳 1996〔1965〕『集合行為論──公共財と集団理論』ミネルヴァ書房。

サルトーリ，G.／岡沢憲芙・川野秀之訳 2000〔1976〕『現代政党学──政党システム論の分析枠組み〔普及版〕』早稲田大学出版部。

ダウンズ，A.／古田精司監訳 1980〔1957〕『民主主義の経済理論』成文堂。

中江兆民 1984〔初出 1888〕「政党論」『中江兆民全集』岩波書店。

中北浩爾 2012『現代日本の政党デモクラシー』岩波新書。

堀内勇作 2021「マニフェスト選挙を疑え──2021 年総選挙の計量政治学」『日経ビジネス』2021 年 12 月 8 日。

マキァヴェッリ，N.／永井三明訳 2011〔1531〕『ディスコルシ 「ローマ史」論』ちくま

　　学芸文庫。

ハミルトン，A.・J. ジェイ・J. マディソン／斎藤眞・中野勝郎訳 1999〔1788〕『ザ・フェ
　　デラリスト』岩波文庫。

山本健太郎 2021『政界再編——離合集散の 30 年から何を学ぶか』中公新書。

リプセット，S. M.・S. ロッカン／白鳥浩・加藤秀治郎訳 2013「クリヴィジ構造，政党制，
　　有権者の連携関係」加藤秀治郎・岩淵美克編『政治社会学〔第 5 版〕』一藝社，第 2 部
　　「リーディングス」所収。

レイプハルト，A./粕谷祐子・菊池啓一訳 2014〔1999〕『民主主義対民主主義——多数決
　　型とコンセンサス型の 36 カ国比較研究〔原著第 2 版〕』（ポリティカル・サイエンス・
　　クラシックス 2）勁草書房。

Kirchheimer, Otto 1966, "The Transformation of Western European Party Systems," Jo-
　　seph La Palombara and Myron Weiner eds., *Political Parties and Political Develop-
　　ment*, Princeton University Press.

第**4**章

政体と政治過程

「決めすぎない」ためのデザイン

INTRODUCTION

　選挙に勝った政治家が政党という集団に属し，議会で法案を審議し可決する。前章で見たこうしたしくみは「みんな」の名のもとに物事を「決める」ためのしくみと言い換えることができるでしょう。

　さて，確かに「決める」のは大事です。しかし「決める」ことだけが大事なことでしょうか。本当に「決める」ことだけが大事なら，一人の優秀な人にすべてお任せしてすべて決めてもらったほうがよっぽど話が早そうです。王政（君主政）というのがまさにそういうしくみです。しかし，「一人で何でも決める」というこのやり方は，その一人が暴走すると大変なことになるというのは歴史を振り返ればすぐに気が付くことです。政治においては「決める」ことだけでなく「何を決めないことにするかを決める」ことや「決めすぎない」ことが実は大事なのです。

　そして，デモクラシーの強みは「みんな」で決めることを通して「決める」と同時に，「決めすぎない」ためのしくみを自らの内に組み込めるところにあると言えます。「決める」というアクセルだけでなく，「決めすぎない」というブレーキをその内部に制度的に組み込んだデモクラシーがリベラル・デモクラシーです。いままで見てきた選挙や政党を備えた多元的なデモクラシーに，「一人ひとりの自由や自己決定を尊重する」という要素を取り入れた，「まっとうなデモクラシー」の1つの完成型です。

J. L. デ・ロルム『イギリス憲法』（1771 年）
（イギリス）議会は，男を女に，女を男にすること以外のすべてをなしうる。
(de Lolme 2007)

　これが 18 世紀のイギリスで定着した「議会政治」のしくみを象徴する言葉です。「男を女に，女を男に」という部分には，いかに強大な権力をもつ議会といえども，さすがにこれは無理でしょうというニュアンスが込められていますが，性別が生まれながらに変えられない自然なものだという感覚が前提にされており，現代では不適切でしょう。日本でも，「性同一性障害者の性別の取扱いの特例に関する法律」（性同一性障害特例法）が 2003 年に国会で可決・成立しており，現代ではもはや「男を女に，女を男に」することも決して無理な話ではないということになります。それでは，現代の議会はデ・ロルムの時代より強大な権力を手にしていると言えるのでしょうか。「いや，さすがにそんなことないよな」と多くの方が思うのではないでしょうか。そもそも議会が政治の中心というイメージ自体があまりないという方もおられるのではないでしょうか。

　この章で学ぶように，そうした感じ方ももっともです。なぜなら，第 1 に，議会のもつ「決める」力が突出しないようにさまざまな工夫が張りめぐらされているのが現代のデモクラシーだからです。「決めすぎないためのしくみ」が埋め込まれていなくては「まっとうなデモクラシー」とは呼べません。また第 2 に，政策を実際に執行する行政府の力が無視できないからです。おそらくみなさんのなかにも「政治の中心って…大統領府とか首相官邸とか要は行政府にあるんじゃないの？」と思う方もいらっしゃるでしょう。確かに現代の政治において行政権力の役割が非常に重要であることは否定できません。その意味でデ・ロルムのような言い方にはあまりリアリティが感じられなくても不思議ではありません。

　しかし，忘れてはならないのは，それでも議会（立法府）が一番「偉い」というのが現代デモクラシーの鉄則だということです。この点は日本国憲法でも，「国会は，国権の最高機関」（41 条）と定められています。憲法学者のなかにはこの「最高機関」という表現を単なる「政治的美称」と解釈する人もいるようですが，政治学者はそうは考えません。あくまで有権者から委任を受けた政治家が集う国会が一番「偉い」場所なのだ，と考えるのです。それぞれの選挙区を制した政治家たちが政党を組織して議会に集まり立法活動をおこなう。その傍ら，議会で多数を占める政党の指導者は首相を選出し，首相は官僚たちの上に立って行政府を掌握し，立法化された政策を実行する。議会（立法府）を中心とした**議会制デモクラシー**が

現代のデモクラシーの基本です。議会を中心として，その「決める」力を大前提としつつ，「決めすぎない」しくみをいかに配置して，「決める」力の暴走を防ぐか。「まっとうなデモクラシー」のさまざまなデザインについて見ていきましょう。

1 議会のデザイン

多数決型とコンセンサス型

議会は「決める」ためのしくみです。ところが，議会にも「決めすぎない」ためのしくみがいくつか備わっています。その1つは，比例代表制と連立政権（連合政府）です。本章の最初に挙げたイギリスの議会制デモクラシーは，小選挙区制度と二大政党制を前提にしており，勝者総取りの性格が強いため，**多数決型のデモクラシー**と呼ばれ連立政権は想定されていません。

これに対し，比例代表制のもとで穏健な多党制が定着している場合，連立政権によって政治が運営されることが当初から想定されていると考えられます。連立を構成する政党のあいだのコンセンサスで物事が決定されるこうしたタイプは，**コンセンサス型のデモクラシー**と呼ばれます。これは「決める」主体を複数の政党で分割することで，政党同士の話し合いの契機を持ち込み，「決めすぎる」ことを防止しようというしくみと見ることができるでしょう。ただし，気を付けなくてはいけないのは，選挙で表明された「みんな」の意志は，多数決型のようにはすっきりと政策に反映されない可能性があることです。連立政権とは言い換えれば，政党と政党，政治家と政治家の話し合いと妥協の産物です。「みんな」には見えないところでエリート同士の談合がおこなわれない保証はありません。

「審議の府」か「闘技の府」か

もっとも，たとえ多数決型で運営されているデモクラシーであったとしても，議会は政府に対して「決めすぎない」ための牙城として立ちふさがるということがあります。これは，もともと議会というものが歴史的には，君主やそれが

Column ❹-1　権力・権限・影響力──「偉さ」「強さ」とは何か

　　ここまで，本書では，たとえば政治家と官僚の関係や政治家同士の関係について「偉い」とか「強い」とかいう言葉を特に定義せずに使ってきました。ここで言う「偉い」というのはもちろん，人間としての人格的価値の高低を意味していませんし，「強い」というのも肉体的な筋力の強弱という意味ではありません。それにもかかわらず，おそらく多くのみなさんはこの世界における政治的な「力」の存在を直感的に理解しているはずです。虫も殺せないように見える小柄な女性が世界最強国家を率いるリーダーであるという事態を想像することがさして難しくないのは，そのためです。政治の場におけるこの「力」は権力や影響力，支配力などとさまざまに呼ばれますが，厳密な定義や測定は困難です（ダール 2012）。それはこの「力」が，たとえば法律や制度で決められた名目上の権限の上下関係と食い違うことがありうることからもお分かりいただけると思います（たとえば「お飾りの王様」と「真の実力者」が異なる場合などが考えられるでしょう）。

組織する官僚（行政府）の独断をチェックする機関として形成されてきたことの名残とも言えます。

　また，有権者が行政にさまざまなサービスを期待するようになった現代の社会では，行政府の役割は着実に拡大しています。議会制デモクラシーでは立法府が政治体制の中心に置かれていると言われても，ニュースなどを通してみなさんが政治に抱くのはむしろ，政治の中心は政府（行政府）にあり，立法府（議会）はそれをチェックするものだというイメージではないでしょうか。それは以上の経緯から言っても間違いとは言えません。

　確かに**行政監視機能**は現代の議会の重要な権能の1つです。とりわけ議員が自ら政策を立案し法案を作成する**議員立法**が盛んではなく，内閣・政府が提出する政府提出の法案がほとんどを占めるような議院内閣制の場合（日本の場合もまさにこれです），そうした性格は強まると言えるでしょう。政府を構成しない反対党（野党）にとってはもちろんこの議会こそが主な活躍の場所となります。また政権を担う多数党であっても，政権に入らない議員たちは議会人として，基本的には政府提出の法案に賛成しつつ，それをチェックするという役割を同時に担うことになります。議院内閣制のもとでの議会では，立法機能の

多くが政府・与党に奪われる分，むしろ審議機能（**争点明示機能**）に特化するのが自然なのです。

　議院内閣制の議会がもつ審議機能の本質は弁論です。議会では質問・討論が重視され，その機会が確保されています。考えてみれば，選挙ではすでに多数党と少数党という結果が出ているわけですから，それぞれの議員たちが自分の党の方針通りに動くこと（これを**党議拘束**と言います）が予想されるような状況においては，結論は最初から決まっているようにも思われます。しかし，議会のなかではあくまで質問や討論を通じて多様な視点から潜在的問題点を浮き彫りにし，修正を加えていく作業，要するに議論を尽くすことが求められるのです。少数党の側からすれば，直接的・短期的には政策決定を左右することができなくても，こうした議論を喚起することで広く院外（議会の外）の世論を喚起して，次の選挙が気になる多数党にプレッシャーを与えることが可能となります。最終的には「数の力」がものを言うことが分かり切っていながら，ことさらに議会で「言論の力」が強調されるのには，以上のような理由があるのです。

　議会のもつ審議機能を支えるしくみとして重要なのは，議会独自の調査権です。議会は独自に政策決定に関わる事項を調査し，その過程で証人を喚問することができます。証人喚問では宣誓が求められ，虚偽の証言は訴追の対象となることもあります。警察や検察ほどではないにしても，議会が独自の調査能力をもっていることが行政の監視に果たす役割は大きいと言えるでしょう。ただし，**国政調査権**の発動には多数決を要するのが原則であり，政府を支持する多数党の支配のもとではその発動が制限されがちであるという矛盾（むじゅん）もあります（ドイツ基本法のように，少数者調査権が保障されている場合もあります。大山 2011）。

　議会が政府に対してもっている力のなかで他に重要なのは，日程や議事進行を支配する力です。これは議会に**会期制の原則**がある場合には特に重要です。たとえば歴史的経緯から，議会が通年常設ではない国がいくつか存在します。国政の中心となる重要な機関なのですから，365 日営業していても良さそうなものですが，そうではないこともあるのです（日本の場合，通常国会の会期は 150日，延長は 1 回のみ認められています）。

　しかも日本では，会期中に議会を通過しなかった法案は原則廃案となります

ので，当然，政府と多数党の側からすれば，限られた会期のうちに多くの法案を通さなくてはいけないということになります。この日程の過密さは，少数党にとっては自分たちの権力を議席数以上のものに変換するために役立ちます。つまり，少数党側としては議事日程を「人質」にとることで譲歩を迫ることができます。また，牛歩や座り込み，長時間の演説といった一見不可解な**議事妨害（フィリバスター）**もこうした観点からは合理的な行動と言えます。第**3**章でも少し触れたように，55年体制（→**第7章**）下の日本では国会の華はこの種の「日程闘争」で，議事日程を協議する与野党の「国対（国会対策委員会）」が大きな力をもつことになりました。

また，「決めすぎない」しくみの観点からもう1つ重要なのは，**第二院**の存在です。議会制デモクラシーを採用する国では二院制が設けられる例は珍しくありません（特に連邦制の場合にはそれは顕著です）。

戦後の日本も議会は衆議院と参議院の2つから構成されています。憲法上は衆議院の優越が定められており両院は完全に対等というわけではありません。通常では第二院である参議院は「ラバー・スタンプ」（ゴム印）とも呼ばれるように，衆議院で可決された法案がそのまま参議院でも可決されることになります。しかし，これは両院の多数勢力が同じ政党（ないし政党連合）に占められている場合に限られます。そうでない場合（「**ねじれ国会**」と呼ばれます），参議院で否決された法案を衆議院で再可決するためのハードルは高く，実際は法案可決が困難となります。

第二院は「良識の府」「再考の府」と呼ばれることがありますが，議会制デモクラシーのなかに埋め込まれた強力な「決めすぎない」ためのしくみの1つと言えるでしょう。

二元代表制（大統領制）

「決めすぎない政治」のためのしくみの例として最初に挙げたコンセンサス型デモクラシーは，政党システムを多元的なものにすることで政府のなかに分権のしくみを組み込むものでした。また次に挙げたのは，立法府（議会）のなかに政策や法案をあえて通過しにくくするしくみが組み込まれているということでした。ただし，こうしたしくみの多くは（会期制や二院制のように憲法上定

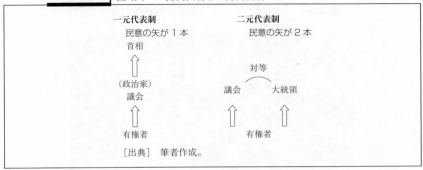

CHART 図4.1　一元代表制と二元代表制

一元代表制
民意の矢が１本
首相
⇑
（政治家）
議会
⇑
有権者

二元代表制
民意の矢が２本
対等
議会　　大統領
⇑　　　⇑
有権者

［出典］　筆者作成。

められたものを除いて）法律ではなく政治家同士の相談や議会の慣行に支えられています。その「決めにくさ」のしくみは「みんな」から見えにくい場所にまさに埋め込まれたような状態であるため，「みんな」によるコントロールが効きにくいというところがあるのです。

　もう少し「みんな」から分かりやすい「決めすぎない」ためのしくみはないでしょうか。たとえば**二元代表制**がそうです。選挙区で議員を選び，議員が首相を選び，その首相が行政府を率いる議院内閣制は一元代表制と呼ばれるのに対し，行政府の長（大統領）を直接選挙で「みんな」が選ぶ。それが二元代表制（大統領制）です（図4.1）。

　大統領制が「決めすぎない」政治のしくみと言うと，違和感があるかもしれません。なんとなく首相より大統領のほうが強くて偉い，大統領制のほうが「決められる」政治なんじゃないの，という印象をおもちの方も多いかもしれません。日本の首相の所信表明には盛んにヤジが飛ぶのに対しアメリカ合衆国大統領の議会での演説（たとえば一般教書演説）が拍手喝采で迎えられるのを見てもそうした印象は強まるでしょう。大統領は国家元首として外交や軍事に関しては議会の同意を得ないで行使できる権限を持つことは確かです。しかし，見方を変えれば，議会抜きに行使できるのはとりわけ迅速さが要求される政策決定に限られるということでもあります。大統領制では，民意の矢は２本であり，行政府の長である大統領も，立法府を構成する議員も，それぞれ「みんな」に選ばれた存在という意味では対等なのです。アメリカの大統領が議会で拍手喝采される例の風景（**写真4.1**）も，実は大統領が議会にとって「お客さ

［写真提供］　EPA＝時事。

ん」であることの表現なのです（下院議長の招待に応じるというかたちになります）。
二元代表制は，行政府の長と立法府がともに協力し合わないと物事が進まない，
「決めすぎない政治」を憲法のうえで制度化したしくみと言えます。

　　立法府，行政府，そして司法府の三権が互いに抑制均衡し合ういわゆる**三権
分立**というしくみは，この二元代表制によってはじめて厳格なかたちで可能に
なると言えます（ちなみに戦後の日本では地方自治体でこの二元代表制〈たとえば県
知事と県議会〉的なしくみが採用されています）。

　　一元的な議院内閣制（多数決型デモクラシー），コンセンサス型デモクラシー，
そして二元的な大統領制。これらのそれぞれで，議会が立法機能と審議機能の
どちらに注力するか，そのバランスは変わってきます。行政府（政府職員や大
統領）が法案作成に関与せず，原理的に議員提出法案しかありえないアメリカ
では党議拘束が緩いこともあって，議会は，各委員会を舞台にして実質的な
「審議の場」となります。これに対し，政府与党法案が主となる議院内閣制で
は，法案の実質的な審議は政府や与党に委ねられており，党議拘束により最初
から法案通過の予測可能性が高いことから，議会は，政府対野党の論戦による
「闘技の場」となります。前者のように「審議の場」の性格が強い議会を**変換
型議会**，後者のように「闘技の場」の性格が強い議会を**アリーナ型議会**と呼び
ます。

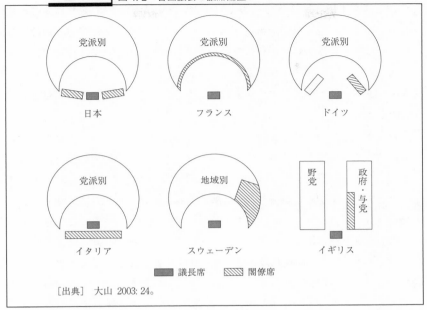

もっとも，議院内閣制が必ずアリーナ型になるというわけではありません。こうした議会の性格は，図4.2のように議場の構造や議席の配置といった空間構造を通して可視化されると考えられています。同じ議院内閣制といっても，政府と野党が向かい合うイギリス型に対し，議員が議長席に向かって隣合わせに座る日本型では，「アリーナ」的性格が弱まっていることがうかがえます（大山 2003）。

 統治機構のデザイン

▶ 官僚・司法・中央銀行

政治家と官僚

「みんなでみんなのことを決める」というデモクラシーの政治においては，選挙で選ばれた政治家のほうが，試験で選ばれた公務員より「偉い」ことにな

っている。第1章と第2章でそのように言いました。そうであれば「決めすぎない」しくみとしては, 公務員はあまり頼りにならなさそうです。政治家の言うことに従うのが公務員の仕事なのですから。ところが, そう簡単ではありません。

まず, あらためて公務員の意味を考えてみましょう。政治家と公務員という対比をいぶかしく思った人はいませんか。「政治家の給料って税金でしょ。だったら政治家も公務員じゃないの?」と。確かにそうなのです。実は議員も大臣も裁判官も「全体の奉仕者」(日本国憲法15条)という意味での公務員ではあります。ただし, 議員や大臣は通常は「特別職」公務員とされ, 試験によって選ばれその身分を強固に保障された一般の公務員とは区別される存在です。選挙で選ばれクビになりやすい特別な公務員と, 試験で選ばれクビになりにくい一般の公務員と言い換えることができます。また, 一般の公務員と言っても第1章で見たように, その種類はさまざまです。みなさんが生活のさまざまな現場で出会う行政窓口の職員(第一線職員), また警察やケースワーカーなど裁量の大きい**ストリートレベルの公務員**, 行政権力の行使に携わらない現業職員(清掃作業員, ごみ収集作業員)たち。こうした人びとは, 言うなれば「中央・地方政府が雇用している市民」ともいうべき存在です。政治家との関係でいま問題にしているのは, 一般の公務員のなかでもいま挙げたような人びとではなく, 法案の作成や行政権力の執行に関わる官僚です。

立法に関与する政治家と, 行政権力の執行に携わる官僚とは, 選挙で選ばれたか試験で選ばれたかということ以外にも, 大まかに言って以下の2つの点で大きく異なる存在です。第1に官僚は政治家より古く, そして第2に, 政治家より新しいのです。どういうことでしょうか。

まずは新しさから見てみましょう。容易に想像がつくことですが, 18世紀のイギリスで立法府(政治家)優位のデモクラシーが確立して以来, 現代に至るまで, 政治が対応しなくてはいけない問題は確実に増加しています。しかも, そのために要求される知見は複雑かつ多岐にわたっており, なかには高度な専門性を必要とするものもあります。そこで, 基本的には自分の選挙区の「みんな」のことを考える政治家に代わり, 社会が直面する現状を認識し, 専門家の知見を集めつつ, それを具体的な政策や法案に落とし込んでいく政策専門家と

しての官僚の役割が重要になってきました。政策立案の中心が立法府から行政府へと移行していくという**行政国家化**現象が起きたのです。これが官僚をめぐる新しい状況です。

　では，古さのほうはどうか。官僚が政治家より古い，というのは，官僚組織が，もともと議会制デモクラシーが発達するよりずっと古くから，君主政（王政）のもとで発展してきたという意味です。集権的な権力による効率的な執行の必要性は，近代社会の専売特許ではありません。このことは，先にも挙げた三権分立の考え方が，政治思想史のなかではもともと民主政，君主政，貴族政を混ぜ合わせた混合政体論に由来することからもうかがえます。すなわち，民主政が立法府に，君主政が行政府に，貴族政が司法府に，それぞれ対応しているとされるのです。

　官僚がもともとはデモクラシーではなく，君主政の産物だったことは，たとえば先ほどの「全体の奉仕者」という言葉にもかすかにその余韻として残っていると言えるでしょう。つまり，官僚たるもの，国家の全体のことを考えて，一時的な民意の動向に惑わされるべきではないし，政治家や政党同士の醜い争いに対しては中立を保ち続けるべきという見方です。政治家のように「みんな」から直接支持を取り付けているわけではないけれど，専門的見地から中立公平を旨としつつ本当に「みんなのために」なることを考えている人びと。官僚が帯びるこういうイメージは歴史的には王政にその起源をもっています。

　官僚が担う専門性と中立性を支えるのは，強固な身分保障と組織です。官僚は個人ではなく，あくまで組織の一員として行動します。そのことによって政治家から，あるいは政治家であれば必ず気にしなくてはいけない有権者の意向から，ある程度守られている立場と言えるでしょう。

　こうして見てくると，官僚組織が唯々諾々と政治家の言うことを聞く存在とは言えないことが分かります。政治家がもっていない専門的な知識の観点から，あるいは，官僚組織が自負する中立性の見地から，政治家の指示とは異なった動きをする可能性があるのです。これはもちろん，「みんなでみんなのことを決める」というデモクラシーの観点から言えば望ましくない，エリートの独断専行につながります。また，官僚も組織人である以上，組織の自己利益追求の力学が働きます。すると，選挙の洗礼を受けない試験エリートが，「みんな」

の目に見えないところで、「みんなのために」と言いつつ、自分や自分の属する組織の利益を追求することになりかねません。55年体制（→第7章）下の日本ではまさにこうした観点から、官僚主導の政治が批判の対象となっていました（もっとも実際には戦後日本では、官僚は与党自民党の言うことをよく聞いていたという研究もあります〈ラムザイヤー・ローゼンブルース 1995〉）。

とはいえ、「みんな」の意見が常に正しいわけではありません。さらに、政治家が常に本当に「みんなのためになること」をめざして行動するかも分かりません。だからこそ、専門性と中立性をもって行動する人びとが、政治家に対して「決めすぎない」ように動くことも大切なのです。

▌司法府と立憲主義 ▌

多数決で決まったことなら何をしてもいいのでしょうか。おそらくそうではありません。たとえ多数決で決まったとしても政治や行政の権力が踏み込むべきではないものとして、たとえば基本的人権があります。基本的人権は、その性質上だれにとっても重要ですが、民族的マイノリティや性的マイノリティ、障害のある人びとなど、事柄の性質上、「数の力」に頼ることが難しい人びと（**構造的弱者**と言います）にとっては、とりわけ大事になってきます。憲法のなかに定められたこの基本的人権を守るのは裁判所です。立法府や行政がおこなう決定や執行が、憲法や基本的人権に反したものであれば、それを違法なものとして差し止めたり取り消したりする力が司法府には与えられているのです。

すなわちデモクラシーの「みんなで決める」というルールに対して、「みんなで決められないこと」の範囲をあらかじめ法や権利というかたちで保護し、それを司法府に守ってもらう。こうしたかたちの政治を**立憲主義**と呼びます。「決めすぎない」政治のしくみを厳密に備えた「まっとうなデモクラシー」のなかでも、**リベラル・デモクラシー**と呼ばれるもののいわば本丸にあたる部分と言えます。

もっとも、このしくみも万能ではありません。司法府の担い手は法律専門家です。試験で選ばれ、一般の官僚よりもさらに手厚い身分保障で守られたこのエリートの判断が、「みんなで決めたこと」を制約することがどこまで許されるのかは、実は難しい問題です。裁判官は自己の良心と学識にもとづいて判断

を下しているつもりでも，それがあまりに「みんな」の判断とかけ離れたものであれば，やはりエリート支配とのそしりは免れないでしょう。国民審査制度や陪審制といった制度は，司法府の判断に「みんな」の影響力をおよぼす（**民主的統制**と言います）ためのしくみです。

┃ 内閣法制局 ┃

内閣法制局は，首相や各省大臣に法律問題に関してアドバイスをおこなうほか，政府が提出する法案について法律面の厳格な審査をおこなうことを職務とする部門です。戦後日本の司法府は違憲判決を出すことに消極的な傾向があることで知られていますが，これは司法府があえて立法府を忖度（そんたく）したというよりは，内閣法制局による合憲性の事前審査が効果を発揮していると見ることもできます。司法府がデモクラシーを制御するために立法・行政の外部に配された外部装置だとすれば，内閣法制局は行政の内部に埋め込まれた「決めすぎない」ための装置と見ることができるかもしれません。ただしもちろん，行政の内部機構である以上は，政治の介入を完全に排除できるかどうかは問題です。1993 年以降の改革により「政治主導」が強まるなか，内閣法制局の独立性は昔日ほどではないという見方もあります。

他方，それと入れ替わるように「政治主導」を象徴する部局として日本の官僚制のなかで存在感を増してきたのは**内閣人事局**です。従来は各省庁に委ねられてきた人事権の一部を一元化して内閣の意向に沿った戦略的な人事をおこなうために 2014 年に新設されました。柔軟で弾力的な「抜擢（ばってき）」がおこなわれる利点は大きいものの（データのうえでも弾力性を増しているとの指摘もあります〈曽我 2018〉），官僚が時の政権中枢の意向を過剰に「忖度」する要因になるという懸念も根強くあります。官僚の人事に対する「官邸主導」の展開が，政治改革以降の制度的な帰結なのか，その時々の政治指導者の個性によるものなのかは依然明らかではありませんが，人事慣行がそれ以前と比べて大きく変化していることは疑いありません（伊藤 2022）。

┃ 中央銀行 ┃

ある種の官僚組織であるにもかかわらず，その業務に高度の専門性と中立性

Column ❹-2 猟官制

　「官僚は時の政権の意向を忖度するべきではない」。本当にそうでしょうか。むしろ「みんなで決める」デモクラシーの本義に立ち戻れば，やはり官僚は「みんな」に選ばれた政治家の言うことを聞くべきですし，なんなら政治家が自分の意中の人を官職につければいいのではないでしょうか。

　19世紀初頭のアメリカ，「ジャクソニアン・デモクラシー」と呼ばれる時代には，まさにそうしたしくみが現実になりました。こうしたしくみを猟官制（スポイルズ・システム）と呼び，試験で官僚を選ぶ資格任用制（メリット・システム）と区別します。もっとも，行き過ぎた猟官制には反省の動きが高まり，その後アメリカでは中立的な専門性を行政のなかにいかにして組み込むかという模索が続くことになります。とはいえ，アメリカでは，現在でも大統領選挙のたびに3000名以上の高級官僚が入れ替わることが一種の風物詩となっています（岡山 2020）。

が必要であるがゆえに，政府からの独立が保障されているほうが望ましいとされているものとして，ほかに国の通貨発行に携わり金融政策に関与する中央銀行があります。民意を気にする政治家や政府には，選挙の直前に，大胆な景気浮揚策や予算の大盤振る舞いをもくろむ動機があります。つまり民主的政府は財政の「財布のひも」を緩めがちな傾向があるのです。これに対し，中央銀行は短期的な民意の影響を受けずに長期的な物価の安定を念頭に置きながら「財布のひも」を絞ることが求められるはずです。こうした考え方が先進デモクラシー諸国では1980年代に確立しました。

　日本もその例外ではなく，「政治主導」が確立した1990年代，日本銀行についてはその独立性を高める方向の改革がなされました。ところが2010年代に入ると日本銀行はインフレターゲット政策を導入し，市場への資金供給量を増やす大胆な量的緩和政策を採用しました。政府の方針に沿うように大胆に「財布のひも」を緩める政策に打って出たわけです。この量的緩和政策については先進諸国に共通する政策でもあり，これが直ちに中央銀行の独立性が失われたことを意味するのかは分かりませんが，経済政策の専門性と民意（民主的統制）の関係については今後も議論の余地がありそうです（上川 2014）。

いくつもの「みんな」

▶ 地方と国際関係

地方政府と中央政府

「みんながみんなのことを決める」というデモクラシーにおいては，「みんな」の範囲，つまり「わたしたち」の範囲が重要になります。そのときに明らかになるのは，政治の場にはいろいろな「わたしたち」の単位が存在し，ある「わたしたち」の意志を，別の「わたしたち」が制約するという場面がありうるということです。

いろいろな「わたしたち」があると言うと一見不思議なようですが，たとえば中央と地方の関係を考えるとよいかもしれません。国会議員も地方議員も同じく政治家ですし，国家公務員も地方公務員も同じく公務員ですが，それぞれ念頭に置かなくてはいけない「みんな」の範囲が異なります。連邦制の場合にこれは最も顕著になりますが，そうでなくても中央政府と地方政府の関係は上下の関係ではなく，政府と政府のあいだの水平的な関係です（→第13章）。そのとき，たとえば中央政府の「みんな」の観点から見れば国の防衛に絶対必要な軍事施設が，それが置かれる当該地域の「みんな」にとっては全く必要のない迷惑施設であるといったことがありうるでしょう。これは，中央政府の「みんな」の意向が地方政府の「みんな」の意向によって牽制されているという状態です。そう考えると，地方自治制度や連邦制もまた「決めすぎない」ためのしくみの1つと考えることができます。

国際関係

複数の「わたしたち」の併存という状態は，当然ですが，無数の主権国家によって構成される国際関係の場合に最も顕著になります。現在のところ，各国政府に対する強制力をもった世界連邦政府は存在しません。

世界情勢は，わたしたちの生活に，ときに直接関わってきます。他国の行動も同様です。アメリカ大統領がだれになるのかは世界にとって，そして日本に

とっても利害に関わる大きな問題のはずですが，アメリカ大統領選挙に日本人が投票することはできません。国際関係は，主権国家を単位とする「わたしたち」のデモクラシーが，別の主権国家，つまり別の「わたしたち」によって制約されている，いわば究極の「決めすぎない」ためのしくみと考えることができるでしょう（→第13章）。

　もっとも，世界政府はありませんが，国際公務員は存在します。軍事や安全保障の問題はあくまで主権国家を基本単位としますが，そうでない分野，たとえば貿易や公衆衛生という分野については主権国家を超えた「わたしたち」を想定したほうがどの国にとっても都合がいいからです。国際連合（国連）や世界貿易機関（WTO）や世界保健機関（WHO）といった国際機関が実際に機能していますし，そこでは国を超えた「わたしたち」の利益を意識しながら働く国際公務員が存在するのです。

　しかしここでも，先ほどと同じ問題が出てきます。国際公務員は基本的にはやはり試験で選ばれたエリートであって，選挙で選ばれた人びとではありません。こうしたエリートたちが決定する政策や条約が，主権国家の行動を制約することはどこまで許されるのでしょうか。国際機関あるいは欧州連合（EU）のような超国家機関における**民主主義の赤字**（「みんな」のコントロールが効きにくい）と呼ばれる問題です。グローバルな専門家コミュニティの判断が「わたしたち」の意志や行動を制限することはどこまで許されるのか，新型コロナウイルスを経験した世界にとっては切実な問題と言えるでしょう。

　国際行政の領域，あるいは国際法や条約の網の目がコントロールする領域は無視できないほど大きいとはいえ，国際社会は究極的にはやはり，戦争勃発の可能性をはらむ「アナーキーな社会」（ブル 2000）です。そこで外交が大事ということになります。ところが，外交とデモクラシーとの相性は元来あまりよくありません。歴史的には外交は君主や貴族によって担われてきました。現在でも外交は議員によってではなく（もちろん**議員外交**が皆無というわけではありませんが），もっぱらそれを専門とする官僚（外交官）によって担われるのは，その名残と言えます。当然，ここにも先ほどの国際公務員と同じように（しかもより強い程度で）民主的統制という課題が生じます。「わたしたち」の代表ではない官僚が「わたしたち」に関わる重大な決定をすることが許されるのかとい

Column ❹-3　外交とプロトコル

　「わたしたち」のなかの話であるところのデモクラシーと，外交の相性があまりよくないことの1つの表れとして，儀礼やマナーが非常に重視されることがあります。外交官にはどこかきらびやかなイメージがあります。実際に，高位外交官にとっては各種のレセプションやパーティに出席することは大事な仕事の一部なのですが，そうした場でとりわけ重要なのが席次や敬称，マナーです（たとえばこうしたパーティの場では「女性は手袋をしたまま握手をしてもよいが，男性は必ず手袋を外して行う」〈安倍編 2003〉のがマナーとされます。これを書いている人は知りませんでしたが，みなさんは知っていましたか）。こうしたものを総称して国際礼譲（プロトコル）と呼びます。

　外交上こうしたプロトコルを順守することが重要なのは，その違反がしばしば意図的なメッセージとして相手側に読み取られるからです。パーティではありませんが，2019年，いわゆる「慰安婦合意」をめぐる日韓対立に端を発した日本側の半導体材料の輸出規制をめぐりおこなわれた事務レベル会合で日本側が「殺風景な会議室」（『毎日新聞』2019年7月13日付朝刊）しか供さなかったことが物議を醸しました。このような例は外交が長らく貴族や君主の専有物だったという歴史的経緯とともに，外交が「わたしたち」の外部にある「あの人たち」との付き合いをめぐる問題であるというその事柄の性質を象徴的に示しています（他方で，「デモクラシーの国同士では戦争が起こりにくい」という民主的平和論〈→第13章〉も知られています。デモクラシーと外交との関係は一筋縄ではいかなそうです）。

う問題です。しかし他方，外交とは相手がある話であり，「わたしたち」の意向がすべて通ることは事柄の性質上難しいのもまた確かなのです。ある外交官はかつて「普通の男女は，対外問題が外国の（Foreign）問題であること，つまりわれわれ自身の国民的利益に関するばかりでなく，他国の利益にもまた関するものであることをまだよくわかっていない」（ニコルソン 1968: 87）と述懐しました。これは，デモクラシーにとって外交という領域がいかに困難なものであるかを端的に示したものと言えるでしょう。

① 議院内閣制（一元代表制）と大統領制（二元代表制）の違いについて，もう一度まとめてみましょう。
② 官僚と政治家の望ましい関係とはどのようなものでしょうか。この章で学んだ資格任用制や猟官制などをもとに議論してみましょう。
③ 外交や国際行政の分野は高度の専門性を有する分野です。こうした分野において「みんな」の意志（民意）は，どの程度反映されてしかるべきなのでしょう。歴史的な事例を参照して議論してみましょう。

さらに学ぶために　　　　　　　　　　　　　　　　　　Bookguide ●

大山礼子『国会学入門〔第2版〕』三省堂，2003年。
　　　立法府とはどんな場所なのか，国際比較の観点から整理するなら。

飯尾潤『日本の統治構造──官僚内閣制から議院内閣制へ』中公新書，2007年。
　　　日本の議院内閣制の特徴を，歴史的な観点から整理するなら。

砂原庸介『民主主義の条件』東洋経済新報社，2015年。
　　　選挙制度と政党システムの関係，二院制や地方制度との関連など，広く政体全体を俯瞰しつつデモクラシーを考えるのにおすすめです。

映画で学ぼう　　　　　　　　　　　　　　　　　　　Movieguide ●

　議事妨害（フィリバスター）が主題となっている古典的名作に F. キャプラ監督『スミス都へ行く』（1939年）があります。ここで描かれている政治家の姿が少し理想的に過ぎると思われた方は，あるポピュリスト政治家の栄光と挫折を描く R. ロッセン監督『オール・ザ・キングスメン』（1949年）を。政治と政治家につきまとう「汚さ」をエンターテインメントに昇華した稀有な名作です。

その他の引用・参照文献　　　　　　　　　　　　　　　Reference ●

安倍勲編 2003『プロトコール入門──国際儀礼とマナー』学生社。
伊藤正次 2022「官僚の目に映る『官邸主導』」北村亘編『現代官僚制の解剖──意識調査から見た省庁再編20年後の行政』有斐閣。
大山礼子 2011『日本の国会──審議する立法府へ』岩波新書。

岡山裕 2020『アメリカの政党政治——建国から 250 年の軌跡』中公新書。

上川龍之進 2014『日本銀行と政治——金融政策決定の軌跡』中公新書。

曽我謙悟 2018「『安倍一強』のデータ分析——内閣人事局は何を変えたのか」『中央公論』
　　2018 年 6 月号。

ダール, R. A.／高畠通敏訳 2012〔1991〕『現代政治分析』岩波現代文庫。

ニコルソン, H.／斎藤眞・深谷満雄訳 1968〔1939〕『外交』UP 選書。

ブル, ヘドリー／臼杵英一訳 2000〔1977〕『国際社会論——アナーキカル・ソサイエテ
　　ィ』岩波書店。

ラムザイヤー, M.・F. ローゼンブルース／加藤寛監訳, 川野辺裕幸・細野助博訳 1995
　　〔1993〕『日本政治の経済学——政権政党の合理的選択』弘文堂。

de Lolme, J.-L. 2007〔1771〕, *The Constitution of England: Or, An Account of the En-
　　glish Government*, David Lieberman ed., Liberty Fund.

第 **5** 章

政治とメディア

政治家はイメージと見栄えが命？

INTRODUCTION

　どのようにして投票先を決めますか？　わたしたちが選挙で判断を下すとき，前提としている情報のほとんどは，テレビや新聞やインターネット，あるいは人から間接的に伝えられたものです。伝えられた情報が嘘（フェイク）ばかりならば，そうした情報にもとづいて下した判断はでたらめということにならないでしょうか。ひいては，選挙の結果やデモクラシーはあてにならないということにならないでしょうか。

　この章では，政治に関わる情報に目を向けます。テレビや新聞やインターネットは，政治過程でどのような役割を果たして，どれほど影響力があるのでしょうか。政府や政治家は，情報をどのようにコントロールしているのでしょうか。

KEYTEXT

W. リップマン『世論』（1922 年）

①　それぞれの人間は，直接に得た確かな知識にもとづいてではなくて，自分でつくりあげたイメージ，もしくは与えられたイメージにもとづいて，物事をおこなっていると想定しなければならない。ある人の手もちの地図が，世界は平面で

あると告げていれば，彼は墜落を恐れて，自分がこの世界の果てだと考えるところ近くまで船を進めることはないであろう。（リップマン　1987，上：42）

② われわれはたいていの場合，見てから定義しないで，定義してから見る。外界の，大きくて，盛んで，騒がしい混沌状態のなかから，すでにわれわれの文化がわれわれのために定義してくれているものを拾い上げる。そしてこうして拾い上げたものを，われわれの文化によってステレオタイプ化されたかたちのままで知覚しがちである。（同上：111-112）

　ジャーナリストであったW.リップマンは，第一次世界大戦の期間には，アメリカ政府の情報将校として宣伝ビラを作成したり，W.ウィルソン大統領の「14カ条の平和原則」の原案作成に携わったりしました。政治とメディアをめぐる古典とされる彼の『世論』には，そのときの経験が活かされています。

　第一次世界大戦が始まって敵同士になったにもかかわらず，孤島にいてその事実を知らずにイギリス人，フランス人，ドイツ人が仲良く一緒に過ごしていた。『世論』は，このエピソードから語り始めます。わたしたちが頭のなかにつくりあげている現実世界のイメージ（**疑似環境**）と，現実世界そのものにはズレがある，というのが，リップマンの議論の出発点です（**KEYTEXT** ①）。

　疑似環境と環境はズレているので，わたしたちが，疑似環境こそがリアルな現実であると思い込んで，実際の環境で行動すると，不適切・不合理な行動をしてしまうかもしれません。たとえば，「どうやら自分に好意をもっているようだ」とあなたが思い込んでいるものの，実際はそうではない相手には，あなたは馴れ馴れしく迷惑な行動をしてしまう可能性があります。

　リップマンによれば，現代社会に生きるわたしたちは，さまざまな理由で，事実そのものからは遠ざけられています。情報の送り手に目を向けてみると，政府や政治家は，自分たちに有利になるように，宣伝（**プロパガンダ**）や情報操作をしています。新聞の伝えるニュースも，とても真実とみなすことはできない。リップマンはそう指摘します。

　次に，情報の受け手の側を観察してみると，わたしたちの理解力は，現実世界の複雑さに対応できるほどに優秀ではありませんし，そもそも時間にも集中力にも限りがあります。しかも，わたしたちは，理解する手間を節約したり，周りから孤立しないようにしたりするために，**ステレオタイプ**（先入見，偏見）を当てはめて現実を理解しています。実物を見る前から，ステレオタイプにもとづいてイメージをつくりあげて，それを当てはめて実物を理解しているのです（**KEYTEXT** ②）。『世

論』には，一例として，「日本人はずるい」というステレオタイプが何度も登場します。リップマンの議論が正しいとすると，そうしたステレオタイプが広まっている地域では，実際にどんな人かには関係なく，「この人は日本人だからずるい」と判断されてしまうのです。わたしたち自身も，ある国やある地域の人たちのことを，そのように判断しているかもしれません。

　リップマンは，こうした問題点を解決するために，情報を正しく理解できる専門家の果たす役割に期待を寄せました。こういった解決策が本当に正しいかどうかにかかわらず，『世論』は，マスメディアの発達した現代の政治を理解するために立ち返るべき古典です。

1　リベラル・デモクラシーのなかのメディア

　わたしたちは，政治に関するさまざまな情報（**政治的情報**）を，ほとんどの場合，媒介・仲介してくれるもの（**メディア**）を通じて間接的に得ています。媒介・仲介するのは，家族や知人であることもあれば，テレビ，ラジオ，新聞，雑誌，あるいはインターネットである場合もあるでしょう。後者のように，情報を大規模に伝達する手段を，**マスメディア**と呼びます（インターネットをマスメディアに含めない考えもあります）。マスメディアは，短縮して「メディア」と呼ばれることもありますし，大量の情報の流れを意味する「マスコミュニケーション」（マスコミ）という言葉で表現される場合もあります。

　政治を理解するにあたって，マスメディアの役割を無視することはできません。「いまの政権を支持するか」「どの政党や政治家に投票するか」「いま優先的に解決すべき課題は何か」などをめぐるわたしたちの理解や判断は，マスメディアが媒介・仲介する政治的情報にもとづいて成り立っているからです。伝えられた情報が偽りであったら，どんなにみんなで真剣に話し合って民主的に決めたとしても，間違った情報にもとづく決定になってしまいます。

メディアの役割

　まずは，「べき論」（あるべき姿を語る議論）を見ておきましょう。マスメディ

アは，「第4の権力」と呼ばれることがあります。これは立法，行政，司法の三権とともに，マスメディアが，（憲法に定められていないという意味で）非公式の存在ながらも，政治のしくみのなかで重要な役割を果たしていること，あるいは果たすべきことを表現する言葉です。そして，なかでもリベラル・デモクラシーのもとでは，マスメディアの役割や働きはとりわけ重要であると考えられています。

　すでにお伝えしてきたように，リベラル・デモクラシーは「リベラリズム」と「デモクラシー」の2つを組み合わせたしくみであり，このうちの前者は，一人ひとりの自由や自己決定を尊重する自由主義の原則です。それは，**多様性**（ダイバーシティ）を尊重する原則と言い換えることもできます。自由主義は，社会のなかで力や数において劣る**マイノリティ**の自由が守られることに，とりわけ意を注ぎます。放っておくと，社会生活のなかで，弱い立場の人の自由や自己決定は損なわれがちだからです。この点に関して，マスメディアは，社会のなかで語られにくいマイノリティの考えや利益を掘り起こして，広く伝えることを通じて，多様性を守ることに貢献できます。

　また，マスメディアは，政治権力に対する「番犬」と呼ばれることもあります。政府から独立して，政府の活動を監視・批判するマスメディアの活動は，「政府が個人の自由を侵害するのではないか」と警戒する自由主義を支えます。この点は，王の政府であっても，「みんなで決める」デモクラシーの政府であっても，事情は変わりません。

　このようにマスメディアの活動は，リベラル・デモクラシーのしくみを健全に保つことに貢献しますので，マスメディアは，一般に，リベラル・デモクラシーの大事なパーツの1つとみなされています。世界の国や地域の現状を点数化する国際的な非政府組織（NGO）「フリーダムハウス」の年次報告書『世界の自由』には，「自由で独立したメディアが存在しているか」という採点項目があります（→第**13**章）。

　政治におけるマスメディアの役割は，**公共性**という観点からも説明できます。公共性（公共的であること）を表現する英語は「**パブリック**」で，これは「**プライベート**」の反対の意味の言葉です。「パブリック」は，メンバーみんなに関係していること，それゆえみんなに開かれていること（**公開性**）を意味します。

Column ❺-1　マスメディアの「不偏不党」

　1993年の政権交代で非自民・非共産連立政権（細川内閣）が誕生し，自民党は，1955年の結党以来はじめて野党に転落しました。政権交代からしばらくすると，ある民放テレビ局の報道局長が，「総選挙では非自民連立政権の成立を後押しする意図をもって報道していた」という趣旨の発言をして問題視され，国会で証人喚問がおこなわれる騒ぎとなりました。偏向報道（偏った報道）であると批判されたのです。

　日本の放送法第4条には，電波を使うテレビ局やラジオ局に，「政治的に公平であること」「意見が対立している問題については，できるだけ多くの角度から論点を明らかにすること」を義務づける規定があり，不偏不党，客観・中立・公正という原則が示されています。しかし海外では，マスメディアが，支持する政党や候補者を表明するのは珍しいことではありません。マスメディアの公共性については，いくつものとらえ方があるのです。日本のメディア史をたどってみると，マスメディア自身が，自主規制して政治報道を控えたことを正当化するために，「不偏不党」という原則を掲げてきたという指摘もあります（根津 2019）。

新聞社やテレビ局などのマスメディアが，国営・公営か民間企業であるかにかかわらず，偏った報道をしたときに批判されるのは，なぜでしょうか。それは，「マスメディアは公共的であるべきだから偏るべきではない」という考えがみんなに共有されて，当然の前提とされているからです。

　公共性をめぐる政治理論の古典とされる，J. ハーバーマスの『公共性の構造転換』（1962年）は，マスメディアを通じて，人びとが政治について対等に語り合う空間が誕生したことに注目しました（ハーバーマス 1994）。18世紀のイギリスで，新聞や雑誌や本が広く流通するようになると，人びとは，コーヒーハウスのような社交の場で政治について自由・対等に議論するようになり，そのなかから「世論」が形成されていったというのです。そうした開かれたコミュニケーションがおこなわれる領域を，ハーバーマスは「市民的公共性」の領域（市民的公共圏）と呼びました（ただし当時，そこに参加できた人のほとんどは財産と教養のある男性だけでした）。この議論で重要なのは，「市民的公共性」の領域が，議会や政府とは別に存在していることです。つまり，お上（政治権力）

が公共性を独占するわけではありません。「市民的公共性」の領域は，議会や政府からは独立しており，これが，社会の側から議会や政府に向けて意見や要求を伝えたり，政治を監視したりする役割を果たしました。この「市民的公共性」を支えるのがマスメディアなのです。18世紀のフランスでも，猥雑な政治パンフレットや誹謗 中 傷 文書などの「地下出版」も含む，さまざまな本や出版物が流通するなかで，1789年のフランス革命を生む社会的条件がつくられていきました（シャルチエ 1999; ダーントン 2015）。

　ハーバーマスは，その後，19世紀末以降に行政の活動が肥大化して，国家と社会の区別がはっきりしなくなっていくなかで，「市民的公共性」は変貌したと論じています。公共的な空間を支えるメディアが商業化して，画一的な宣伝や世論の操作を担うようになると，人びとのコミュニケーションの空間は失われて，「議論する公衆」は「消費する公衆」に変わったというのです。

政治的情報のバイアス

　「べき論」から離れて現実の世界に目を移すと，近年では，マスメディアに対する人びとの信頼が低下していることが世界中で指摘されています（**メディア不信**）。マスメディアの影響力が衰えたとも指摘されています。日本のエリートたちは55年体制（→第7章）のもとでは，マスメディアこそが最も権力をもっていると考えていましたが，現在はそうではありません（**表5.1**）。

　近年では，テレビ局や番組制作会社が，取材して事実を確認する前に，あらかじめ自分たちの思い込みにもとづいて報道のストーリーをつくりあげてしまい，それにうまく当てはまる情報やコメントばかりを集めたり，やらせや捏造をしたりして番組づくりをしていることが，よく問題になります。そうしたでたらめな番組づくりは論外ですが，同時に，政治的情報に何らかの偏り（**バイアス**）が生じることは避けがたいという側面を理解しておくことも重要です。

　マスメディアの政治報道に対しては，「事実（〜である）と規範（〜べきである）を区別して，事実だけを報道すればよい」という意見が語られることがあります。しかし，仮に，事実だけに限って報道できたとしても，何らかの偏りが生じることは避けがたいのです。

　その理由は，なにより，マスメディアは報道する情報を取捨選択しなければ

	1980 年調査	2018-19 年調査 （政策決定における影響力）
6	マスメディア（6.10）	与党（6.29）
5	官僚（5.53） 政党（5.40） 経済団体（5.18）	官僚（5.70） 経済団体（5.28）
4	労働団体（4.61） 農業団体（4.52） 学者・文化人（3.98），消費者団体（3.95） 市民団体（3.79）	テレビ（4.87） 新聞社（4.73） 農業団体（4.12） 学者文化人（3.77） 消費者団体（3.61） 労働組合（3.44），市民運動団体（3.43） NPO（3.21），女性運動団体（3.19）
3	女性運動団体（3.25）	野党（3.04）

［注］　各界のエリートたちに，だれの影響力が大きいかを質問した調査結果。
　　　7点が「非常にあり」，1点が「ほとんどなし」の7点尺度。
　　　1980年調査では生活における影響力を，2018-19年調査では政策決定における影響力を尋ねている。また，1980年調査では「マスメディア」としているが，2018-19年調査では「新聞社」と「テレビ」に分けている。
［出典］　山本・竹中 2021: 142 をもとに筆者作成。

ならないからです。ある一日だけに限っても，世界には，数え切れないほどの出来事が生じています。マスメディアは，情報のゲートキーパー（門番）として，どのニュースを選び，どんな優先順位で，どのくらいの重みづけ（重要性）を与えて報道するかを決めなければなりません。「どのニュースが重要か」「報道する価値（**ニュースバリュー**）があるニュースはどれか」という問いにはさまざまな解答が可能で，唯一の正答があるわけではありません。自分の住む地域の停電と，地球の裏側で起きた原子力発電所の事故のいずれが重要であるかは，だれが，どのような基準にもとづいて判断するかによって答えが異なるでしょう。

　北海道や東北では何メートルも雪が降り積もっているのに，東京都心の数セ

ンチの積雪が大騒ぎして報道されるのは，なぜでしょうか。マスメディアの報道では，視聴率や聴取率を期待できるニュース，つまり，できるだけ多くの視聴者・聴取者（やスポンサー）に喜んでもらえそうなニュースが選ばれがちなのです。テレビ映りのよい「絵になる」ニュース，だれにでも分かりやすい勧善懲悪のニュースが優先的に報道されて，重要なのに地味なニュースや，多くの人が目を背けて見なかったことにしたくなるような出来事は，報道されなかったり，扱いが小さくなったりする傾向にあります。

　さらに，同じ出来事を報道する場合でも，どのような視点から，どのような枠組み（**フレーム**）で語るかによって，大きな違いが生まれます。たとえば，増税について，ある低所得者の困窮生活に注目するフレームと，国家の財政難に注目するフレーム，あるいは与党と野党の争いに注目するフレームでは，切り取り方（**フレーミング**）が異なります。事実に則して同じニュースを報道すると言っても，どのようなフレーミングを採用するかによってさまざまな報道が可能です。つまりはフレーミングに応じて，現実を別様に理解したり解釈したりすることができるのです。

② イメージを操作する

　G. オーウェルの『1984 年』（1949 年）は，真理省と呼ばれる国家機関に勤務する中年男性を主人公とする未来小説です。主人公ウィンストンは，真理省で，政府にとって都合の悪くなったすべての記録を日々書き直す仕事をしています。オーウェルがこの小説に描いたのは，政治権力が情報のすべて（すべての記録と記憶）を管理・統制する**ディストピア**（逆ユートピア）です。

　『1984 年』ほどに極端ではないにせよ，一般に，どんな政府も，どんな政治家や政党も，どんな政治的情報が流通しているかにとても敏感です。そのなかには自分たちに有利な情報もあれば，不利な情報もあります。正しくはないけれども自分たちに都合のよい情報，あるいはその反対もあるでしょう。どのような政治的情報が流通するかは，支持率や選挙での当落に直結するため，政府や政治家，政党にとってきわめて重要な問題です。

だから，**政治アクター**（政治に関わる人や集団）は，自分たちのイメージを高めて，ライバルのイメージを引き下げるために，宣伝（**プロパガンダ**）やイメージ戦略，あるいはマスメディアへの介入など，清濁交えたさまざまな手段で情報をコントロールしようとします。政治アクターによるこうしたイメージのコントロールは，政治の世界における競争や対立と不可分であり，時代や場所を問わずに一般に観察できるものです。

　こうした点をふまえると，政府，政治家，政党といった政治アクターと，マスメディアや報道機関のあいだには，いつでも争いが生まれかねないということがわかるでしょう。現代のリベラル・デモクラシーの国々の多くでは，「報道の自由」や「知る権利」が基本的なルールとされて，**情報公開**や**公文書保存**のルールが定められています。これは，権力者や政治家はともすれば情報を恣意的に管理・操作して，マスメディアを不当に弾圧しがちである，という人類の長い歴史的経験をふまえた制度設計です。

┃ 政治アクターのイメージ戦略 ┃

　政治アクターが有権者に望ましい印象を与えるためにイメージ戦略を展開するのは，利益を追求する企業が，さまざまな販売戦略（マーケティング）や広報によって商品を売り込もうとするのと同じです。企業が，商品やサービスのよさを訴えるだけでなく，有名人を起用したり，魅力的なイメージや雰囲気をつくりだしたりして消費者にアピールするのと同じように，政治アクターも，政策や実績の中身を訴えるだけでなく，さまざまな手法によって自分たちのイメージの向上をめざしています。

　ライバルを批判する**ネガティブ・キャンペーン**や，印象に残る短い言葉で有権者に訴えかける手法（サウンドバイト）は，そうしたイメージ戦略の代表的手法です。日本では，小泉純一郎首相（任期 2001-06 年）が，自民党内の「抵抗勢力」や野党との対立のなかで，テレビを巧みに活用して，分かりやすい短い言葉で有権者に直接アピールして成功を収めました。その手法は，その当時，「ワンフレーズ・ポリティクス」や「テレビ政治」と呼ばれました。

　現代では，宣伝・広報のプロ集団である**広告代理店**（広告を出したい顧客〈クライアント〉と広告を掲載するメディアのあいだで，広告や宣伝の企画・作成・仲介な

Column ❺-2　戦争の時代の宣伝

　日本では日中戦争の時代に，ニュース映画や軍事映画が流行しました。ドイツではA.ヒトラーが，L.リーフェンシュタールにナチ党（ナチス）の党大会の記録映画を作成させました。彼女は，党の支援のもと，1936年のベルリン・オリンピックの記録映画『オリンピア』（日本名タイトル『民族の祭典』『美の祭典』）も撮影しています（→第**10**章）。肉体美を強調した芸術性で知られる映画ですが，ナチスのプロパガンダに協力したリーフェンシュタールには，ドキュメンタリー映画『レニ』（R.ミュラー監督，1993年）などが伝えるように，戦後大きな非難が寄せられました。

　二度の世界大戦では，敵国の兵士や市民に向けた宣伝ビラ（チラシ）が，飛行機などから大量に散布されました（**KEYTEXT**で紹介したリップマンもその作成に関わりました）。戦時中の日本では，そうしたビラを「伝単」と呼びました。そうした宣伝ビラは，実際の戦況の厳しさを伝えたり，兵士に家族を思い出させたり，満ち足りた食事や生活を想像させたりすることで，戦う気持ちを萎えさせようとするものでした（一ノ瀬 2007, 2008）。

どを手がける企業），コンサルタント会社，PR会社や，「選挙プランナー」を名乗る専門家が，政党や政治家のイメージ戦略に関与することが多くなっています。広告代理店のうち，たとえば電通は自民党，博報堂は（旧）民主党というように，大手の広告代理店が政党の委託を受けて広報活動に携わった事例が知られています。また，近年では外注するだけでなく，政党が自前で，組織的にイメージ戦略をおこなう動きもあります。

歴史のなかのプロパガンダ

　こうしたイメージ戦略は，現代に限られるわけではありません。歴史をさかのぼってみると，各時代の政治アクターは，新しく登場したメディアを積極的に利用しながら，宣伝・広報をおこなっていました。それは，16世紀のヨーロッパの宗教改革において，カトリック教会を批判した改革者たちが，活版印刷で印刷された俗語版聖書や風刺画を大いに活用したのと同じです。

　世界大戦の時代であった20世紀の前半には，新しく登場した写真や映画と

いう視覚メディアが次々に活用されました。そうしたビジュアルなプロパガンダは，さまざまなシンボルやイメージを駆使しながら，敵と戦う正当性を訴えて，国民に金銭的・人的な協力を呼びかけました。

　たとえば，第一次世界大戦の際にアメリカでつくられたポスター（図5.1のA）は，敵国ドイツをスパイク（鉄鋲）の付いた鉄兜で表現して，「野蛮な軍国主義」というイメージを呼び起こそうとしています。「アンクル・サム」と呼ばれる，アメリカを象徴する人物が指差す有名なポスター（図5.1のB）は，この時期に募兵のためにつくられたものです。少し時代がさかのぼりますが，日本では，日清戦争の時期にリバイバルした錦絵（浮世絵）が戦場の光景を極彩色で伝えて，「戦争熱」を高めるのに貢献しました（図5.1のC）。

　第一次世界大戦と第二次世界大戦のあいだの時代を**戦間期**と呼びます。この戦間期に普及したラジオや映画という新しいメディアも，さっそくに政治アクターに活用されました。ラジオは，語られる内容だけでなく語り手の個性も伝えるメディアです。ラジオの政治利用の事例として最もよく知られているのは，アメリカのF. D. ローズベルト大統領が，ラジオを通じて直接に国民に語りかけた**炉辺談話**です。速報性を備えるラジオは，日本では，1931年の満州事変や36年の二・二六事件のニュースや，45年の「玉音放送」（天皇による戦争終結の勅書の読み上げ放送）をリアルタイムで国民に伝えました。

　第二次世界大戦後，1950年代以降に急速に普及したテレビは，現在に至るまで，政治とは切り離せないメディアになっています。最も早い時期のエピソードとしてよく知られるのは，1960年のアメリカ大統領選挙のテレビ討論会です。1回目のテレビ討論会で，民主党大統領候補のJ. F. ケネディは，日焼けしたメイクをして濃色のスーツで登場しました。その姿は，当時の白黒テレビの画面を通して，視聴者に爽やかでフレッシュな印象を与えるものでした。そんなケネディに対して，共和党大統領候補のR. ニクソンは，ぶかぶかのグレーのスーツ姿で，2人のテレビ映りには大きな違いがあったとされています。大統領選挙の勝者はケネディでした。

図A　ベルギーを忘れるな（1918年）　　図B　アメリカ陸軍には，君が必要だ（1917年）

図C　旅順口激戦之図（1894年）

［出典］　A，Bは東京大学大学院情報学環所蔵（同ウェブサイトで閲覧可能）。Cは大英図書館所蔵（アジア歴史資料センターのウェブサイト「描かれた日清戦争　錦絵・年画と公文書」にて閲覧可能）。

3　メディアにはどれほど影響力があるか

　マスメディアの報道や，政党や政治家のプロパガンダは，人びとの判断や態度にどれほどの影響を与えるのでしょうか。新聞やテレビが，政府に批判的な報道をおこなうと，有権者はそれを鵜呑みにして，政府に批判的な世論ができ

るのでしょうか。マスメディアの影響（**メディア効果**）について，政治学は，実証的な分析を積み重ねて，さまざまな知見を明らかにしてきました。

┃ メディアより知り合い ┃

　報道やプロパガンダには大きな影響力があるとする学説を，**強力効果説**と呼びます。20世紀の中頃まで，漠然と信じられていた学説です。二度の世界大戦や，全体主義の登場という大変動のなかで，視覚・映像メディアを用いたプロパガンダが盛んにおこなわれた時代には，強力効果説がもっともらしく思われたのです。

　強力効果説を説明するためによく引き合いに出されてきたのは，火星人来襲のエピソードです。1938年にアメリカのラジオ局が，H. G. ウェルズのSF小説『宇宙戦争』をラジオドラマにして，「16本の触手をもつ火星人が地球を襲撃している」と放送すると，人びとがパニックに陥って避難したというエピソードです。ただし，今日ではこのエピソード自体が誇張されたつくり話で，実際に生じたのは，放送後にラジオ局に問い合わせが集中して電話が不通になった程度だったことが明らかにされています（佐藤 2019）。

　マスメディアの報道や宣伝には限られた影響力しかないことを，実証的な調査を通じて明らかにしたのは，P. F. ラザースフェルドらコロンビア大学の研究者たちでした（ラザースフェルドほか 1987）。彼らの学説は，**限定効果説**と呼ばれています。ラザースフェルドたちは，1940年の大統領選挙の期間に6カ月にわたって，オハイオ州エリー郡で総勢3000名の有権者に毎月面接調査をおこないました。調査の成果は大きく2つにまとめられます。

　第1に，有権者が投票先を決めるにあたって，マスメディアやそれを通じた政党の宣伝は，大きな役割を果たしていませんでした。マスメディアのもたらした情報が有権者の政治的態度を変えてしまう効果（**改変効果**）は，わずかでした。マスメディアからの情報は，むしろこれまで抱いてきた政治的態度を強めていました（**補強効果**）。大統領選挙に高い関心をもってマスメディアから情報を得ていたのは，すでに政治的態度を決めていた有権者であり，投票先を変える可能性のある有権者は，そもそも宣伝を見聞きする機会がほとんどなかったのです。

第2に、同じ集団に属する有権者は、同じ候補者に投票する傾向が観察されました。各集団のなかでは、**オピニオンリーダー**の影響のもとに同じ意見が広まっており、人びとが政治的態度を決めるにあたって強い影響をおよぼしていたのは、マスメディアよりも、顔の見えるパーソナルな人間関係でした。こうした集団の代表は家族です。この調査でラザースフェルドらは、家族では男性が支配的であり、夫や父親が強い発言権をもっていると指摘しています。

現実をどのように理解するか

マスメディアは、人びとの意見を変えるほどの力はもっておらず、影響力を過大評価してはならない、というのが限定効果説が明らかにした研究成果でした。しかしその後の研究は、マスメディアの影響力を過小評価するのも適切ではないことを明らかにしています。マスメディアは政治的態度を変えるほどの影響力はないにせよ、「政治の現実をどのように理解するか」という認知（理解）の次元で大きな影響をおよぼしているというのです。すでに紹介したように、どのようなフレームで報道するかによって、有権者の理解は影響を受ける（**フレーミング効果**）というのは、その一例です。

また、**議題設定**（アジェンダ・セッティング）においても、マスメディアは大きな役割を果たしています。議題設定とは、文字通り、政治が解決すべき議題（アジェンダ）を定めること、言い換えれば、答えを与えるべき問いを設定することを意味します。もとより、議題設定はマスメディアだけがおこなっているわけではなく、政府、政党、行政、利益集団など、その他の政治アクターの役割も無視できません。しかし、テレビや新聞は、それまでは十分に注目されてこなかった問題点を発掘（スクープ）したり、あるテーマを集中的に報道したりすることなどを通じて、政治における議題設定に非常に大きな影響をおよぼしています。

インターネットと政治

インターネットの普及は、政治においても、さまざまな変化をもたらしています。多くの政治家や政党が、ソーシャルメディア（ソーシャル・ネットワーキング・サービス、SNS）や動画共有サイトなどを使って情報発信するようになり

Column ❺-3　政治における議題設定

　政治の世界では，解決すべき問い（議題）があらかじめ決まっているわけではありません。外交，安全保障，治安，福祉，貧困・格差，雇用，ジェンダー，景気，教育，環境など，世の中には，政治が解決すべき課題が無数にあります。「何をみんなで（みんなのお金を使って）解決すべき課題とするか」「どのような優先順位で解決するか」という点については，あらかじめだれもが一致する答えがあるわけではありません。政策という答えを決める前には，何を問い（議題）とするかを決める必要があり，これが議題設定（アジェンダ・セッティング）の意味するところです。

　これは，政治という現象を理解するにあたって非常に重要なポイントです。議題として取り上げてもらえない限り，答えは与えられませんし，問いがどのように設定されるかによって答えがおおよそ決まってしまうこともあります。つまり，議題設定の段階で，すでに重要な政治的決定がなされているのです。議題設定の段階での決定を**前決定**，議題設定しないことを**非決定**と呼びます。スキャンダルの揉み消しをおこなうのは，議題設定を阻止するということであり，そのように作用する権力を，政治学では**非決定権力**（あるいは二次元的権力）と呼びます。

ました。日本では，選挙の公平性を確保するという理由から，インターネットを利用した選挙活動（ネット選挙）は長らく禁止されていました。しかし2013年に公職選挙法が改正されて，候補者・政党も有権者も，いくつかの条件のもとで，選挙期間にインターネットを利用した選挙活動ができるようになりました。ネット選挙が解禁された最初の国政選挙となった2013年の参議院選挙で，自民党は「ネット選挙分析チーム」を設置し，書き込みの監視，報道やネット情報の分析と対応，候補者に対するサポートをおこないました（西田 2015）。

　近年では，集積データ（ビッグデータ）や個人情報を利用した企業の宣伝活動がなされています。たとえば，SNSでどんな情報を好んで見るかというデータから，その人の生活や価値観を分析して，各人に最も効果的な宣伝をおこなう手法はその一例です。こうした手法が政治でも利用されることについては，世論の誘導であるといって懸念する意見があります。実際，コンピュータ（「ソーシャル・ボット」）が自動的に発信するプロパガンダ，ニュースサイトへ

の書き込みを通じた世論操作，ウェブコンサルタント会社の社員による情報操作など，インターネットを用いた専門的・組織的な情報操作がおこなわれている実態が，近年さまざまに明らかになっています。

　他方，だれもが容易に情報発信ができるインターネットは，多くの人に政治的な力を与える（**エンパワーメント**する）可能性を備えています。「アラブの春」（中東や北アフリカにおける 2010 年代初頭の民主化運動）や，「#MeToo 運動」（性暴力・性差別を告発する抗議運動）に見られたように，インターネットによって人びとの結びつきが促進されて，運動が一気に広まることもあります。こうした点から，インターネットは，民主主義のバージョンアップを促進するという見解もあります。

　ただし，デマやフェイクニュース，**ヘイトスピーチ**が広まりやすいことや，デジタルメディアを使いこなす能力には格差（**デジタル・デバイド**）があることなど，インターネットが健全なデモクラシーに悪い影響をおよぼす側面もさまざまに指摘されています。インターネットは，政治に関心のある層と，関心のない層の情報格差をさらに広げているという指摘もあります（辻 2021）。

　インターネットが政治におよぼす悪影響として最もよく指摘されるのは，社会の分断や**分極化**をもたらすという点です（サンスティーン 2003）。分極化とは，社会が互いに敵視し合う極端なグループに分裂して不安定になることです。インターネットは，自分の欲しい情報，自分にとって心地よい情報だけを選ぶこと（**選択的接触**）をさらに助長して，自分の好みをさらに強めるメディアです。Amazon のような物販サイトや Google のような検索サイトでは，購入・視聴・検索の履歴にもとづいて，アルゴリズムによって，次に関心をもつはずの商品や情報が自動で推奨されます。こうしたメディア特性を備えたインターネットでは，政治について自分と似た意見の人を見つけるのも容易であり，似た者同士で交流するうちに意見がどんどん過激になって，排他的・暴力的になってしまう，というわけです。

　しかし他方では，インターネットはむしろ多様な意見や価値観を知る機会を提供して，他者への信頼や寛容を育むとの調査結果もあり（辻 2021），インターネットの影響は両義的とみなすことも可能です。今後さらなる分析が求められています。

① 政治権力が，マスメディアの報道を規制した国内外の事例を集めてみよう。

② 戦争中につくられた，図5.1のような「プロパガンダポスター」をインターネットで他にも閲覧して，ポスターに見られるデザインの特徴や共通点を分析してみよう。

③ あなたの地元選出の議員や候補者がどのようにインターネットを利用しているか，調べてみよう。その情報発信は，魅力的ですか。もし魅力的でないなら，どんな点がよくないのか，駄目出ししてみてください。

さらに学ぶために **Bookguide ●**

谷口将紀『政治とマスメディア』（シリーズ日本の政治10）東京大学出版会，2015年。

　　蒲島郁夫・竹下俊郎・芹川洋一『メディアと政治〔改訂版〕』（有斐閣，2010年）とともに，この分野を学ぶためにまず最初に読むべき基本文献です。

佐藤卓己『現代メディア史〔新版〕』（岩波テキストブックス）岩波書店，2018年。

　　メディア史は，政治とメディアの関係を考えるための基礎知識を豊富に提供してくれます。とても面白い本です。

C.サンスティーン／石川幸憲訳『インターネットは民主主義の敵か』毎日新聞社，2003年。

　　インターネットの政治的影響をめぐる古典的文献。

映画で学ぼう **Movieguide ●**

　選挙コンサルティングをおこなっていたケンブリッジ・アナリティカ社は，EUからの離脱を問うイギリスの国民投票や，D.トランプが当選したアメリカの大統領選挙の際に，フェイスブックの個人情報を不正利用して，各人に最も効果的なメッセージを送る「マイクロターゲティング」と呼ばれるデジタル・マーケティング戦略で世論操作をしていたとされています。「グレート・ハック」（K.アーメル，J.ヌジェーム監督，2019年）でその概要を確認しておこう。

一ノ瀬俊也 2007『戦場に舞ったビラ——伝単で読み直す太平洋戦争』講談社選書メチエ。

一ノ瀬俊也 2008『宣伝謀略ビラで読む，日中・太平洋戦争——空を舞う紙の爆弾「伝単」図録』柏書房。

稲増一憲 2022『マスメディアとは何か——「影響力」の正体』中公新書。

オーウェル，G./高橋和久訳 2009〔1949〕『1984年〔新装版〕』ハヤカワ epi 文庫。

逢坂巌 2014『日本政治とメディア——テレビの登場からネット時代まで』中公新書。

貴志俊彦 2022『帝国日本のプロパガンダ——「戦争熱」を煽った宣伝と報道』中公新書。

佐藤卓己 2019『流言のメディア史』岩波新書。

シャルチエ，R./松浦義弘訳 1999〔1990〕『フランス革命の文化的起源』岩波書店。

ダーントン，R./関根素子・二宮宏之訳 2015〔1982〕『革命前夜の地下出版』岩波書店。

辻大介編 2021『ネット社会と民主主義——「分断」問題を調査データから検証する』有斐閣。

西田亮介 2015『メディアと自民党』角川新書。

根津朝彦 2019『戦後日本ジャーナリズムの思想』東京大学出版会。

ハーバーマス，J./細谷貞雄・山田正行訳 1994〔1962, 1990〕『公共性の構造転換——市民社会の一カテゴリーについての探究〔第2版〕』未来社。

林香里 2017『メディア不信——何が問われているのか』岩波新書。

樋口直人ほか 2019『ネット右翼とは何か』青弓社。

山本英弘・竹中佳彦「政治権力構造とマスメディア——レファレント・プルーラリズムのゆくえ」竹中佳彦・山本英弘・濱本真輔編 2021『現代日本のエリートの平等観——社会的格差と政治権力』明石書店。

吉見俊哉編 2006『戦争の表象——東京大学情報学環所蔵第一次世界大戦期プロパガンダ・ポスターコレクション』東京大学出版会。

ラザースフェルド，P. F.・B. ベレルソン・H. ゴーデット/有吉広介監訳，時野谷浩ほか訳 1987〔1944〕『ピープルズ・チョイス——アメリカ人と大統領選挙』芦書房。

リップマン，W./掛川トミ子訳 1987〔1922〕『世論』上・下，岩波文庫。

第 **2** 部

リベラル・デモクラシーの歩み

PART **2**

第 **6** 章

近代日本のリベラル・デモクラシー

1868〜1945 年

選挙で選ばれた人びとが政党をつくり議会を構成し，試験その他の資格によって選ばれた人びとを動かしつつ，「みんな」に関わる決定をおこなう。これまでの章で描かれた政治のかたちをこのようにまとめることができるでしょう。

詳細は後の章で扱いますが，「みんな」で「みんな」に関わる決定をおこなうという意味では，それは古代ギリシア以来のデモクラシーを引き継いでいます。ですが，⑴「みんな」が直接に政治に関わるのではなく，政治に関わる人をくじ引きではなく選挙で選ぶ，⑵「みんな」が何でも決めてよいわけではなく，基本的人権や国のしくみの大枠について憲法で定めて「決めすぎない」しくみをもつ，といった点で，これはそれまでにない種類の新しいデモクラシーでした。この本ですでに何度も登場しているリベラル・デモクラシーのことです。

17 世紀から 19 世紀にかけてのヨーロッパで原型がつくりあげられたこのしくみを，19 世紀後半になって，日本列島に住む人びとは慌ただしく取り入れることになりました。ヨーロッパでの経緯は後回しにして，まず，本章では，この政治のしくみがこの島々にどのように取り入れられたのか，そしてどのように機能したのかを見ていきましょう。

① 福沢諭吉『福翁自伝』（1899 年）

　党派には保守党と自由党と徒党のやうな者があつて双方負けず劣らず鎬を削て争ふて居ると云ふ，何の事だ太平無事の天下に政治上の喧嘩をして居ると云ふ。サア分らないコリヤ大変なことだ何をして居るのか知らん　少しも考の付かう筈がない　彼の人と此の人とは敵だなんと云ふて同じテーブルで酒を飲で飯を喰て居る　少しも分らない……（福沢 2011: 155）

② 若槻礼次郎『古風庵回顧録』（1950 年）

　内閣が変わり，内務大臣が代わると，地方長官の更迭ということがつき物であった。それは地方官が，時の政府のため，その党派のために，非常に偏ったやり方をするからであった。ことに政友会は，知事や郡長を政友色にし，選挙の時に応援させるので，みな憤慨したものである。それで私が内務大臣になると，憲政党の党員は，地方長官の大更迭を行わなければならんといって，騒ぎだした。……

　……地方の党員たちは，今が敵討ちの時だから，敵討ちをしてくれ，知事も悪いけれど，一番悪いのは郡長や警察署長だ。それを首切らんのはけしからんと言ってくる。（若槻 1983: 253-254）

　近代日本を代表する知識人の一人，福沢諭吉がはじめてイギリスの議会を見学した際の述懐が KEYTEXT ①です。書物を通じて西洋の議会制度についてある程度理解していたはずの彼が実際に何に戸惑ったのかを，この部分は雄弁に語っています。公論にもとづいて物事を決めるはずの議会に行ってみれば，政治家は「党派」「徒党」に分かれて「喧嘩」を繰り広げている。そうかと思えば，同じテーブルを囲んで仲良く飲み食いをしている，わけが分からないというのです。異なる党派（「徒党」）による平和的な「喧嘩」こそ，彼が理解に苦しんだものでした。それからわずか 50 年ほどで，この列島では立憲政友会と憲政党という二大政党のあいだの熾烈な「喧嘩」による政治が実現していました。

　憲政会の総裁として内閣を組織した若槻礼次郎という戦前の総理大臣（首相）の回想が KEYTEXT ②です。引用からは，政権交代によって知事（戦後と違いこの時期，知事は官選で，言うなれば官僚でした）や警察署長まで入れ替わる，かなりダイナミックな変化が社会に起きていたことが分かります。それぞれの官僚に政党の「色」が付き，政権交代がある種の「敵討ち」とみなされる。わずか 50 年のあいだに，政党を中心とする，政権交代を前提としたかなり激しいデモクラシーが日本

列島に浸透したわけです。

　この急速な浸透を可能にした条件，そしてこの浸透が結果として日本列島に何をもたらしたのかを見ていきます。

1　江戸時代

⫸～1868年

┃「日本国」意識 ┃

　西暦1853年，アメリカ大統領の正式な通商要求をきっかけに，この島々にはそれまでとは比べものにならない頻度で西洋人が訪れることになりました。

　その頃の島々の人口はすでに3000万から3500万程度の（当時としては巨大な）規模を備えていました。この3000万あまりの人口はしかも1つの政治共同体としてのまとまりをなしていました。もちろん，琉球や蝦夷，対馬や小笠原諸島といった小さな島々の帰属をめぐって曖昧さが残っていたのは確かです。しかし，仮にこうした島々の帰属が問題となった場合，だれが最終的な交渉当事者になるのかについて当時から争いがなかったことは重要です。つまり中央政府が存在したのです。そして，一般の人びとのあいだにも，自分たちが直接見聞する土地の範囲を越えた「日本」とか「日本国」というまとまりの意識が分け持たれていた多くの証拠が残っています。さまざまな「みんな」というまとまりを保障する「われわれ意識」（ナショナリズム）がリベラル・デモクラシーの導入にあたり，すでにあらかじめ存在していたことはとりわけ重要です。これがないところでリベラル・デモクラシーの制度を輸入しようとしても，どの範囲，どの単位の「わたしたち」が最も重要なのかをめぐって争いが引き起こされてしまいがちだからです。

┃ イエ・ムラ・藩 ┃

　もちろん，まとまりの意識が存在したからといって，当時の社会が一様で均質な社会であったわけではありません。事態はむしろ反対でした。人びとの生

きる場所は，身分的にも地域的にも，より小さな単位のまとまりごとに多様でした。こうしたまとまりは当時の人びとによってしばしば「箱」としてイメージされました。人びとの想像力の範囲も，それぞれ自分の所属する箱の範囲を出ず，「日本」というまとまりが強く意識される機会は稀であったことでしょう。そうした箱としては，たとえば，特定の職能を家職・家業とする，血縁団体というよりは会社や法人に似た無数のイエがありました。また，そうしたイエの地域的な集合体として，およそ6万3000あまりのムラがありました。こうした箱のなかでも，武士と名乗る世襲の支配階級が所属していた団体は重要です。「藩」と呼ばれることもあるこれら300あまりの団体は，一種の地方政府として中央から一定の自立性を有していました。たとえばお隣の中国大陸のようにすでに10世紀に皇帝専制が成立し，貴族層の破壊が進んだ地域と比べると，社会のなかでの分権的な「まとまり」の強さは特徴的と言えます。これもリベラル・デモクラシーを受容する際には有利な条件の1つだったと言えるでしょう。集団の多元的秩序の存在はリベラル・デモクラシーの前提条件だからです（→第3章）。

　さて，西洋諸国との接触は，中央政府が地方政府の自立性を承認し，地方政府は中央政府の隔絶した権威を暗黙のうちに承認する，というそれまでの関係に劇的な変化をもたらしました。有力な地方政府のいくつかは独自の利益をはっきりと意識し，中央政府の意に反した行動を開始しました。この時期，さまざまな国家像が議論されましたが，まとまりとしての「日本国」を前提にしつつも，それが各地方政府の自立を前提にした連邦制のような国になるのか，それとも中央集権国家を志向していくことになるのかについては，さまざまな構想が並存していました。

関東と禁裏

　そして，西洋諸国との接触の結果，この中央政府がそもそも本当に「中央政府」なのかがあらためて問題視されるようになってきました。西洋諸国との交渉の過程で，中央政府を自称する江戸の「大君」（将軍）政府は，京都に住む「禁裏」（天皇）の指示を仰がずには何も決定できないのではないかと疑われてしまったからです。もっとも，これは新しい状況と言えます。1600年の大戦

争に勝利したことで支配を確立した大君政府は，当初，儀礼的権能はともかくとして，政治的決定に関しては京都の禁裏を一顧だにしていなかったからです。京都の禁裏は確かにかつてこの列島の支配者でしたが，その支配権の大部分はすでに 1300 年頃から「武士」と呼ばれる集団に奪われて久しく，名目上の存在としてのみその存続を保障された前王朝の末裔とも言うべき存在でした。本人たちやその周囲を含めただれもが，そうした存在であることを疑わないという状態が長く続いてきたのです。

　こうした状態に変化をもたらしたのは，中国大陸由来の政治理論に習熟した知識人たちでした。儒学と呼ばれるこの政治理論は，「正しい君主に従う」ことを重視していました。しかし，その教えはこの列島では，「では，正しい君主とはだれなのか」という厄介な前提問題を招来してしまったのです。もちろん，先ほど述べたような事情から，多くの武士にとってそれは自分が属する藩の当主であり，また江戸にいる大君でした。しかし，名目的・儀礼的な存在であったはずの京都の禁裏は，抽象的な存在である分だけ，「理想的な君主」像の投影先として便利でした。ここに，現政府に対する潜在的な不満を集約するシンボルとして禁裏を用いる余地が生まれます。

　18 世紀から 19 世紀の変わり目にかけて武士たちの大君政府は，この魅力的であり危険でもある禁裏権威の取り込みという賭けに打って出ます。「この島々のもともとの主権者は一貫して禁裏であるものの，この主権のうち実効的な統治権はこれを武士に委任している」という法理論（「大政委任論」と呼ばれます）によって，大君政府は自分たちの支配を正当化することを試みました。統治の尊厳的部分として「禁裏」（天皇）を位置づけ直すことで，実効的部分としての「大君」（将軍）政府の権威を安定させようとするこの試みは，しかし，結果的には逆効果でした。西洋諸国との交渉過程で，中央政府の権威が動揺するやいなや，勝手に禁裏の臣下（草莽の臣）を名乗り，各地方政府や中央政府の統制に服さない政治活動家が，列島のそこかしこに出現します（処士横議）。反体制の活動家たちの陰謀は最終的に功を奏し，中央政府は打倒されます（王政復古）。しかし，その後樹立された新政府においても，禁裏（天皇）というこのシンボル的存在を政治体制のなかにどのように位置づけるのかという問題は，大きな課題として残り続けることになります。

合議と公議

　西洋諸国へ向けて開国した当時，この列島の政治体制は平等な政治参加という意味でのデモクラシーからは程遠いものでした。武士と呼ばれる統治階級は多く見積もっても人口の1割に届きません。藩と呼ばれる地方政府は300あまり，大名と呼ばれるその当主は全人口の3000万の0.001%にすぎなかったことになります。しかも，彼らの頂点に隔絶した権威をもって君臨する「公儀様」（大君・将軍）は当然たった一人でした。こうした統治エリートはしかも基本的にすべて男性であり，またその地位は世襲でした。「みんな」で決めることから程遠い君主政であり，**権威主義体制**と言えます。

　彼らは自分たちの統治が「民意」にもとづいているかどうかをほとんど気に留めませんでした。それどころか，ごく少数の（変わった）大名を除いて，「民のために」統治しているのだという建前をうたうことにすら積極的とは言えませんでした。したがって統治の正統性を言語的なレトリック（言葉や論理）で補強する体制的知識人のニーズは，ほとんどありませんでした。この点については，同様に権威主義的な政治体制でありながら，儒学的な政治理論を体制教学として採用して，「科挙」という人材リクルート制度と結びつけながら，「仁政」という政治理念の構築に余念がなかった清朝中国や李氏朝鮮とは，明らかに事情が異なっていました。科挙のような公開能力試験に合格することで知識人が体制内エリートになるという経路が存在しなかったこの列島では，世襲の常備軍がそのまま官僚でした。彼らは要するに軍事政権であり，その支配はつまるところ軍政だったのです（渡辺 2010）。

　興味深いことに，東アジア地域の他の権威主義体制とは少し異なるこうした特徴は，議会を中心としたリベラル・デモクラシーの政治のしくみを導入するにあたっては，好都合な部分がありました。大陸や朝鮮半島における儒学（→Column ❻-1）による仁政理念と科挙制度がもたらした世襲エリート層の没落と皇帝権力の集中化という事態を，この列島は免れることになったからです。これによって先ほど述べたような分権的な体制が存続し，そのことは意思決定過程における合議の必要を保障しました。事実，中央政府の意思決定は老中と呼ばれる有力な官僚の合議によりました。西洋諸国との接触という重要な

Column❻-1　儒学

　儒学（儒教とも呼ばれます）は紀元前5世紀の中頃の中国大陸において，孔子を中心として生まれ，発達した政治思想です。中国大陸の歴代王朝が統治の基礎をこれに求めたこともあり，朝鮮半島や日本列島をはじめとする東アジア地域に大きな影響を与えました。

　とりわけ，皇帝専制権力が確立し科挙を中心とした政治システムが整備された11世紀以降，朱子による体系的な再解釈を経て成立した宋学（朱子学）は日本列島でも本格的に受容されていきます。もっとも，「江戸幕府は封建的な身分制度を正当化するために朱子学を官学と定めた」といった一時期までよく見られた説明は誤りです。江戸の「徳川様」は，中華皇帝とは異なり，「天命」を受けてこの世界に「仁政」を布くという自意識をほとんどもっていませんでしたし，彼を補佐する部下たちも，儒学的教養をテストする科挙によって選抜された学力エリートではありませんでした。その政治体制の根幹はあくまで戦闘者たる武士がもつ「武威」にあったのです。それにもかかわらず，太平の持続とともに儒学的教養は，徐々に江戸時代の日本社会に浸透していきました。その際，この儒学という思想は江戸の政治体制を正当化するものというよりむしろ，その現実を批判する機能を（意図せずに）果たしてしまったというところがあるのです。

問題に関して，中央政府が諸地方政府や禁裏との合議によってその方針を決めようとしたことは，一面ではこの体制の崩壊の第一歩でしたが，他面ではこの体制がもっている本来的な性質の表れとも言えたのです。

　また，江戸時代，儒学が当初は体制を支えるイデオロギーとならなかったことは，学問的な活性化をもたらしました。お金や名誉とは直接結びつかないにもかかわらず各地ではさまざまな学派が生まれ，相互に参照し批判し合うネットワーク（**学芸的公共圏**）が生じました。19世紀に，儒学の社会的浸透が進み，武士たちも標準的教養として儒学を学ぶようになると，その語彙に習熟し，言語による討論の経験を積んだ人びとも増えていきます。以上のような事情から，この政治体制の最終局面では，**公議輿論**によって意思決定を進めるべきという意見が，異なる利害をもったアクター間で共有されるようにまでなっていたのです。

この列島の人びとは西洋諸国との接触後，ただちにその富強の秘密である「蒸気の力」に気づき，その導入を熱心にはかりました。次いで気づいたのは，議会を中心とした政治のしくみがもう 1 つの鍵であるということでした。人びとはこの点でも西洋諸国が自分たちより隔絶して優れているとは思わなかったようです。その距離は，目算では，50 年でした。「その実は，最も開けたる英仏にても，此盛を致せるは，僅に五十年来のことにすぎず」（久米編 1978: 254）。50 年先にある未来の国々に向けてこの列島の人びとの跳躍が始まります。議会を中心とする政治のしくみに即して見ていきましょう。

議会と政党

▮▶ 1868〜98 年

▏革　命▕

1853 年の西洋諸国との本格的な接触からわずか 15 年あまりで，それまでの中央政府が倒れます。革命（維新）が起きたのです（→第 9 章）。議会を中心とする政治のしくみの導入は，この体制の最終局面においてすでに真剣に検討されていましたが，彼ら（すでに述べたように男性しかいませんでした）には時間がもう残されていませんでした。

旧政府に取って代わったのは，前述の過激な政治活動家たちでした。ほとんどが下級の武士身分であった彼らは，大政委任の法理に依拠して禁裏の権威を強調し（「尊王」），旧政府の対外政策に反対する排外主義的なレトリックを利用しつつ（「攘夷」），まずは中央からの自立性を高めつつあった地方政府内部で政治的に台頭していきました。旧中央政府と彼らの駆け引きの結果として，大政委任の法理が現実化し禁裏が君主に据えられるようになると（王政復古），やはり両者の政治的妥協として地方政府を主体とする連邦制的な色彩の強い議会（公議所）が導入されることになりました。しかし，いまや新政府の指導者となった彼らは，この議会を実質的に機能させることよりも，彼らの革命の総仕上げとして彼らが属していた武士身分や藩と呼ばれる地方政府そのものを消滅させて，分権的な政治体制（「封建」）を一挙に中央集権的な体制（「郡県」）に変革

Column **6**-2　モンテスキュー・モデル

　1871 年，廃藩置県によって連邦制国家構想が最終的に潰えた時点を振り返ったとき，この列島の人びとの「議会」を中心とした政治のしくみについての考えに見られる大きな特徴は，行政・立法・司法相互の抑制均衡を強調するいわばモンテスキュー・モデルの圧倒的な影響力の大きさでした。正確に言えば，それは，モンテスキューそのものというよりはアメリカ建国期の体験を経由してモデル化されたモンテスキューの思想で，「三権分立」こそが議会制デモクラシーの中核にあるとする発想です（福岡 1919）。

　このモンテスキュー・モデルの影響力の強さの原因は，1 つには，知識人たちが留学先あるいは書物を通して仕入れた知識によるものでしたが，もう 1 つの原因はこれまで述べてきたような分権的な政治体制それ自体にありました。行政，立法，司法に厳密に対応させることは難しいとしても，禁裏（そのころはすでに「天皇」という呼称が一般化していました）と中央政府と地方政府がそれぞれ異なる権能を有する分権割拠的体制は，モンテスキュー・モデルの示す政治秩序像には比較的馴染みやすいものだったのです。

することを選びました（**廃藩置県**，1871 年）。ここでいったん，議会制導入の取り組みは後景に退いてしまうことになります。

ウェストミンスター・モデル

　先にも述べたように，「合議」の必要を否定する人はこの列島上に多くはいませんでした。したがって，「合議」の場としての議会の必要自体は比較的抵抗なく理解されました。見聞を広めるために西洋諸国に渡った人びとが異口同音に証言しているように，彼らが当初戸惑ったのは議会制というよりは政党制，とりわけ複数政党制でした。「話し合い」（合議・公議）が必ずしも 1 つの結論や真理へと到達しない場合，異なる意見同士の潜在的対立をあえて保存して制度化する政党デモクラシーという仕掛け。「議会を中心とした政治のしくみ」の中核にはこうした仕掛けが潜んでいることを理解するには，多少の時間を要したのです（→KEYTEXT ①）。

　もっとも，習うより慣れろではありませんが，政党は意外と早く出現します。

［注］　自由民権運動期にはさまざまな政談演説がおこなわれた。
［出典］　大分県立先哲史料館所蔵。

　中央集権化に成功した新政府の2度にわたる仲間割れが，その機会となりました。1度目は1873年です。国際関係をめぐる意見の対立によって，それまで新政府のインサイダーだった有力なリーダーたちが反政府側に回ったのです（明治6年の政変）。彼らはしばらくなりを潜めていた議会制の構想をあらためて打ち出すとともに，自分たちを来たる議会を主導する「政党」として組織しようとして活発に活動しました（**自由民権運動**）。

　2度目は1881年でした。反体制運動への対応をめぐって政府は再び分裂して有力者が下野し，その混乱を収拾するために10年後の議会開設が約束されたのです。このとき，下野した側が採用しようとした政治構想こそ，福沢諭吉が提唱していた政党内閣制，いわばイギリスをモデルとしたウェストミンスター・モデル（イギリス議会の所在地をとってそう呼ばれます。→**第8章**）であったことは注目に値します。この時点では現実化しませんでしたが，複数政党による政権交代を前提として，立法と行政が「融合」した議院内閣制的なデモクラシーの構想がすでに提唱されたのです。

憲法と初期議会

　議会開設までの10年間は，議会をそのなかに含む「国のかたち」を具体的

にデザインしていく時期でした。議会を政治のなかにどのように位置づけるのか。また，議会や君主が侵害することができない人権の範囲をどのように規定するのか。イギリスやドイツといった当時の先進国を参考にしながら憲法を起草する作業が進められました。また，人権を含む権利を具体的に保障するための裁判制度や法体系の整備も急ピッチに進みました。あわせて，議会と憲法の出現を前にして，法や権利，あるいは議会における利害調整に馴染まない道徳的側面を天皇が担い，精神的な「統合の基軸」（伊藤博文）としようという動きも出てきます。皇室典範や教育勅語はその具体化です。また，それまで曖昧だった政治家と官僚の区別が明確になり始め，行政を担う近代的な意味での専門官僚層がかたちつくられてきたのも，大学や官僚の昇進・システムが確立してきたこの時期です（清水 2013）。

1889 年に大日本帝国憲法が発布され議会が開催されました。ドイツをモデルとしたこの明治憲法についてまず指摘できるのは，分権的性格です。司法府は言うにおよばず，明治憲法は行政府と立法府の連結を想定した体裁をとっていませんでした。両者の「融合」（バジョット 2011）を旨とする議院内閣制を明治憲法は予定していません。といって，強力な君主がすべてを「親裁」することも想定していませんでした。天皇は統治権の「総攬」者とされましたが，直接政治にあたりその責任を負うことは考えられていなかったのです。ここにはむしろ革命以前から根強かったモンテスキュー・モデルの影響をうかがうことができるでしょう。こうしたなかで難しい舵取りを迫られたのは，革命を主導して以来，有力な政治単位であり続けてきた薩摩藩と長州藩に基盤をもつ「藩閥」政府でした。

議会開会に先立っておこなわれた選挙で多数を制したのは，「民党」と呼ばれる政党勢力でした。初期議会は，「民力休養」をスローガンに減税を掲げる政党勢力側と，予算案を通過させたい「藩閥」政府側の激しい争いという構図でした。「藩閥」政府側は解散を繰り返し，選挙のたびに露骨な選挙干渉をおこないましたが，重要なことはそれにもかかわらず「民党」勢力が多数を占めるという議会の構成に大きな変化が見られなかったことです。それどころか，選挙妨害によって落選した候補が司法に訴えて，当選が認められることさえありました。選挙による有権者の審判を受けない非選出部分（藩閥）が政権・行

政府を主に構成していましたので，民意を受けた選出部分が政権を担うことこそありませんでしたが，司法による法の支配や人権保障が機能し，複数回の民主的な選挙がおこなわれていたことを考えると，確かにこの列島にリベラル・デモクラシーが相当程度浸透していたと言えるでしょう。

▌藩閥・元老

　もっとも，こうした頻繁な政府の解散と交代，民党勢力との激烈な対峙にもかかわらず，憲法停止や議会閉会のような事態が起こらなかった背景には，明治憲法の簡潔さが可能にするその弾力的な運用がありました。具体的には天皇や天皇の意を受けた革命期以来の有力政治家（「元老」と呼ばれます）たちが，政党や政府指導部とのあいだの細かい調整を請け負っていたのです。天皇そして元老の調整や統合機能は，明治憲法下のリベラル・デモクラシーの成功の要_{かなめ}でした。

　こうしたなかで藩閥政府と民党の対決の構図にも徐々に変化が生じてきます。当時の政党は全国的な党組織が脆弱_{ぜいじゃく}で，地方ごとの利益に敏感でした。そこで，政府の増税案に賛成するのと引き換えに，特定の地方へ利益を誘導して，票に変換するという動機が生じやすくなります（**積極主義**と呼ばれました）。また，政府の側は民党勢力（自由党と立憲改進党）のどちらか一方と結ぶことで，議会内の多数を確保し，政権を安定的に運用しようとしました。さらには，藩閥インサイダーの中心にある伊藤博文のような人物からすらも，自ら政党を組織して議会の多数を確保しようという動きが出てきます。藩閥の政党化とでも言うべきこうした動きは，結果として失敗に終わりますが，政党が明治憲法下において新たな統合の焦点として浮上してきたことを示しています。明治6年の政変で下野した板垣退助の自由党と明治14年の政変で下野した大隈重信の進歩党が合同して結成された**憲政党**に対し，伊藤博文が政権移譲を決意した1898年，この列島に初の政党内閣が出現します。

3 リベラル・デモクラシーの成熟と崩壊

1898〜1945 年

戦争・植民地・参政権

　初の政党内閣が成立したこの時期，国防予算は政府の予算の半分近くに達していました。この列島は，対外的な脅威を強く意識しつつ軍事的な緊張を持続させていました。実際に，安全保障上の脅威に対して緩衝地帯を確保しなくてはいけないという防衛的な理屈につき動かされて2度の大きな戦争（日清戦争，日露戦争）を経験し，いずれも一応の勝利を収めます。この2つの大きな戦争はさまざまな帰結をもたらします。

　1つ目は，対外危機とそれに伴う大量死の経験が，それまでとは比較にならないほど「国のまとまり」の意識を強化しました。「日本」という国家とそれを構成する日本国民，ネイション・ステイト（国民国家）とナショナリズムの意識が明確に成立しました（→第**9**章）。

　2つ目は，植民地をはじめとする海外への版図の拡大です（たとえば，1895年には台湾，1910年には朝鮮の日本による統治が始まりました）。多言語・多民族を自らの領土に組み込むこの「帝国」経験は，1つ目のナショナリズムとは実は相性がそれほどよいものではありませんでしたが，「戦勝」民族としての優越感がその亀裂を覆い隠しました。この帝国は植民地に議会を設置して自治を許すということはしませんでしたが，「内地」に居住する植民地出身者には選挙権も被選挙権も認めました。ということは，外国語で書かれた選挙ポスターが当時は存在したことになります（有馬 2010，図6.2）。植民地出身者が集合的な政治行動を起こし自分たちの政党を結成することは想定されていませんでしたが，既存の政党がその得票をあてにするくらいの存在感を示していたとは言えるでしょう。

　戦争がもたらした3つ目の帰結は，選挙権の拡大です。戦争は予算規模の拡大をもたらし，それは増税となってはねかえりました。しかし，「代表なくして課税なし」の原理が作動し，有権者の枠の拡大が進みます。つまり，皮肉な

114 ● **CHAPTER 6** 近代日本のリベラル・デモクラシー

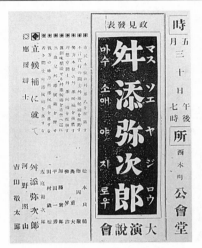

［注］ 画像データは舛添要一氏提供。
［出典］ 舛添要一「候補者名にハングル
のルビ」『朝日新聞』2000年6月2
日付夕刊。

ことに戦争がデモクラシーを進展させたのです。このデモクラシーはその意味で「戦後」デモクラシーだったと言えます（三谷 1988）。さらに，1914年に始まる第一次世界大戦も，その影響は甚大でした。トルコを含むユーラシア大陸では君主政が次々に打倒されデモクラシーの潮流が高まりを見せました。ロシアでは帝政の廃止とともにソヴィエト社会主義共和国連邦（ソ連）という社会主義国家が誕生しました。大戦の終結は，軍縮要求となって現れ，平和の配当を求める人びとの軍への視線は厳しいものになります。1925年，男子普通選挙はこうしたさまざまな動向の帰結でした。もちろん忘れてはならないのは，これが「男子」普通選挙であり，依然として女性の参政権は蔑ろにされ続けていたことです。

二大政党制の栄光と挫折

大隈重信と板垣退助が政権を担当した1898年に戻りましょう。この政権はすぐに瓦解しますが，もはや統合の要としての政党の地位は揺るぎないものと

なっていました。藩閥の総帥とも言える伊藤博文は再び新党結成に意欲を見せ，今度は成功します。しかし他方で，政党勢力に相変わらず警戒感をもち続けたのは，軍部に強い影響力をもち藩閥のもう一方の総帥とも言うべき山県有朋でした。20世紀の前半は，（立憲）**政友会**という巨大政党を伊藤博文から譲り受けた西園寺公望と，山県有朋ら藩閥勢力の意を体した桂太郎が相互に政権を譲り合う**桂園時代**と呼ばれる時代が出現します。これは言ってみれば，議会の政党勢力（選出部分）と藩閥勢力（非選出部分）とのあいだで疑似的な政権交代が起きていたということです。

政党と藩閥の均衡が一気に政党の側に傾くきっかけとなったのは，前項で述べた第一次世界大戦の勃発に伴う「世界の大勢」としてのデモクラシーの潮流でした。藩閥勢力はいまや軍部や貴族院，そして枢密院に立てこもっていましたが，普通選挙を求める民意は，選挙の洗礼を受けないこれら「非選出勢力」が政権に口出しすることをもはや潔しとはしませんでした。「護憲」や「立憲」といったスローガンが街頭で盛んに叫ばれますが，それは実際上，政党主体の議院内閣制，より具体的には二大政党による政権交代を前提とした責任内閣制を意味していました。こうした潮流を代表する存在が吉野作造であり，彼の「憲政の本義を説いてその有終の美を済すの途を論ず」（吉野 2016）です（→Column ❻-3）。

1924年からは，政権交代が「憲政の常道」として定着する本格的なリベラル・デモクラシーの時代を迎えます。かつて福沢諭吉がウェストミンスター・モデルを夢見てから40年あまり，英米との差を「五十年」と感じた米欧回覧の旅からちょうど50年目のことでした。

しかし，ようやく実現したこの国の議院内閣制は，構造的な弱点を抱えていました。1つには，属人的な要素への依存です。平和的な政権移譲という「憲政の常道」は実は，先に述べたような元老たちの調整に依存していました。元老たちの人材プールには新たな供給はありません。やがてこの資源が枯渇するのは明らかでした。2つには，選挙の機能不全による倒閣の横行です。この時期におこなわれた政権交代は，実は「総選挙による政権交代」ではなく，「失政による政権交代」でした（川人 1992）。失政により政権が倒れ，次に（天皇と元老の調整により首相に指名される）「大命」が降下した人物が政権を担い，自党

　大正デモクラシーを代表する政治理論家・吉野作造については「民本主義」という言葉がよく知られています。「民本主義」とはもともと「民のため」の政治という意味ですが，デモクラシーと対比した場合には，「民のため」であっても「民による」政治ではないという意味を帯びることがあります。そこからの類推なのでしょうが，この語を用いた吉野の主張は，「万世一系」の天皇の主権を基礎とする日本の「国体」に遠慮した不完全なデモクラシー論だったという説明がなされることがしばしばあります。しかしこれは，戦前の日本ではデモクラシーが十分でなく，したがって吉野の主張も不完全なものだったのだろう，という先入観から来る誤りです。実際に吉野の著作を読むと，「民本主義」という言葉を冠しながらそのなかで彼が主張するのは，政党内閣と政権交代可能な二大政党制であることが分かります。

　冒頭の **KEYTEXT** ②にもあるように，選挙権が男性のみという根本的問題を抱えつつも，戦前の日本列島では，ある意味で戦後よりもダイナミックなデモクラシーがおこなわれていたと考えることもできるのです。

に有利なかたちで選挙干渉をおこない選挙に勝利を収める。この「勝ちパターン」が定着したために，野党としては選挙で勝利することをめざすよりも現内閣を倒すことのほうが合理的になるという状況が生まれてしまいました。

　第3に，これに関連して腐敗の問題です。図6.3にあるように，政党内閣期には議席は大きく二大政党制のあいだでスイングしました。こうしたなかで，官僚機構は地方の末端まで政党化が進みます。政権交代のたびに大幅に行政機構が入れ替わり，露骨な猟官運動と利益誘導が常態化します。司法府は，頻繁な政権交代を前提にして，政治腐敗の摘発に積極的な姿勢を示し，時にかなり「政治」的に振る舞いました。また，このころ社会のなかですでに大きな存在感を有していたマスメディアは，こうした司法の活躍と政治腐敗を伝えることで議会不信，政党不信の雰囲気を醸成していきました。ウェストミンスター・モデルは，一面でその成功ゆえに，劇場型政治とポピュリズムの問題を自ら召喚してしまったのです（筒井 2018）。

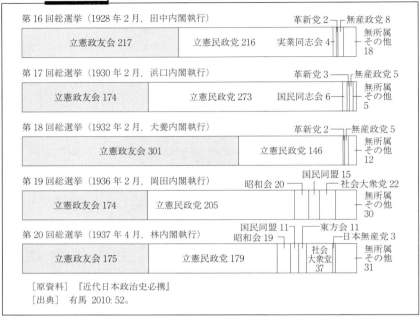

CHART 図6.3 戦前の政党内閣期の総選挙の結果

第16回総選挙（1928年2月，田中内閣執行）

革新党2 ── 無産政党8

| 立憲政友会 217 | 立憲民政党 216 | 実業同志会 4 | 無所属・その他 18 |

第17回総選挙（1930年2月，浜口内閣執行）

革新党3 ── 無産政党5

| 立憲政友会 174 | 立憲民政党 273 | 国民同志会6 | 無所属・その他 5 |

第18回総選挙（1932年2月，犬養内閣執行）

革新党2 ── 無産政党5

| 立憲政友会 301 | 立憲民政党 146 | 無所属・その他 12 |

第19回総選挙（1936年2月，岡田内閣執行）

国民同盟 15

昭和会 20 ── 社会大衆党 22

| 立憲政友会 174 | 立憲民政党 205 | 無所属・その他 30 |

第20回総選挙（1937年4月，林内閣執行）

国民同盟 11 ── 東方会 11

昭和会 19 ── 日本無産党3

| 立憲政友会 175 | 立憲民政党 179 | 社会大衆党 37 | 無所属・その他 31 |

［原資料］『近代日本政治史必携』
［出典］　有馬 2010: 52。

崩　壊

　振り返ってみれば，第一次世界大戦後の「デモクラシー」には，議会や政党を中心とするリベラル・デモクラシーに回収されない部分がありました。この時期，広く好まれた言葉に「改造」があります。漠然と現状を根本的に「改造」したいという気分が社会を広く覆います。そうしたなかでは，議会や政党はもはや「改造」されるべき既成権力とみなされてしまうようになります。

　こうした「改造」の気分の行き先は大きく2つでした。1つには，1917年のロシア革命とソヴィエト連邦（ソ連）の誕生に影響された社会主義・共産主義です。1910年の大逆事件以来，社会主義勢力に警戒を強めていた政府は1925年に**治安維持法**を制定して共産党に徹底的な弾圧を加えます。そのため共産党が議会内に議席をもつことはありませんでしたが，大学をはじめとして知的社会ではその影響力は大きいものでした。

　「改造」の気分のもう1つの行き先は，天皇主義です。これまで見てきたよ

うに，明治憲法のもとで，実際の天皇の影響力は限定的で，その主な役割は分権的な統治機構相互の調整役だったと言えます。しかし，これ以降あらためて天皇を「主権者」として，その能動的な動きに期待する動きが強くなっていきました。こちらも，実際の政治的影響力は大きくはなく，この種の主張にもとづいて政党が結成されて議会で力を得るというような事態は起こりませんでした。また実際の天皇はこうした動きを嫌悪していたという指摘もあります。ともあれ天皇の機能を限定的に解釈するそれまでの政治理論を痛切に批判するこの天皇主義は，政党や議会に対する反感を助長したことは確かです。

共産主義と天皇主義は，正反対のように見えますが，反政党・反議会という点では一致していました。2つの立場はお互いを刺激し合いつつ，過激化の度合いを強め，議会や政党政治を揺さぶり続けました。しかも，議会や政党の側も先ほどの「勝ちパターン」をなぞるように，現政権の倒閣運動のためにこの種の過激なイデオロギー（やそれへの恐怖）を利用しようとする傾向がありました（たとえば国体明徴運動）。第一次世界大戦後の軍縮の時代に肩身の狭い思いを強いられていた軍部の一部がこうした動向に共鳴し，反議会のテロに打って出たとき（1932年の五・一五事件），それに反撃するのが困難だったのには，議会や政党側の自業自得とも言える以上のような事情があったことは否めません。

1932年の五・一五事件によって，政党内閣時代は終わりを告げます。その後も議会は開会され，全政党が解党のうえで合同する「新体制」が模索されます。こうした変化のなかで，ヨーロッパを模範とするリベラル・デモクラシーをはじめとする「近代」はもはや古い，克服されるべき遺物だという知的雰囲気が知識人の一部では醸成され（近代の超克），軍事力に支えられた新たな帝国（大東亜共栄圏）にふさわしい政治のかたちが模索されます。

しかし，議会や政党に取って代わる統合の核は形成されませんでした。明治憲法の分権的性格が再び裸のまま露呈し，統治機構のさまざまな部分がセクショナリズムをむき出しにする「多頭一身の怪物」（丸山 1984: 38）となった政治体制は，勝ち目のない戦争に突き進む軍部を押しとどめる指導力をすでに喪失していたのです。

① 日本列島にリベラル・デモクラシーが継受される直前，江戸時代と呼ばれる時期の政治のかたちはどんなものであったのか，まとめてみよう。

② 議会制の導入に比べると，政党制の導入には紆余曲折がありました。それはなぜでしょうか。その理由を考えてみましょう。

③ 1920年代の日本の政治は，ウェストミンスター・モデルに近いものでした。それはなぜ崩壊してしまったのでしょうか。歴史的経緯を追いながら，その理由を考えてみましょう。

さらに学ぶために　　　　　　　　　　　　　　　　　　　　Bookguide ●

三谷博『維新史再考──公議・王政から集権・脱身分化へ』NHK ブックス，2017年。

世界史との比較のなかで明治維新という現象を考えるなら。

坂野潤治『明治憲法体制の確立──富国強兵と民力休養』東京大学出版会，1971年。

三谷太一郎『増補　日本政党政治の形成──原敬の政治指導の展開』東京大学出版会，1995年。

明治憲法という「ゲームのルール」のなかで，いかにして政党政治が形成されていくかを考えるためには，この2冊を。

映画で学ぼう　　　　　　　　　　　　　　　　　　　　　Movieguide ●

岡本喜八監督『日本のいちばん長い日』（1965年）は1945年8月15日の玉音放送に至る「一日」を扱った群像劇です。ここでは，敗北することになる戦争を始めることになった権力統合の核の不在が，戦争を終わらせることをもまた困難にしていた事情が見事に描かれています。大宅壮一名義で出版された半藤一利の同名ノンフィクションが原作です（半藤 2006）。

その他の引用・参照文献　　　　　　　　　　　　　　　　　Reference ●

有馬学 2010〔2002〕『帝国の昭和』（日本の歴史 23）講談社学術文庫。

オールコック，R./山口光朔訳 1963〔1863〕『大君の都──幕末日本滞在記』下，岩波文庫。

川人貞史 1992『日本の政党政治 1890-1937年——議会分析と選挙の数量分析』東京大学出版会。

久米邦武編／田中彰校注 1978〔1878〕『米欧回覧実記』第2巻，岩波文庫。

清水唯一朗 2013『近代日本の官僚——維新官僚から学歴エリートへ』中公新書。

筒井清忠 2018『戦前日本のポピュリズム——日米戦争への道』中公新書。

バジョット／小松春雄訳 2011〔1867〕『イギリス憲政論』中公クラシックス。

半藤一利 2006〔1965〕『日本のいちばん長い日〔決定版〕』文春文庫。

福岡孝弟 1919「五箇條御誓文ト政體書ノ由来ニ就イテ」国家学会編『明治憲政経済史論』国家学会。

福沢諭吉／松沢弘陽校訂 2011『福翁自伝』『福沢諭吉集』（新日本古典文学大系　明治篇10）岩波書店。

福澤諭吉 2021「民情一新」宇野重規編『福沢諭吉』（近代日本思想選）ちくま学芸文庫。

丸山真男 1984『日本の思想』岩波新書。

三谷太一郎 1988『二つの戦後——権力と知識人』筑摩書房。

吉野作造 2016〔1916〕『憲政の本義——吉野作造デモクラシー論集』中公文庫。

若槻禮次郎 1983〔1950〕『明治・大正・昭和政界秘——古風庵回顧録』講談社学術文庫。

渡辺浩 2010『日本政治思想史——十七〜十九世紀』東京大学出版会。

第 **7** 章

戦後日本のリベラル・デモクラシー

1945 年〜現在

　この章で扱うのは，未曽有の大戦争が終わった後に続く，「戦後」と呼ばれる時代です。「戦後」というこの言葉，学生のみなさんにはもはやリアルではないかもしれません。しかし，「戦後」はみなさんの生きる現在と直接つながっています。自分自身の実感からは遠くても，「戦後○○年」というかたちで現在を把握する語り口には，聞き覚えがあるという方もおられるでしょう。つまり「戦後」はいまだに終わっていないのです。

　どうしていまなお「戦後」が終わらないのか。その理由は，この「戦後」という言葉の一番深い部分には，「大戦争の後の平和」という意味が固く染みついているからです。「次」の大戦争が起きるまで，この「戦後」はおそらく終わらないでしょう。そして，この意味での「戦後の終わり」を望む人は少ないはずです。

　他方でもちろん，この長い「戦後」は一様ではありませんでした。それどころか，政治や経済，社会構造のうえでの「戦後」のかたちは根本的に変化してきたと言っても過言ではありません。本章では，「戦後」のかたちの変化のなかでも政治のしくみに着目し，戦後日本のリベラル・デモクラシーの2つの型とも言うべき「55 年体制」と「平成デモクラシー」について，歴史や思想との関わりという側面から見ていきます。

① 映画『雨月物語』（溝口健二監督 1953 年）

「まるで人柄が変わったように，気ばかり焦って……。私は夫婦共稼ぎで気楽に働いて，三人楽しく日を過ごすことができれば（と），そればかりを願っているのです」

② 丸山眞男「科学としての政治学」（1947 年）

　アンシャン・レジームのもろもろの政治力は解体し，暗黒のなかで行われた錯雑した国家意思の形成過程は，いまや国会が「国権の最高機関」とされ，議院内閣制が採用される事によって著しく透明となった。また天皇が実体的な価値の源泉たる地位を去って「象徴」となった事によって国家権力の中性的，形式的性格がはじめて公然と表明され，その実質的な掌握をめざして国民の眼前で行われる本来の政治闘争がここに漸く出現した。（丸山 2006: 350）

　溝口健二監督の『雨月物語』という映画があります。江戸時代の作家・上田秋成の原作を映画化したこの作品の舞台は戦国時代。戦で一儲けしようと気を焦らせる男に，子どもを抱いて働くその妻が呟く。それが冒頭の KEYTEXT ①です。しかし妻の言葉に耳を貸そうとしない男は妻子を置き，小舟を漕いで戦場に向かいます。結局，それが親子 3 人の最後の別れになってしまいます。

　戦国時代が舞台とはいえ，1953 年の上映当時，観客にとってこのシーンの意味するところは明らかでした。当時の観客はほぼすべて，わずか 8 年前に終わった未曽有の世界大戦の経験者でした。実際に多くの船が岸を出て，多くの船がそのまま還らなかったのです。贅沢は望まないけれど，せめて夫婦や親子で「楽しく過ごす」ことができれば。そんな願いも，戦争を体験した後なればこそ，リアルで切実だったことでしょう。

　一方，その少し前，1947 年，政治学者・丸山眞男は，新しく制定・施行された日本国憲法によって実現した「議院内閣制」を念頭に置いて，これまでは「暗黒」のなかでおこなわれていた「国家意思の形成過程」が著しく「透明」になり，「国家権力」の「実質的な掌握をめざして国民の眼前で行われる本来の政治闘争がここに漸く出現した」と指摘しました（KEYTEXT ②）。

　ようやく迎えた平和な時代に「政治的闘争」とは一見おだやかではありません。この丸山眞男という政治学者は，戦争の前には治安維持法違反の疑いで特高（思想犯専門の警察組織）に監視され，徴兵されて広島で原子爆弾に被爆したという壮絶な経歴の持ち主です。平和を願う心にはだれよりも強いものがあったでしょう。

「平和」を実現するためには，リベラル・デモクラシーによる「透明」な「政治闘争」，「本来の政治闘争」が必要だと丸山は主張するのです。

1 第1の戦後
⫸ 占領民主主義と「立法者」アメリカ 1945〜60 年

┃ 占領と立法者 ┃

　17 世紀イングランドの思想家 T. ホッブズは，社会契約論で知られる主著『リヴァイアサン』（1651 年）で，「設立による政治的共同体」と「獲得による政治的共同体」とを区別しました。社会契約によってつくられた国か，征服によって手にした国かという区別です。この区別に従えば，「戦後」の日本は明確に後者，すなわち「死やくびきへの恐怖」にもとづいて，力によって「獲得」された政治的共同体です。この列島の「戦後」は，アメリカの戦艦ミズーリ号上で日本政府が降伏文書に調印した 1945 年 9 月 2 日から，連合国軍最高司令官総司令部（GHQ）の占領統治として始まりました。それに先立つ 8 月 30 日に厚木飛行場に降り立っていたアメリカの軍人，当時，連合国軍最高司令官だった D. マッカーサーはほぼ全権を掌握し，その強烈なパーソナリティとあいまって，この占領期を象徴する存在になりました。

　超大国となったアメリカを背景としたマッカーサーと GHQ の統治がこの列島にもたらした衝撃は，とてつもなく大きなものでした。財閥解体，農地改革，労働組合の奨励，そして女性参政権を含む 1947 年に施行された新しい憲法（日本国憲法）。こうしたものはこの「戦後」日本の「国のかたち」を決定的に規定しました。

　ですが，忘れてはいけないのは，第 1 に，その統治は，日本政府を介した間接統治であったことです。したがって，日本政府が独自に主体的行動をとる余地がまったくなかったわけではありませんでした。それに伴い，一連の改革のなかには GHQ の指令を受けたものと，戦前からすでに進んでいて改革の流れを受けた「日本政府先取り」のものとが混在し，せめぎ合っていたのです（五

百旗頭 2007）。また，議会は依然として存在していました。戦争の開始も終結も天皇の名のもとになされましたが，その天皇の法的位置づけの変更を含む新しい憲法は，1946年，旧憲法下でおこなわれた議会によって審議され公布されたものでした。

そして第2に，その「占領」が期間限定だったということです。「占領」統治は1951年のサンフランシスコ講和条約で（小笠原諸島や沖縄を除き）終わります。J.-J. ルソーは古代ギリシア都市に関して「法の制定を外国人にゆだねることが（……）慣習であった」（ルソー 2010: 65）と指摘しています。「国のかたち」を左右する根本的な「法」は一度定めたら，その後その時々の都合で簡単に変えてはいけない。そこでそうした基本法を制定する人物（「立法者」）は，制定後に政治共同体を去っていく外部の人間である必要があるのだというのです。よしあしはともかく，戦後日本にとってGHQ（あるいはアメリカ）は歴史的偶然により，ルソーが求める条件を満たした「立法者」であったことになります。

女性参政権

GHQがおこなった一連の改革は，GHQが去った後も残り続けました。この列島の人びとはその後，現在に至るまで結局，日本国憲法を一度も改正していません。冷戦の激化に伴いアメリカの気が変わり，軍隊の不保持に関わる9条を改正させようとしたにもかかわらず変わらなかったのです。

政治のしくみに関わる点について具体的に見てみましょう。帝国日本の敗戦がもたらしたのは第1に，総人口の減少でした。戦病死者だけではありません。1894年以来領有していた台湾（1944年当時，人口約630万），1910年以来併合していた朝鮮（1944年当時，人口約2600万），勢力圏としていた満州地域，他に樺太や南洋群島などの人口が，かつて存在した帝国の消滅（と新国家の誕生）とともに，失われました。新生の「民主国家」日本は約7200万の人口で船出することになりました。

第2に，しかしそれは有権者の減少を意味しませんでした。新たに成人女性が有権者として加わったからです。女性が最初に選挙権を行使した1946年の総選挙では，有権者は約3687万人。これは，普通選挙法が成立し成年男子に

写真 7.1　1946 年総選挙で当選した女性議員たち（1946 年 5 月 16 日）

［写真提供］　朝日新聞社。

選挙権が付与された最初の選挙がおこなわれた 1928 年の 1240 万人のほぼ 3 倍にあたります。1946 年 4 月，当時 70 歳だった山梨県在住のある女性は投票に先立ち孫娘に「字を教えておくれ」と頼みました。現在同様，選挙は記名式ですが，その女性はそれまで人前で字を書いた経験がなかったのでした。投票を終えた彼女は「私が生まれてはじめて一人前として通じた日だ」としみじみつぶやいたと言います（大森 2001）。

　農地改革や組合運動の奨励がそうであったように，女性参政権の実現もまた従来の傾向と外圧のせめぎ合いの結果でした。一方では，市川房江らによる女性参政権運動の地道な努力があり（村井 2021），他方で，マッカーサーのいわゆる 5 大指令のなかにも「参政権付与による日本婦人の解放」が挙げられていました。女性参政権が明確に保障された 1947 年の新憲法施行を待つことなく，旧憲法のもとでおこなわれた 46 年の総選挙で**女性参政権**（選挙権と被選挙権）が行使され女性議員 39 名が誕生したことは，このようなせめぎ合いを象徴していました（写真 7.1）。

自由民主党と 55 年体制

　前章でも見た通り，戦前の日本政治の弱点はその分権割拠性にありました。独裁の過剰ではなく統合の過少が，悲惨な敗戦に導かれた原因だ，と丸山眞男

をはじめとする同時代の政治学者は考えていました。占領が終わり，統合主体としてのアメリカが去ると，この問題があらためて目前の課題となります。しかし，今回は答えの方向性は明らかでした。天皇は象徴となり，軍部も枢密院もいまやなく，新しい憲法には議院内閣制が明確に定められていました（KEY-TEXT ②）。議会と政党が新しい時代の統合の主体となるべきことは明白でした。

　戦後の日本政治は一面でこの課題を見事に解いたと言えます。その主役は，1955 年に結党され，93 年まで政権与党の座にあり続けた自由民主党（自民党）でした。自民党は，占領下で手腕を振るった吉田茂率いる自由党と，戦前の議会政治の立役者として活躍しながら公職追放を受けていた鳩山一郎率いる日本民主党がいわゆる**保守合同**を果たした結果生まれました。

　これに先立つ動きとして日本社会党（社会党）の再統一がありました。新憲法下の最初の総選挙で，比較第一党になり政権を握った社会党はサンフランシスコ講和条約への賛否をめぐって反対する左派と賛成する右派に分裂，しかし1955 年に再び統一を果たしたのです。労働組合運動の盛り上がりに支えられた左派勢力の勢いはこの時期大きなものがあり，この左派勢力の結集への危機感が保守合同の大きな要因となりました。

　この他，その直前までいわゆる武装闘争方針をとり，議会外での過激な直接行動に傾斜していた日本共産党（共産党）が，その方針を改め議会内政党へと明確に舵を切ったのもまた，この年のことでした。1955 年とは，与党自民党と野党の社会党・共産党という戦後政治の主要アクターがそれぞれ出揃い，戦後政治の基本的な対立構図が整った重要な年と言えます。

　ただし，こうした構図が純粋に国内的な要因からのみ成立したわけではありません。目を世界に転ずれば，第二次世界大戦の勝者となったアメリカとソヴィエト連邦（ソ連）のあいだでの冷戦は，すでに 1949 年頃からその深刻さを増しつつありました（→**第 13 章**）。資本主義陣営（アメリカ）と共産主義陣営（ソ連）とのあいだのイデオロギー対立となったこの冷戦は，1950 年，日本の敗戦後に分割統治されるかたちになっていた朝鮮半島で，ついに実際の戦争を引き起こします（朝鮮戦争）。1951 年の日本の独立が，交戦国すべてとの（中国やソ連を含む）全面講和ではなく，アメリカが主導する西側（資本主義陣営）諸国とのいわゆる片面講和となったのも，冷戦構造の固定化に伴い，アメリカが

写真 7.2　1960 年 6 月 18 日の国会議事堂前の様子

［写真提供］　朝日新聞社。

日本に反共産主義陣営の一員としての役割を強く求め始めたことと無関係では
ありませんでした。米軍の日本駐留もまた，この早期講和の条件の 1 つでした。
民間では，先に挙げた丸山眞男や南原繁といった知識人たちが中ソを含む全面
講和と非武装中立を主張する論陣を盛んに展開しました。アメリカへの接近が
米ソ対立を激化させ，第三次世界大戦が勃発する可能性をむしろ高くしてしま
うという彼らの主張は，政府が進めた再軍備等の一連の政策が戦前への回帰を
めざす「逆コース」と受け取られたこととあいまって，一定の有権者からの強
い支持を集めました。

分水嶺としての 1960 年

　全面講和か片面講和かという対立軸で結集した政治勢力の対決は 1960 年に
1 つの頂点を迎えることになります。戦前に満州国で大物官僚として活躍し商
工大臣として入閣するなど帝国日本の戦争指導に深く関与した経歴をもつ岸信
介は，首相として日米安全保障条約（日米安保条約）の改定をめざしました。
条約の改定自体は日米の双務性を高める技術的なものでしたが，前述した岸の
経歴や自民党が自主憲法制定を党是として掲げていたこと，さらには岸が強行
採決をはじめ強引とも言える手段で関連法案を国会で通過させようと試みたこ

Column❼-1　寛容と忍耐

　「寛容と忍耐」は池田政権の政治方針を象徴するスローガンでしたが，池田の側近としてその演出に深く携わった宮澤喜一（のちの首相）によれば，このスローガンの前半の「寛容」は，宮澤が若き日に原書で読んだ J. S. ミルの『自由論』から引用したものでした（御厨・中村 2005）。ミルが『自由論』で論じた「寛容（トレランス）」は主に思想や宗教に関わるものであり，池田政権の政策と直接に関連するものではありません。しかし政治権力の行使についてなるべく謙抑的であろうとするその政治姿勢は，広い意味では確かにミルに代表される西洋の自由主義思想に沿うものだったとも言えるでしょう。

とから，日米安保条約の改定阻止をめざす運動は空前の盛り上がりを見せました（**写真 7.2**）。結果として，条約は承認されましたが，岸内閣は総辞職を余儀なくされます。

　この決着の仕方が，その後の日本政治の姿を大きく規定しました。第1に，自民党はその後も長く政権の座にあり続けますが，時にそのポーズを示すことはあっても，本気で憲法を改正する努力をしなくなりました。日本国憲法，とりわけ戦争放棄をうたう憲法9条という「障害」の存在を口実に，日米安保条約によって担保されたアメリカの軍事力に「ただ乗り」（フリーライド）しつつ，西側陣営の繁栄の果実を確実に収穫することに専心する。かつて吉田茂が占領という制約条件のもとで編み出した路線を，その後の自民党は「**保守本流**」としてとらえなおし，継承していくことになります（酒井 1991）。

　第2に，日米安保反対運動の盛り上がりは，社会党をはじめとする左派勢力の政権奪還には帰結しませんでした。彼らは自らを平和・護憲勢力と規定し，政府・自民党を「戦争ができる国」をめざす危険な勢力と目して非難するというある種の「負けない戦い方」こそ確かなものにしたものの，そこから進んで政権を奪還し，統治を担う責任政党に脱皮する意欲はなかなか盛り上がりませんでした。その証拠に 1960 年代に入ると社会党は単独政権の獲得に必要な，過半数を上回る数の候補者を擁立することをしなくなっていきます。

　有権者もまたおおむねこうしたかたちの現状を支持しました。自民党に国会

で絶対多数を与えながら，憲法改正に必要な3分の2は与えず，現状批判勢力としての社会党と共産党に3分の1以上の議席を常に与え続ける。政権交代と憲法改正の可能性がともに封じられた**1と2分の1（大）政党制**が確立するのです。「1と2分の1（大）政党制」というこの構図が最初に出現したのは先に述べたように1955年であったため，のちに**「55年体制」**と呼ばれることになります（→Column**❼**-3）。

　経済に目を向ければ，朝鮮戦争を契機とする戦争特需によって日本経済は本格的な回復基調に入ることになります。1950年代半ばからは高度経済成長期に入り，1956年には戦前の経済水準を回復，「もはや戦後ではない」と『経済白書』にうたわれることになります。ですがもちろん，「戦後」はここで終わりませんでした。むしろこの時期に「もう1つの戦後」がようやく始まろうとしていたと言えるでしょう。

第2の戦後？

⫸ 55年体制の定着　1960〜93年

経済成長とデモクラシー

　もう1つの戦後，すなわち「第2の戦後」は，1960年頃に始まります。先に見たように与党・自民党と野党・社会党のあいだの「1と2分の1（大）政党制」の構図自体は1955年に現れます。ですが，1955年の時点でこれがその後長く持続する体制だという認識が広く共有されていたわけではありません。それどころか，当初は自民党と社会党による二大政党制への期待も強かったのです。こうした期待が徐々にしぼみ，最終的に「1と2分の1（大）政党制」が体制として定着するには，日米安保改定問題と岸内閣の退陣を待つ必要があります（その他，外交関係の構図等も考えに入れて「60年体制」と呼ぶほうが適切だという説もあります〈北岡 1990〉）。

　したがって，「第2の戦後」の始まりを象徴するのは，岸の後を継いで首相となった池田勇人です。岸内閣の閣僚として日米安保反対運動に強硬姿勢をとっていた池田は，自らの政権では一転して低姿勢を強調し，外交や憲法を争点

Column ❼-2　団地の主婦，バイシクル・シティズン

戦後第1回の総選挙では39名（8.4%）を数えた女性代議士（衆議院議員）ですが，その後75年を経てもその数はなかなか増加しませんでした（2022年現在，46人，9.9%）。参議院もあわせた国会議員全体における女性の比率は現在，25.8%です（2022年12月時点）。これは過去最高の比率ですが，諸外国と比較してみると193カ国中166位にすぎません。

女性の政治参加の意欲が低かったのでしょうか。そうではありません。第1回総選挙の際には男性（78.52%）に比べて10ポイント以上低かった女性投票率（66.97%）ですが，1970年代に入ると両者は逆転し，その後は現在に至るまで女性投票率のほうが高い状態が続いています（内閣府男女共同参画局ウェブサイトによる）。政治参加の意欲が高い集団を代表する議員が極端に少ないことは，問題であると言わざるをえません。

ただ，政治家の数は少なくとも，女性の政治参加が「投票によって同性を議会に送り込む」ことだけにとどまらなかったという視点も大事です。女性投票率が男性のそれを上回り始めた1970年代には，都市化が進み，団地などに代表される近代的生活様式が浸透し専業主婦化が進みます。政治学者・篠原一は，こうした比較的時間に余裕のある主婦たちを「全日制市民」と呼び，その積極的な政治参加に期待しました（篠原 1971）。この時代に盛んになった住民運動，国政における多党化の進展や，地方政治における革新自治体の隆盛の背後にいたのは，こうした「バイシクル・シティズン（自転車に乗った主婦たち）」（ルブラン 2012）でした。

化することを巧みに回避しつつ，安定的な経済成長に専心する姿勢を示しました（→Column❼-1）。

　所得倍増政策に代表される池田政権の経済政策は，国民の高い貯蓄性向や農村からの安い労働力の流入という好条件に支えられつつ，行政指導によって効率的な資源配分をおこなう「管理された資本主義」の性格の強いものでした。各種業界団体は，**護送船団方式**と呼ばれる所轄官庁からの細かい指導と通達に服しつつ，他方でそれぞれの省庁と密接なコネクションをもついわゆる**族議員**を介して立法過程への入力回路を確保する。自由市場の建前こそ堅持されていましたが，そこにおける競争の姿は，言うなれば「**仕切られた多元主義**」（→第1章）とも呼ぶべきものでした。

こうした政策の成果は安定的な経済成長として結実します。池田政権をはじめとするこの時期の自民党政権は，政治権力という有限な資源を経済分野に集中的に投入することで，経済成長を通じた国民統合に一定程度成功したと言うことができるでしょう。

　池田政権以降の歴代自民党政権も同様に，憲法や日米同盟といった大きな枠組みには手を付けないという方針を踏襲しました。このことはそうした「賢慮」が，単に時の政治指導者やそのブレーン（相談相手となる有識者）の志向という人によって左右される要素にとどまらない，構造的な背景を有していたことを示唆するものです。

▎分権的な統治構造 ▎

　包摂的で分権的な 55 年体制の構造的要因としてまず重要なのは，当時の衆議院の選挙制度として採用されていた**中選挙区制度**です。1 つの選挙区に 3〜5 人の当選者をもたらすこの制度は，直接的には与党である自民党内部に分権性をもたらしたと考えられます。選挙区内で当選をめざす与党候補の同士討ちが頻発し，そうした対立構図は党内にもちこまれ，次の首相をめざす大物政治家を中心とする**派閥**と呼ばれるグループ間の競争に収斂（しゅうれん）していきます。首相の権力は，そうした派閥間の合従連衡（がっしょうれんこう）に著しく依存していました。

　次に重要なのは国会の制度です。国会の会期が厳格に定められ，法案の成立に「時間の壁」を設け，あえて**粘着性**（法案の通りにくさのことをこのように表現します）を高めた国会の設計は，法案審議について日程闘争などの手段を通じて，野党側に実際の議席以上の権力を与えたとも言えます。他方で，中選挙区制は野党に関しては，統一して政権交代をねらう第二党・「反対党」を形成する意欲を失わせる方向に作用しました。1960 年代後半には従来の社会党と共産党に加えて，民主社会党（民社党）や公明党といった政党が全国政党として議会のなかに確かな地歩を確保し，野党の多党化の流れが鮮明になっていきます。こうしたなかで，議会内では，法案審議に先立って野党各党に一定程度の譲歩や根回しをおこなうことで，多数派形成をはかり，議事進行を円滑に進める**国対（国会対策委員会）政治**（→第 4 章）が横行するようになりました。

　また，与党の権力が抑制された背景としては，歴史観や思想，メディア環境

という要因も無視できません。1960年代以降，それまで農村社会だった地方において急速な都市化が進みます。農村を地盤とする「保守」政党である自民党は，このまま都市的な生活様式の浸透を伴う「近代化」が進むと，長期的には，より「進歩」的・「革新」的な政党に敗北を余儀なくされるのではないかという不安が広く共有されていました（石田 1963）。また事実として，福田赳夫政権期と大平正芳政権期に，参議院では過半数を失い，衆議院でも与野党の議席数が拮抗するなどのいわゆる与野党「伯仲国会」の時期が続きます。さらに地方政治に目を向ければ，1960年代半ばから大都市を中心に非自民党系の首長が次々に誕生し，革新自治体の時代が到来しました。高度経済成長のひずみが住環境問題として都市住民を中心に切実に実感されるようになるなかで，農村を地盤とする与党自民党の対応能力が，この問題について必ずしも高くないことは明らかでした。結果的には1955年以来38年間続いた自民党一党優位体制ですが，当事者の主観としては常に盤石というわけではなかったのです。

冷戦期の思想環境

こうした保守党側の抱えるいわば「勝者の不安」は，冷戦構造という国際政治状況のなかで，東側陣営が掲げる社会主義や共産主義が，資本主義の問題点を厳しく批判して「人類の未来」を指し示す理念として，依然として一定の影響力を保持し続けていたという事情にも裏打ちされていました。メディアや論壇においては，あからさまに社会主義や共産主義を信奉するかどうかはともかく，全体的には左派的な論調がコンセンサスを形成し，政府や自民党といった体制側の権力腐敗を監視することや，高度経済成長のひずみを資本主義がもたらす負の側面として指摘することが重視されていました。

1968年，アメリカのベトナム反戦運動やパリの五月革命に端を発して盛り上がった学生運動が大学を中心に日本でも盛り上がりを見せました。その際，当初は世論が相当にこれに同情的だったのは，メディアや論壇が用意した反権力・反資本主義というフレームワークの影響も大きかったと見られます。

実際，たとえば田中角栄のロッキード事件（アメリカのロッキード社をめぐる大規模な汚職事件。田中は1976年に逮捕された）に代表されるように，政治家の金銭スキャンダル報道を契機に「政局」を形成するメディアの能力は高く，野党

の政権監視能力を代替した部分がありました。また，公害や薬害といった問題を発見し警鐘を鳴らすことを通して，とりわけ地方政治を中心に，市民に対する権力の反応能力を高めることを助けたことは事実でしょう。しかし他方で，メディア自身の権力性や商業性への反省は総じて薄く，自民党一党優位体制の継続を暗黙の前提として，政策についての包括的で実行可能な代替パッケージ案を提出することよりも，「政局」報道を通して無責任な「バッシング」に傾く面がなかったとは言えませんでした。

成長の夢と「インサイダー政治」

以上見てきたように，「第2の戦後」を通じて実現したのは，結局，その内部に複雑な抑制と均衡の仕掛けを組み込んだ，きわめて分権的なシステムであったと言えます。田中角栄の政治手法や彼がその著書『日本列島改造論』（1972年）で掲げた「国土の均衡ある発展」の理念が象徴しているように，このシステムは右肩上がりの経済成長の果実を均等に分配するのには非常に適していました。中央から地方へ。成長のエンジンとして都市部が生み出した利益は，農村部に地盤を置く自民党によって地方へと分配されました。中心から周縁へ。政府・自民党は時には野党側についてもその利益に目配りを欠かさず，体制の受益者（インサイダー）として取り込んでいく必要に迫られていました。統治機構の規模から言えば，この時期の日本は「小さな政府」でした。「第2の戦後」の時期を通じて，公務員の数は一貫して低く抑えられていました。この「市民を雇わない国家」（前田 2014）がそれでも一定程度の包摂性を維持し続けてきたのは，上記のような「巨大なインサイダー政治の体系」（飯尾 2007）が構築されていたからにほかなりませんでした。

この時期，社会の経済格差が，他の時期と比べて極端に小さかったわけではありません。また高度経済成長は1970年代には終わりを告げ，オイル・ショック（1973年と79年）を契機に低成長の時代を迎えます。にもかかわらず，「一億総中流意識」はその後も間違いなく浸透していきました。システムの分権性を支える各種中間団体の包摂性の高さが，現実の格差を可視化しにくくする「仕切り」として機能していたという指摘もあります。とまれ圧倒的な要因は，生活水準の急激な上昇という疑いようのない事実だったでしょう。生活水

準の上昇を象徴する家電の１つであるテレビはきわめて速やかに各家庭に普及
し，マスメディアの中心に君臨しながら均質な国民のイメージを提供しました。
年末の紅白歌合戦に象徴されるような，テレビ上での「想像の共同体」（アン
ダーソン 2007→第**9**章），そこで喚起される将来へのさらなる成長への期待が，
「第２の戦後」の統合の核心であったと言えるでしょう。

バブルと保守回帰

1980年代に入ると，自民党は連続して選挙で大きな勝利を収め，いわゆる
「保守回帰」の動きが鮮明になります。「戦後政治の総決算」を唱えて80年代
に長期政権を担った中曽根康弘政権が成し遂げたのは，実際には「第２の戦
後」の完成でした。輸入超過と財政支出の増大によるいわゆる双子の赤字に苦
しむアメリカや低成長にあえぐ西ヨーロッパ諸国をしり目に，高い経済的パフ
ォーマンスを維持した日本経済は，先進各国による通貨の協調介入を定めたプ
ラザ合意（1985年）以降，「バブル」と呼ばれる好景気に沸き返ることになり
ます。

思想のうえでは，経済的争点が消滅したことにより共産主義や社会主義の影
響力は弱まり，かわってポスト・モダニズムが流行を見せましたが，その働き
は両義的だったと言えます。一方では，それは現状を批判する役割を果たしま
した。「近代」は「均質な国民」を理想としており抑圧的である，と批判する
国民国家批判や，地球環境汚染や資源の有限性を強調するエコロジーの思想，
ジェンダーという視点から家父長制の抑圧構造を暴露するフェミニズム，列強
による植民地支配や，いまなお続く収奪の構造を告発するポスト・コロニアリ
ズムのように，ポスト・モダニズムの潮流と結びついた思想や言説は，経済成
長の果実を享受し生活保守主義に傾きがちな「第２の戦後」の現状に対する，
根本的な問題提起の試みという意味では貴重なものでした。

他方で，ポスト・モダニズムが現状を肯定する役割を果たした側面も否定で
きません。日本の知識人にとってポスト・モダニズムは，一面で欧米をモデル
とした「追い付け追い越せ」型近代の終焉（しゅうえん）を告げるものでした。かつて1940
年代に一部の知識人が唱えた「近代の超克」が40年越しに実現したかのよう
にそれは見えたのです。西洋の模範国に頼らない自前の秩序を構想しようとい

う気宇壮大な試みであったことは確かですが，あばたをえくぼと強弁する類の〔たぐい〕浅薄な自国賛美や享楽的な現状肯定の雰囲気がそこにあったことも否定できません。双子の赤字に苦しむアメリカとのあいだではこの時期，日米貿易摩擦が激化し，アメリカ側は55年体制の分権割拠性を，自由な市場と貿易を阻む参入障壁とみなし大胆な「改革」を求めてきました。これは，次節で見る「平成デモクラシー」の序曲ともいうべき動きでした。しかし，55年体制の分権割拠性を「近代」を超克した「日本型多元主義」として称揚していた知識人たちの動きは鈍いものにとどまり，結果として対応は後手に回ることになりました。

3 第3の戦後？

⟫▶「55年体制」の崩壊と平成デモクラシー　1993年〜現在

55年体制の崩壊と政治改革

　55年体制を崩壊に導いた直接の原因は，その宿痾とも言うべき政治家の金〔しゅくあ〕銭スキャンダルでした（1988年のリクルート事件）。中選挙区や派閥を中心に回っていた55年体制は，各派閥の領袖（リーダー）に，何より資金調達能力を〔りょうしゅう〕求めることになっていたからです。汚職事件の余波を受けて1989年の参議院選挙では自民党が大敗して過半数を割り，社会党が大量の女性議員を当選させる「マドンナ・ブーム」で躍進しました。参議院で過半数を失うことは「分割政府」（ねじれ国会）が恒常化することを意味し，ここに55年体制は危機を迎えることになったわけです。

　直接の起因となったのは金銭スキャンダルでしたが，バブル経済の崩壊という経済要因や，米ソ冷戦構造の崩壊という国際要因も挙げておくべきでしょう。社会党の躍進は，社会主義の復活の狼煙ではなく，自民党と社会党のあいだの〔のろし〕出来レースとも言うべき55年体制崩壊の序曲にすぎなかったのです（実際，社会党の党勢はその後極端に伸び悩みます）。

　バブル経済崩壊による経済の混乱と冷戦構造崩壊に伴う国際環境の変化に，コンセンサスを重視した55年体制で本当に対応できるのか。危機感を募らせていたのは与党自民党の中枢にいた人びとでした。特に小沢一郎の『日本改造

Column **7**-3　55年体制

　本章では，「第2の戦後」の政治を象徴する言葉として「55年体制」を用いています。この言葉は，もともとは政治学者・升味準之輔の論文「一九五五年の政治体制」（1964年）に由来しますが，升味自身の定義は実はあまりはっきりしていません。保守合同による自民党成立と左右統一社会党の結成による「1と2分の1（大）政党制」の成立をもってその定義とする一般的な見方は，別の政治学者・岡義達によって示されたものであるなど，実は曖昧模糊としてはっきりしない言葉です。高校の日本史教科書にもこの言葉は使われているのですが，なんと教科書ごとに定義が微妙に違っていたりするのです（佐藤2022）。確かに，自民党の一党優位とその体制の性格の変化という点で言えば1960年頃を区切りとしたほうが分かりやすいですし（北岡2008），また社会党が「2分の1」大政党であったことにこだわるなら1970年代に進んだ多党化の進展（公明党や民社党の伸張）によって「55年体制」は終わったことになってもおかしくありません。

　とはいえ，本書は以上のような弱点がこの言葉に含まれていることを認めつつ，「平成デモクラシー」によって置き換えられる前の，「巨大なインサイダー政治の体系」（飯尾2007）の総称としてこの言葉を使いたいと思います。

計画』（1993年）に見られるのは，拒否権者が多く存在し，調整コストが高く，決定の多くがインフォーマルな密室でおこなわれる55年体制への明確な批判的意識です（小沢自身はまさにそうした体制の中心にいたのですが）。小沢や彼に協力した知識人たちの提案は一言で言えば，競争原理の導入でした。すでに1980年代の中曽根康弘政権から，他の先進諸国と軌を一にするようにして，いわゆる「新自由主義」の立場から効率性の追求が始まり，日本国有鉄道（国鉄）や日本電信電話公社（電電公社）など各種公的セクターの民営化の動きが顕在化していました。彼らが提案した小選挙区制度を中心に据えた競争的な二大政党制は，この市場原理の政治への導入と見ることもできます。しかし，見方を変えれば，これは，帝国日本の「多頭一身の怪物」性を批判し，権力とその責任の所在が一致した，強力で機動的な権力主体を追い求めた丸山眞男以来の「近代主義」への先祖返りと見ることもできるでしょう（その点で，ポスト・モダニズムが分権的で柔構造の55年体制を肯定したのとは対照的でした）。

写真 7.3 郵政解散時の小泉純一郎（2005 年 8 月 8 日）

［写真提供］ 朝日新聞社。

　1993 年，小沢が仕掛けた権力闘争により，自民党は分裂，ついに下野します。小沢を中心として新たに結党された新生党，新党さきがけ，日本新党といった新たな政党や，議席を半減させた社会党からなる，非自民・非共産の 8 政党による連立政権が成立します。この連立政権は短命に終わり，その後自民党は社会党（および新党さきがけ）と連立を組むという 55 年体制下では考えられない「禁じ手」を繰り出し政権に返り咲くと，次に公明党と連立を組み今度は長期にわたり再び政権を維持するようになります。ただし，それは 55 年体制の復活を意味しませんでした。この間，小選挙区制を中心とする選挙制度改革，内閣府の創設を柱とする統治機構改革，政党資金規正法や政党助成金制度をはじめとする各種改革の進展によって，衆議院の多数党によって信任された首相に権力が集中する「首相支配」の体制が準備されていきました。

▌「首相支配」の平成デモクラシーへ ▌

　分権的な 55 年体制に代わる集権的な「首相支配」の体制（元号をとって**平成デモクラシー**と呼ばれることもあります）。当初は現れていなかったこの体制の効果がはじめて顕在化したのは，小泉純一郎による長期政権（2001-06 年）においてでした。党内の反対派に対しては，その選挙区に「刺客」として党が擁立した新たな候補者を立てる，という彼の強引な手法は，政党助成金制度以降，党の公認権が執行部に一元化したことによる派閥の弱体化の象徴でもありました。

そして小選挙区の導入のねらいであった競争的な二大政党制も徐々にその姿を現しつつありました。バブル経済崩壊後，低迷した日本経済は，2008年のリーマンショックによる世界経済の悪化でさらなる打撃をこうむります。経済格差や貧困の問題が再び切実な目前の課題となるなか，小泉後の自民党政権の支持率は低迷し，着実に議席を伸ばしつつあった民主党の単独政権がついに成立します（2009-12年）。

　ところが，この民主党政権は短命に終わってしまいます。沖縄の米軍基地問題をめぐり沖縄県と米軍とのあいだの調整に失敗した鳩山由紀夫政権は支持率を大きく低下させます。続く菅直人政権も，2011年の東日本大震災への対応で批判にさらされます。野田佳彦政権でおこなわれた2012年の総選挙で，連立を組んだ自民・公明が政権を奪回しました（民主党は改選前の議席の4分の1になるという大惨敗を喫しました）。

　総選挙に勝利した第2次安倍政権は憲政史上最長となる長期政権となります（2012-20年）。「首相一強」の様相が強まるなかで，引き続き対抗馬と目されていた民主党ですが，2016年には民進党へ，また2017年の総選挙に前後して立憲民主党と国民民主党，希望の党に分裂してしまいます。競争的な二大政党制をめざし「首相への権力集中」を進めた平成デモクラシーは，結局，政権を脅かす競争相手不在の集権的な権力を実現させてしまったように見えます。

　党内の分権性が消滅し，競争力のある野党も不在のなか，首相支配に対する拒否権プレイヤーとして目立ってきたのは，参議院や地方の首長でした。衆議院の選挙制度は改革されたものの，参議院は比例代表制度をとり，地方議員の選挙では大選挙区制度が多く見られるなど，選挙制度の設計思想がそれぞれ異なることもあり，政党にとって「ゲームのルール」にねじれが生じているというのが現状です。競争的な二大政党制という平成デモクラシーの理念をあくまで徹底していくために，参議院や地方選挙も衆議院と同様の方向で改革していくのが望ましいのか，それとも新たに分権的な政治体制を構想していくべきなのか。その答えはいまだ出ていないように思われます。

① 「55 年体制」として総称される「第 2 の戦後」の日本政治のあり方を，当時の日本列島を取り巻く世界情勢にも注意しつつ，まとめてみましょう。

② 「平成デモクラシー」とも呼ばれる「第 3 の戦後」の日本政治のあり方を，当時の日本列島を取り巻く世界情勢にも注意しつつ，まとめてみましょう。

③ 「第 2 の戦後」と「第 3 の戦後」を通じて変わらなかったものの 1 つに，女性の国会議員の占める割合の低さがあります。女性の国会議員はなぜ少ないのでしょうか。その原因を考えてみましょう。

さらに学ぶために　　　　　　　　　　　　　　　　　　**Bookguide ●**

北岡伸一『自民党──政権党の 38 年』中公文庫，2008 年。

　　自民党という巨大政党の栄光と破滅を描く。外交との関連もあわせて（55 年体制に代えて）1960 年を分水嶺とする立場を主張。

清水真人『平成デモクラシー史』ちくま新書，2018 年。

　　政治改革後に出現した「平成デモクラシー」を政局との関連で描いた名著。

砂原庸介『分裂と統合の日本政治──統治機構改革と政党システムの変容』千倉書房，2017 年。

　　「平成デモクラシー」がなぜうまくいかないのか。参議院や地方政治との関連で探求しています。

映画で学ぼう　　　　　　　　　　　　　　　　　　　　**Movieguide ●**

　第 1 作の本田猪四郎監督『ゴジラ』（1954 年）では怪獣ゴジラは明らかに原爆をはじめとする戦災のメタファーですが，庵野秀明総監督『シン・ゴジラ』（2016 年）ではそれは 2011 年 3 月 11 日に東日本を襲った地震と津波のメタファーです。『シン・ゴジラ』はまた強力な行政権力と科学技術の統合という戦後日本の「夢」が描かれているとも言えます（『シン・ゴジラ』に党派対立は描かれません）。それは前章で紹介した『日本のいちばん長い日』へのアンサーとも言えるでしょう。作中にはその監督・岡本喜八へのオマージュが隠されています。気づきましたか。

アンダーソン，B.／白石隆・白石さや訳 2007〔1983〕『定本 想像の共同体――ナショナリズムの起源と流行』書籍工房早山。

飯尾潤 2007『日本の統治機構――官僚内閣制から議院内閣制へ』中公新書。

五百旗頭真 2007〔1997〕『占領期――首相たちの新日本』講談社学術文庫。

五百旗頭真編 2014『戦後日本外交史〔第3版補訂版〕』有斐閣アルマ。

石田博英 1963「保守政党のビジョン」『中央公論』1963年1月号。

大森かほる 2001『女たちの模索の時代――山梨県下の政治参画』第一書林。

小沢一郎 1993『日本改造計画』講談社。

北岡伸一 1990「包括政党の合理化――70年代の自民党」『国際化時代の政治指導』中公叢書。

酒井哲哉 1991「『9条＝安保体制』の終焉――戦後日本外交と政党政治」『国際問題』372号。

佐藤信 2022「『一九五五年体制』再考」前田亮介編『戦後日本の学知と想像力――〈政治学を読み破った〉先に』吉田書店。

篠原一 1971『現代日本の文化変容――その政治学的考察』れんが書房。

ホッブズ，T／加藤節訳 2022〔1651〕『リヴァイアサン』上，ちくま学芸文庫。

前田健太郎 2014『市民を雇わない国家――日本が公務員の少ない国へと至った道』東京大学出版会。

丸山眞男 2006〔1956-57〕『現代政治の思想と行動〔新装版〕』未來社。

御厨貴・中村隆英編 2005『聞き書き 宮沢喜一回顧録』岩波書店。

村井良太 2021『市川房枝――後退を阻止して前進』（ミネルヴァ日本評伝選217）ミネルヴァ書房。

ルソー，J.-J. 作田啓一訳 2010〔1762〕『社会契約論』白水Uブックス。

ルブラン，R.／尾内隆之訳 2012〔1999〕『バイシクル・シティズン――「政治」を拒否する日本の主婦』勁草書房。

第**8**章

リベラル・デモクラシーのめばえ

近代西洋の経験

INTRODUCTION

　リベラル・デモクラシーは，読んで字のごとく自由主義（リベラリズム）とデモクラシーを組み合わせたものですが，この2つは，実はあまり相性がよくありません。そもそも，由来がまったく異なります。

　デモクラシーという言葉は，古代ギリシアの都市国家でおこなわれていた民主政（デーモクラティア）に由来します。よく知られたアテネの民主政では，市民であればだれでも議会（民会）に参加して討論や決定に加わることができましたが，市民と認められたのは一握りの成人男性だけでした。奴隷制が一般的だった古代世界には，個人の平等という考え方がなかったのです。自由で平等な個人という考え方が広まるのは近代以降のことで，リベラリズムという言葉が定着するのは 19 世紀に入ってからです。

　また，中世以来，ヨーロッパでは王政（君主政）が政体の基本形とみなされ，民主政は，愚かな多数者が支配する悪しき政体と位置づけられるのが常でした。評判の悪いデモクラシーが，近代に誕生したリベラリズムとミックスされて，政治の基本原理とみなされるようになったのは，どういう経緯からなのでしょうか。西洋世界の歴史と思想から，考えていきましょう。

J. マディソン『ザ・フェデラリスト』第 10 篇（1787 年）

　多数派が同一の情念あるいは利益を一時にもつ，ということを防がなければならない。……

　このような見地からすれば，純粋な民主政，つまり少数の市民から構成されており，その全員が自ら集会し，自ら統治にあたる社会における民主政は，派閥のもたらす弊害を匡正することはできないのである。そうした統治形態では，相互の意思疎通と共同行為が容易であるから，ほとんどあらゆる場合に，全員のうちの多数者が同じ 1 つの情念や利益を抱くことになるのであり，弱小の党派や気に入らない個人など切り捨ててしまえ，という誘惑を抑えるものは何もないからである。

　……共和政という言葉で，わたしは代表という制度をもつ統治体をさしているのである……

　民主政との違いは，第 1 に，共和政においては一般市民によって選出された少数の市民の手に政治が委ねられることであり，第 2 に，共和政がより多数の市民と，より広大な領域とをそのもとに包含しうることである。

　……このような制度の下では，人民の代表によって表明された公衆の声のほうが，民意表明を目的として集合した人民自身によって表明される場合よりも，よりいっそう公共の善に合致することになろう。(ハミルトンほか　1999: 59-61)

　これは，アメリカ合衆国憲法の制定にあたって中心的な役割を果たした J. マディソンが，代表制というしくみの意義と役割について論じたものです。北米 13 の植民地がイギリスとの戦争を経て独立を勝ち取ったのは 1783 年ですが，合衆国憲法が成立してアメリカ合衆国が誕生するのは 1788 年のことです。「独立」から「建国」までの数年のタイムラグは，自由と権利の平等をうたう『独立宣言』(1776 年) の理念に最もふさわしい国のしくみとは何か，について激しい論争が交わされたことを示しています。

　古代ギリシアの民主政のように，市民が政治に直接参加することが「ほんとうのデモクラシー」のあり方だ，と考えるなら，一握りの代表者に政治を委ねてしまうのは非民主的に思われます。当時のアメリカでは，タウンミーティングのような草の根レベルの自治が広くおこなわれていましたから，直接民主政こそ「純粋な民主政」だと考え，代表制を「不純」なものとして批判する人が少なくなかったのです。これに対し，合衆国憲法の制定にあたって主導的な役割を果たしたマディソンは，

代表制を政体の中心に置くことを主張しました。

　代表制を通じて個人の自由にもとづく民主的な統治を実現しようとするマディソンの構想は，今日のリベラル・デモクラシーのひな型と言えます。その背景には，どのような歴史的経緯がひかえているのでしょうか。

① 議会制と立憲主義

　みんなに選ばれた代表が集う議会は，リベラル・デモクラシーの要となるしくみです。とはいえ，それは近代になって突然現れたしくみではなく，中世の**身分制議会**に由来しています。また，国のしくみ（政体）によって権力の暴走を防ぐ**立憲主義**にも，古くからの長い伝統があります。本節ではいったん近代以前にさかのぼり，議会制と立憲主義の成り立ちについて考えていきます。

▌王政と身分制議会▐

　西洋では，古代のアリストテレス以来，政体のよしあしを比較する政体論がよく用いられました。アリストテレスは，当時のギリシアの都市国家を念頭に，寡頭政と民主政をミックスするとバランスのよい政体になると考えましたが（図 8.1），INTRODUCTION で述べた通り，中世のヨーロッパの多くの国では王政が政体の基本形となりました。しかしながら，それは，常に王が権力を独占していたということではありません。

　中世のヨーロッパ社会は，さまざまな力がせめぎあう多元的な空間でした。よく知られているのが，王が貴族の領地支配を認め，その見返りに貴族は王に忠誠を誓う，という主従契約です。また，教皇を長とするカトリック教会が大きな権威をもち，王の権力に正統性を与える位置を占めていました。第4章（Column ❹-1）の言い方を借りると，王は，それなりの「強さ」をもっていたものの，貴族をはじめとする臣下を一方的に従わせるほど強くはなく，また「偉さ」では教皇にとても敵わなかったのです。別の言い方をすると，今日わたしたちがイメージするような国家，つまり明確に区切られた領土をもち，そ

	一人が権力をもつ	少数者が権力をもつ	多数者が権力をもつ
公共の利益にかなう 優れた政体	王政 (優れた王に よる統治)	貴族政 (優れた少数者 による統治)	国制 (寡頭政＋民主政)
公共の利益を損なう 劣った政体	暴政 (暴君による支配)	寡頭政 (少数の富裕層 による支配)	民主政 (貧しい民衆 による支配)

アリストテレスは，国制が現実的に最もよい政体であると考えた。
[出典] アリストテレス 2001 をもとに筆者作成。

の内部に排他的な権力（主権）を行使するタイプの国家は，まだ生まれていな
かったということです。自治権をもつ都市や，広大な領域をゆるやかに治める
帝国など（→第9章），大小さまざまな政治体が併存するなか，王は，そこそこ
の「強さ」をもつ一アクターにとどまっていました。

　中世の終わり頃から王のもとに権力が集中するようになり，王が一定の領域
を一元的に統治する領域国家がかたちづくられていきます。その際，力を増す
王の前に立ちはだかることになったのが，身分制議会でした。身分制議会は，
貴族，聖職者，自治都市など各身分の代表が集まり，王の施策について審議を
おこなうためのしくみです。たとえば，王が戦争の費用を調達するために新た
な税を課そうとする場合，王は議会の同意を得なければなりませんでした。言
い換えると，各身分の代表者たちは，自分たちの利益や特権を損なうような王
権の行使に対しては，「ノー」を突きつけることができたのです。

　反対に，議会と手を取り合うことができれば，王は自らの「強さ」に「偉
さ」を加えることができます。議会に集う代表が王に同意を与えれば，王はい
わば臣民全体を代表して国内を統治する権限を認められることになるからです
（島田 2011）。たとえば，イギリスやフランスの王が，教皇などの外部勢力の介
入を退けて国内の統一を進める際，身分制議会による同意は大きな助力となり
ました。しかしながら逆に，議会が不同意をもって応じ，臣民の抵抗拠点とし
て王の前に立ちはだかる場合，王権は手足を縛られてしまうことになります。
特に争点となったのが戦費調達問題で，軍事費を確保するために徴税を強化し
ようとする王と，それに抗う議会とが，しばしば激しく対立することになりま

した。

　17世紀のイギリスでは，王と議会の対立が内戦に発展し，1649年には王が処刑され，いったん王政は廃止されてしまいます。ほどなく王政が復活しますが，またしても王と議会の対立が激しくなります。この危機に際し，議会側は，議会の主権を認める新しい王家を迎え入れることで事態を収めました。いわゆる名誉革命ですが，「革命」とは言っても，アメリカ革命やフランス革命（→第9章）のように，王のいない新しい政体の創設をめざしたわけではありません。むしろ，王と議会の対立を，王の執政権は議会の制約のもとに置かれるという伝統的な考え方に従って収拾する試みであったと言えるでしょう（「革命」と訳される「レボリューション」は，もともと「回転」や「復旧」を意味する言葉です）。

　名誉革命後のイギリスでは，議会（下院）でホイッグ（のちの自由党）とトーリー（のちの保守党）という2つの党派が多数派を競い合い，多数派を占めた党派が内閣を構成して，名目化した王に代わって執政を担当する**議院内閣制**が定着していきます。

▌立憲主義——権力の集中を防ぐしくみ▐

　王の執政権を議会の立法権で制約するしくみのように，政治のあり方を根本で規定するしくみを**憲法**（コンスティチューション）と呼びます。憲法とは，単なる法ではなく，法を定める議会をも拘束する，国の基本構造（政体，コンスティチューション）のことなのです。今日の憲法の多くはアメリカや日本のように法文書のかたちをとりますが，イギリスのように成文憲法をもたない国もあります。イギリスでは，先に述べたように，歴史のなかで形成された政体それ自体が，権力を抑制して自由を保障するしくみとなっているわけです。

　政治のしくみによって権力の抑止をはかる立憲主義には，古代以来の長い伝統があります。先に見た身分制議会も，王といえども**法の支配**のもとにあり，臣民の同意なくしては権力を行使できない，という中世的な立憲主義にもとづくものです。言い換えれば，特定の権力者による無法な支配をいかに防止するかが，立憲主義の伝統における最大の課題でした。こうした流れに掉（さお）さしつつ，イギリスとは逆に王の集権化が進んだ18世紀のフランスにあって，近代社会の条件に適した政体を探求した思想家の一人が，モンテスキューです。

Column **8**-1　共和主義

　共和政は，一般には，王のいない政治体制を指す言葉として，民主政とほぼ同じ意味で使われますが，歴史と思想の観点から見ると一緒くたにはできないものです。デモクラシーの起源は，民衆（デーモス）が権力（クラトス）を握る政体を指す，古代ギリシアのデーモクラティアです。それに対し，共和主義（リパブリカニズム）は，古代ローマの共和政（レース・プブリカ）に由来する考え方で，公共の利益を実現することをめざし，市民の徳や権力の均衡を重んじる点に特徴があります。たとえばポリュビオスは，ローマの共和政の安定と発展のカギを，執政官（王政的部分），元老院（貴族政的部分），民会（民主政的部分）による権力の分割と均衡に見出しています（**混合政体論**）。この見方からすると，デーモスだけが権力を握る民主政は，バランスを欠いた悪しき政体の１つであると評価されることになります。

　こうしたローマの共和政は，ルネサンス以降，N.マキァヴェッリやJ.ハリントンのように，中世以来の王政に代わる新しい政治のあり方を模索する人びとのあいだで，１つの模範として盛んに検討されるようになります。こうして，今日の政治学において「共和主義」と呼ばれる思想潮流が育まれていったのです（なお，共和主義と共産主義〈→第**10**章〉を混同する人が一定数いますので，気をつけてください）。

　モンテスキューによれば，法とは「事物の本性に由来する必然的な諸関係」です。彼らしい，とても分かりにくい表現ですが，国家の法は，国家を構成する多様な集団のあいだの力関係から成り立つものであり，そのありようは風土や歴史的条件によってさまざまであるということです。中世ヨーロッパの場合，統治権をもつ王，特権をもつ貴族と聖職者，自由を求める平民の三者が相互に対抗し合ってバランスをとる，穏和な政体がよしとされていました。こうしたバランスが崩れ，特定のだれかのもとに権力が集中すると，自由が脅かされることになりますが，いまやフランスはその道をたどり，一人の皇帝が支配する中国のようなアジア的「専制」に陥りつつあるのではないか。これに対してモンテスキューは，新しい穏和な政体のモデルを，イギリスの名誉革命体制に見出します。すなわち，王の統治権を，世襲貴族（上院）と，商業の発展によって新たに力をつけた市民（下院）が抑制するというしくみですが，特にモンテ

スキューが重視したのは世襲貴族の役割でした。中世的伝統を引き継ぐ貴族に，王権の暴走を防ぎ，また市民の商業活動による社会の流動化を抑制する，**中間権力**としての役割を期待したのです。法を司る貴族（法服貴族）の出身であった彼にとって，司法権の担い手となるべき集団もやはり貴族階級でした。古き伝統と新しい世界のはざまでバランスをはかるモンテスキューの考察は，アメリカ革命にも大きな影響を与えることになります。

 個人の自由

⊪▶ 宗教戦争の経験と自由主義の形成

　中世の立憲主義は，法の支配のもとで恣意的な権力の行使を防ぎ，自由を保障するためのしくみでした。しかしながら，近代ヨーロッパでかたちづくられていく自由主義や近代立憲主義の特質は，それだけでなく，個人を不可侵の権利の主体とみなし，個人の自由を保障することにあります。なかでも重要なのが，「思想及び良心の自由」（日本国憲法第19条）です。言うまでもなく，あなたが心のなかで何を考え，何を信じるか，それはあなたの自由であり，国家はむろん，他のだれもそれを侵害してはならない，ということです。古代以来，「自由」はさまざまに論じられてきましたが，個人の精神の自由という考え方は，近代に生まれた思想です。そのきっかけとなったのは，近代初頭の西洋世界で起こった，宗教と政治をめぐる相克でした。

▌政治と宗教 ▌

　中世ヨーロッパではキリスト教が事実上唯一の宗教であり，ローマ教皇率いるカトリック教会が唯一の宗教組織でした（カトリックとは「普遍的，あまねく」という意味です）。カトリック教会が宗教的な「偉さ」を独占していたわけですが，その「偉さ」は，政治的な「強さ」とは区別されるべきものでした。というのも，「神の国はあなたがたのただ中にある」とイエスが告げ，人は「信仰によって生きる」とパウロが説いたように，もともとキリスト教は内心の信仰に重きを置く宗教で，政治のような俗事にかまけることなく，信仰の道を大切にしなさい，と教えているからです。中世ヨーロッパでも，宗教的な「偉さ」

を教会が独占するかわりに，政治のことは王や諸侯など世俗の権力者に任せる，というのが一応の建て前でした。

とはいえ，なにしろ西ヨーロッパ全域をカバーする巨大な教会ですから，政治と無縁ではいられません。教会組織を維持するために税金を取り立てたり，徴税権や土地の領有をめぐって世俗の権力者と争ったりするなかで，政治的な「強さ」を積極的に追求する教皇さえ現れるようになります。これに対し，修道院運動のように，あらためて世俗社会から距離を置き，信仰の追求というキリスト教の原点に回帰する試みが何度も現われることになります。贖宥状（しょくゆうじょう）をめぐる M. ルターの抗議に始まる 16 世紀からの宗教改革も，そうした改革運動の流れに棹さすものでした。

ルターが教会の堕落を批判したのは，信徒一人ひとりがおのれの内面で神と向き合うという純粋な信仰を取り戻すためでした。教会の公用語であるラテン語で書かれた聖書をドイツ語に訳したのも，ラテン語など知らない民衆が自分たちの言語で神の教えを理解できるようにするためでした。ルターによるドイツ語訳聖書の出版は，ドイツ地域の俗語ナショナリズム成立のきっかけとなりますが（→第9章），それはルターのあずかり知らぬ帰結です。彼の意図は，信仰を政治のような俗事から切り離して，キリスト教の原点に立ち戻ることにありました。しかしカトリック教会から見れば，ルターの試みは教会への反逆以外の何ものでもありません。教会はルターを破門し，その教えを禁じます。

ここでルターに手を差し伸べたのが，宗教的「偉さ」にかこつけて政治的「強さ」を振るうカトリック教会をかねてから疎（うと）ましく思っていた，世俗の権力者たちでした。ルターに与（くみ）してカトリック教会からの自立をはかる彼らの庇護のもとで，ルター派教会が形成されるようになります。これとは別に，ジュネーヴで反カトリックの狼煙（のろし）をあげた J. カルヴァンの教えも，その独自の教会組織とともに，急速に広まっていきました。こうして各地でカトリック勢力と反カトリック勢力が対峙するようになり，やがてヨーロッパ全土を揺るがす宗教戦争へと発展します。戦争にはさまざまな政治的思惑がからんでいましたが，宗教戦争というかたちをとったために，戦いは激しく悲惨なものとなりました。富や領土をめぐる争いと異なり，「いずれに神の正義があるか」をめぐる争いは妥協や取引をおこなう余地に乏しく，エスカレートしてしまいがちで

ある，というのはいまも昔も同じなのです。

悲惨な宗教戦争のなかで，平和を回復する方法の1つとして，宗教的「偉さ」と政治的「強さ」を切り離すアプローチがありました。カトリックとカルヴァン派（ユグノー）の闘争に揺れたフランスでは，「政治派」（ポリティーク）と呼ばれた人びとが，政治と宗教を区分けして，各宗派が互いの信仰に介入せずに寛容に共存するしくみをつくり出す力を，宗教から切り離された政治権力に求めました。その思想を受け継いだ J. ボダンは，この世の秩序を維持する国家の力を**主権**と呼び，教会を含む他のいかなる権威にも拘束されずに法を定め，その遵守を臣民に命ずる「国家の絶対的で永続的な権力」と定義しました。これは，近代的な主権国家の概念のさきがけとみなされています。内心の自由と主権国家という近代のしくみのゆりかごとなったのが，宗教戦争のもたらした悲惨と恐怖であることを，まずはしっかりと押さえてください（シュクラー2001）。

┃ 公と私を区別する ┃

国家が強制力を独占するということは，裏返して言えば，他のすべての集団を武装解除するということです。確かに内戦や内乱のリスクは減りますが，今度は，国家が独占する政治的「強さ」をどう抑制するかという問題が生じます。王政復古と名誉革命のあいだの時代のイギリスでこの問題に取り組み，のちに自由主義の思想の源流と目されることにもなったのが，J.ロックです。ロックの代表作『統治二論』（1690年）は，もともとはクーデタ計画を正当化するために執筆されたものなのですが，名誉革命の後に匿名で出版された作品です（ロック 2010）。

すべての個人は，生命・自由・財産について生まれながらの権利（自然権）をもち，この不可侵の権利を守るために，互いに社会契約を結んで国家を設立し，その統治を政府に委任するのだ，とロックは言います。個人のために国家が存在するのであって，この関係を逆にしてはならないというのです。政府は各人の権利を保障するために権力を託された代理人にすぎず，本人たる民衆の権利を侵害するような権力の行使は許されません。政府がみんなの同意に反する統治におよんだ場合，民衆は抵抗することができます（抵抗権・革命権）。た

Column ❽-2　寛容と政教分離

　ロックの寛容論は，宗教の本質は内心の信仰にある，という近代プロテスタントの宗教観にもとづいています。それは，信教のみならず，良心や思想などの個人の内面の問題に，国家や社会が立ち入ることを禁ずる，自由主義の原理の確立に決定的な役割を果たしましたが，宗教観としてはかなり特異であるとみなす考えもあります。宗教の根本には信心があるとしても，それを信徒同士が確かめ合う「儀礼や所作といった可視的なパフォーマンス」もまた重要であると考える立場です（田上 2015）。

　たとえばイスラームの人びとにとって，信仰の実践は，日々の生活に組み込まれた慣行や儀式と切り離すことができないものです。この点について，厳格な政教分離を原則として宗教的慣行を公共の場に持ち込むことを禁じるフランスでは，公立学校でのスカーフ着用などをめぐってイスラーム系住民との軋轢が絶えません。この場合，少数派のイスラームの信仰実践を，フランス社会はどこまで寛容に受け容れるべきなのでしょうか——という語り口が示すように，そもそも「寛容」には，有力な多数派が少数の異端を許容するという図式がつきまといがちです。両者の関係は対等ではなく，寛容と不寛容の線引きは，往々にして多数派の考えに左右されることになるのです。

　17世紀のロックは，カトリック教徒と無神論者を寛容の対象から除外しました（ロック 2018）。今日のわたしたちは，異なる他者にどの程度寛容であるべきでしょうか。あるいは，上述のような限界をもつ「寛容」とは異なる，新たな共生の原理を模索すべきなのでしょうか。

だし，そうした事態を未然に防ぐために，ロックは，政府を立法権（議会）と執政権（行政府）に分割して権力の暴走を抑制するしくみを提案しています。

　「国家や政府は，個人の自由と権利を保障するために存在する」というロックの考えは，「**公**（パブリック）」と「**私**（プライベート）」を区別する自由主義の考えの原型とみなすことができます。これは，「公」と「私」を区別したうえで，なにより「私」のほうを大事とみなして，それを守るために「公」が存在する，とみなす考えです。言い換えれば，ロックを源流とする自由主義の思想において重視されるのは，（古代アテネの民主政におけるような）政治権力への自由ではなく，政治権力からの自由なのです。それは，権力に邪魔されない，妨害されない自由と言い換えることができます。自由主義の考えにおいては，信

教，思想信条，財産の所有や移転，教育や職業の選択などはすべて，私的な領域における個人の自由に属する事柄であり，政治権力による侵害は原則として禁じられます。

宗教戦争の火種となった信教の問題についてみると，自由主義の考えに従うならば，同じ宗派の人は自発的結社として教会を組織することができますが，同時に，他の信仰や宗派の存在を認めて平和裏に共存しなければなりません。そして，国家が信仰に介入したり，特定の宗派と結びついたりすることは許されません。こうした考え方は，寛容と政教分離という自由主義の大原則として，今日まで受け継がれています（日本国憲法第20条など）。

▎市場と文明社会▎

宗教が個人の内面の問題となり，また国家が外面的な秩序保全の装置として後景に退くとすれば，いったい何が，自由な個人同士を結びつけるのでしょうか。商業が発展を遂げた18世紀，イングランドと合併したスコットランドの地で，A.スミスは経済活動に着目します。

スミスは，社会的分業にもとづく生産と交換のネットワークを**市場**と呼び，その特質をピンの生産を例に説明します。原料の加工から仕上げまで，かつては1人の職人がおこなっていた各工程を，多くの労働者が分業しておこなう工場制手工業により，安価なピンの大量生産が可能になりました。これはピン工場の利益を増やすだけでなく，ピンを用いる他の産業の需要を満たし，生産性の向上に寄与することになります。同じことは他の業種についても，のみならず，経済社会全体にも当てはまります。

ピン生産者がピンを作って売るのは，自分が儲けるため，つまり利己心ゆえです。古代以来の伝統に照らせば，利己心とは私欲をむさぼる悪徳にすぎませんが，スミスはこれを，人びとを結びつける力としてとらえ直します。利益を上げるためには，取引相手の信用を失わないように，契約や納期を守らなければなりません。また，世間の評判を落とさないように，見ず知らずの顧客にも誠実に対応しなければなりません。利己心ゆえに，人は進んで約束を守り，ルールに従い，他人の立場に配慮することになるのです。市場とはこうした，いわば公正な競争者として自らを律する人びとのあいだで育まれる秩序なのであ

り，競合する諸々の経済的利益のあいだにも，おのずと調和が実現されるはずです。とすれば，市場を外部の力で統制する必要はなく，まして国家権力による市場の経済活動への介入は有害無益であり，原則として退けられなければなりません。のちに，**自由放任**（レッセ・フェール）の原理として定式化される考え方です。

　文明社会が発展するためには，物質的な財の交換ばかりでなく，さまざまな媒体（メディア）を介した情報や知識や思想のやりとりにも，最大限の自由が認められなければなりません。19 世紀の J. S. ミルは，こうした自由を最大限に保障することが，個人が能力をみがき，個性を育み，文明のさらなる発展に寄与するための条件であると考え，他人に危害を加えない限り個人の自由は制限されてはならない，という**危害原理**を唱えました（ミル 2020）。ミルによれば，個々人の人格の自由な成長が社会の発展につながり，さらには人類全体の進歩をもたらすからです（この考え方に感銘を受け，自由な個人のあいだの多事争論こそ文明社会の要諦である，と日本の人びとに説いたのが，明治初年の福沢諭吉です）。宗教戦争という苦難から 3 世紀を経て，個人の自由は文明の進歩の条件とみなされるに至ったのです。

③　代表制と政党政治

Ⅲ▶ アメリカ革命における制度設計

　さて，18 世紀後半のアメリカ革命に戻ります。だれもが「生命，自由，幸福の追求」の権利を平等にもつというのに，イギリス政府が植民地住民の権利を侵害しているのだから，植民地が独立して新しい国家を設立することは正当である，という『独立宣言』の論理には，ロックの政治思想の影響がうかがえます。同時に，独立後に制定された憲法（政体）には，モンテスキューにヒントを得た権力分立や，古代ローマの共和政を彷彿とさせる大統領と上下両院のしくみなど，新旧のさまざまな知恵がふんだんに取り入れられました。マディソンら建国者たちが共和主義の伝統を意識していたことは，『ザ・フェデラリスト』執筆にあたってローマ風の筆名（プブリウス）を用い，また上院（セネート）の名称を古代ローマの元老院（セナートゥス）からとったことにも表れてい

ます。

　しかしながら，どれだけ先人に学んだとはいえ，アメリカ革命は，合衆国というまったく新しい国家を創設する未曽有の企て，近代的な意味における革命でした。そして，その新しい政体のなかに組み込まれたのが，個人の自由と，民意にもとづく決定の両立をはかるしくみ，すなわち近代的な代表制デモクラシーなのです。

▌代表制と権力分立▌

　あらためてマディソンの主張を検討してみましょう。直接民主政は「派閥のもたらす弊害」を是正できない，とマディソンは言います。同じ考えをもつ者同士がまとまって派閥（党派）を形成するのは人間社会の常ですが，複数の党派のあいだの対立が激しくなれば，社会は分裂してしまいかねません（その最たる例が，宗教的党派が妥協なき抗争を繰り広げる宗教戦争です）。逆に，複数の党派のうち，ある1つが権力を独占して，他の党派を抑圧してしまうと，社会の多元性が失われることになります。そして，マディソンによると，直接民主政ではその危険を防ぐことができません。みんなが直接意見を言い合う，というのは一見よいことのように思われますが，お互いが顔見知りのような小さな共同体でそれをおこなうと，大半の人が同じ意見を抱くようになり，「弱小の党派や気に入らない個人」を抑圧してしまうことになるからです。これは，同好の士が集まって盛り上がると主張がどんどん過激化する，という現代の現象に通じるかもしれません（→第**5**章，第**14**章）。19世紀のミルやA. トクヴィルは，民主化が進むと**多数者の暴政**が起こりやすくなると警鐘を鳴らすことになりますが，マディソンはそうした危険を小規模な直接民主政に見出していたと言えるでしょう。

　マディソンによれば，意見や利益の多元性を保つには，いわば，みなが知り合いの1000人の町よりも，その大半が見ず知らずの100万人からなる社会のほうがよい。版図が広くなれば，たった1つの党派が支配的になることはないからです。そうした大きな社会では，全員が政治に直接参加することはできませんが，直接民主政にこだわる人びとのように，それを嘆く必要はまったくありません。多数者の暴政に陥りがちな直接民主政よりも，選ばれた代表を通じ

Column❽-3　イギリスの議院内閣制とアメリカの大統領制

　アメリカで政党政治が始まったころ，かつての宗主国イギリスでも，トーリーとホイッグによる政党政治が発展の途についていました。とはいえ，政治制度の違いのために，両国の政治のありようは大きく異なるものとなり，今日に至っています。

　イギリスの議院内閣制は，議会の多数派が首相を選ぶしくみです。そこでは立法と行政は事実上融合しており，議会与党のリーダーにして行政のトップである首相が，在任中，強大な権力を手にすることになります。このように，議会選挙で勝利した与党の首班に権力が集中するイギリスの政治のあり方は，議事堂のある地名にちなんで，「ウェストミンスター・モデル」と呼ばれます。

　他方，アメリカの大統領制では，議会と大統領の権限ははっきりと区別されていて，選挙も別々におこなわれるので，大統領の所属政党と上下両院の与党が異なるというケースも珍しくありません（「**分割政府**」）。20 世紀に入ると，大統領の権限が強まるようになりましたが，イギリスの首相のように，行政と立法の両方をまたいで指導力を発揮することはやはり困難です。建国期につくられた政治のしくみが，権力の集中をいまなお防いでいるのです。

て，人びとの多様な意見や利益を政治の場に反映させる代表制のほうが，社会の多元性を保ちながら安定的に統治をおこなう政治のしくみとして，はるかに優れているからです。こうしたマディソンの考え方は，人民の自己支配という理念よりも，力のバランスと統治の安定を重視する考え方です。それはまた，議会制のみならず，新しい政体のしくみ全体を貫くコンセプトでもありました。

　もし議会に権力が集中したとしたら，あるいは大統領が強大な権限を握ってしまったら，一人の王による専制と変わらないことになり，何のためにイギリス国王から独立を勝ち取ったのか分からなくなってしまいます。そこでアメリカ合衆国では，それぞれ別々の選挙で代表が選出される議会の上院・下院と大統領が権限を分け合い，さらに独立性の高い司法部門を加えて，三者が互いに抑制し合うしくみが設けられました。同じ抑制のしくみは，連邦と州の関係にも当てはまります（合衆国を構成する州〈ステイト〉は，それぞれ独自の憲法や軍隊をもっていることからも分かるように，国家〈ステイト〉に等しい権限を備えています）。アメリカ合衆国の政体は，1 カ所に権力が集中しないよう，いわば「決

めすぎない」政治をコンセプトとしてデザインされたものであることが分かります。

複数の党派の競争

憲法が制定され，アメリカ合衆国が成立した後も，政体のあり方をめぐる意見が1つにまとまったわけではありません。争点の1つとなったのが連邦と州の関係で，連邦政府の集権化をめざす人びとと，過度の集権化を警戒し州の自治を重んじる人びととがそれぞれグループをつくり，互いに競い合うようになります。1800年の大統領選挙では，前者に属する現職のJ.アダムズを，後者のリーダー的存在だったT.ジェファソンが破り，最初の政権交代がおこなわれています。

人びとが意見や利益の違いに従って複数の党派に分かれ，競い合う。政党政治が普及した今日では当たり前のことに思われますが，この時期までの西洋の政治思想の歴史のなかで，党派対立が肯定的に評価されることはほとんどありませんでした（→**第3章**）。たとえばルソーのように（→**第9章**），みんなが1つにまとまり，社会全体の利益をめざすのが「ほんとうの政治」だと考えるなら，党派対立は，1つであるべき「みんな」を分裂させてしまうものとして克服されるべきものとなります。しかし，人びとのあいだに意見や利益の違いがある以上，党派が生じるのは仕方がないと考えるマディソンに従うなら，真に警戒すべきは，党派対立それ自体ではなく，1つの党派が政治を独占してしまうことのほうです。なるほど，1つひとつの政党（「パーティ」）は，社会全体の利益を代表しているわけではなく，その一部（1つのパート）の人びとを代表しているにすぎません。しかしながら，複数の「パーティ」が競い合い，選挙のたびに勝ったり負けたりを繰り返すことで，長期的にはバランスのとれた利益の配分が実現する可能性がありますし，少なくとも，特定の党派による権力の独占を防ぐことができます。ダールの多元主義につながる見方と言えます（→**第11章**）。

複数の権力の競争と相互抑制によって，秩序の安定と社会の多元性の実現をはかる。これは，古代の混合政体論や中世の身分制議会にも通じる発想ですが，古代や中世において，対立するグループとして念頭に置かれていたのは，身分ごとに構成される集団でした。これに対し，近代の代表制では，どの政党に自

分の意見や利益を代表させるかを、選挙の際に個人が自由に選ぶことができます。「一人ひとりの自由や自己決定を尊重する」という自由主義の原理を中心に置く点で、代表制はすぐれて近代的な政治のしくみです。

　ただし、自由な選挙にもとづくにせよ、代表という一握りのエリートに統治を委ねてしまうしくみが、本当に民主的と言えるか、という問いが残ります。そもそも、この時代では、選挙への参加自体が、裕福で、それゆえ知徳に優れた（とみなされていた）ごく一部の男性に限られていました。こうした状況がデモクラシーの理念に反していたからこそ、時代が下るとともに、参政権の平等を要求する声が高まっていくことになるのです（→第**9**章）。

EXERCISE ●考えてみよう

① 立憲主義の伝統はさまざまに考えることができますが、近代の立憲主義に固有の特徴とは何でしょうか。考えてみましょう。

② 現代の政教分離のあり方について、考えてみましょう。アメリカでは、大統領が就任式で聖書に手を置いて宣誓するのが一般的ですが、フランスではこのようなことは許されません。こうした違いが生じるのはなぜでしょうか。

③ 日本の政治のしくみは三権分立にもとづくとよく言われますが、実際はどうでしょうか。本当にそうなのでしょうか。アメリカやイギリスの政治のしくみと比較しながら、検討してみてください。

さらに学ぶために　　　　　　　　　　　　　　　　**Bookguide** ●

待鳥聡史『代議制民主主義──「民意」と「政治家」を問い直す』中公新書、2015年。
　　その限界が指摘されつつも、代表制がなお今日の政体の基本である理由を、分かりやすく解説しています。

田上雅徳『入門講義　キリスト教と政治』慶應義塾大学出版会、2015年。
　　自由主義をはじめとするヨーロッパの政治の成り立ちは、キリスト教との関係を抜きには語れません。

G. S. ウッド／池田年穂・金井光太朗・肥後本芳男訳『ベンジャミン・フランクリン、アメリカ人になる』慶應義塾大学出版会、2010年。
　　アメリカン・ドリームのアイコンとなった人物を軸に、合衆国という新し

い国家の成り立ちを学ぶことができます。

映画で学ぼう ｜   Movieguide ●

　アメリカ革命の成功の影で，先住民に対する迫害や黒人奴隷制など，ヨーロッパ系住民による非ヨーロッパ系の人びとに対する過酷な暴力が横行していたことも忘れてはなりません。西部劇ながら先住民迫害に光を当てた『**ソルジャー・ブルー**』（R. ネルソン監督，1970 年）や『**ワイルド・アパッチ**』（R. アルドリッチ監督，1972 年），黒人たちの苦難を描いた『**グローリー**』（E. ズウィック監督，1989 年），『**大統領の執事の涙**』（L. ダニエルズ監督，2013 年）などを観て，デモクラシーの歴史の暗黒面にも目を向けてみましょう。

その他の引用・参照文献 ｜   Reference ●

アリストテレス／牛田徳子訳 2001〔紀元前 4 世紀〕『政治学』京都大学学術出版会。
古賀敬太編 2013『政治概念の歴史的展開　第六巻』晃洋書房。
島田幸典 2011『議会制の歴史社会学――英独両国制の比較史的考察』ミネルヴァ書房。
シュクラー，J.／大川正彦訳 2001〔1989〕「恐怖のリベラリズム」，『現代思想』2001 年 6月号。
スミス，A.／大河内一男監訳 2020〔1776〕『国富論』Ⅰ・Ⅱ・Ⅲ，中公文庫。
ハーシュマン，A. O.／佐々木毅・旦祐介訳 2014〔1977〕『情念の政治経済学〔新装版〕』法政大学出版局。
ハミルトン，A.・J. ジェイ・J. マディソン／斎藤眞・中野勝郎訳 1999〔1788〕『ザ・フェデラリスト』岩波文庫。
半澤孝麿 2003『ヨーロッパ思想史における〈政治〉の位相』岩波書店。
福島清紀 2018『寛容とは何か――思想史的考察』工作舎。
ミル，J. S.／関口正司訳 2020〔1859〕『自由論』岩波文庫。
モンテスキュー／野田良之ほか訳 1989〔1748〕『法の精神』上・中・下，岩波文庫。
ルター，M.／石原謙訳 1955『キリスト者の自由・聖書への序言』岩波文庫。
ロック，J.／加藤節訳 2010〔1690〕『完訳 統治二論』岩波文庫。
ロック，J.／加藤節・李静和訳 2018〔1689〕『寛容についての手紙』岩波文庫。

第**9**章

国民国家と民主化の時代

フランス革命と「長い 19 世紀」

INTRODUCTION

　政治学や歴史学では，「長い 19 世紀」という時代区分がよく使われます。これは，暦の上の 19 世紀（1801〜1900 年）よりも長く，1789 年のフランス革命から 1914 年の第一次世界大戦開始までをひとまとまりとみなす区分です。この時代に生じた「二重革命」は，現代社会の原型をつくりあげましたので，この時代を，わたしたちの生きる時代の直接の出発点とみなすことができます。「二重革命」とは政治と経済における大変動のことで，フランス革命に代表される政治の変化と，産業革命という経済の変化が同時期に生じたことを示す言葉です。この章では，「長い 19 世紀」の西洋世界の歴史を振り返り，現代政治の基本的な舞台となった国民国家について学びます。

KEYTEXT

B. アンダーソン『想像の共同体』（1983 年）

　国民は，イメージとして心のなかに想像されたものである。というのは，いかに小さな国民であろうと，これを構成する人びとは，その大多数の同胞を知ることも，会うことも，あるいはかれらについて聞くこともなく，それでいてなお，一人ひとりの心のなかには，共同の聖餐のイメージが生きているからである。

> ……国民は 1 つの共同体として想像される。なぜなら，国民のなかにたとえ現実には不平等と搾取があるにせよ，国民は，常に，水平的な深い同志愛として心に思い描かれるからである。（アンダーソン 2007: 24-26）

　日本人やフランス人のような人間の集団を，**ネイション**と呼びます。このネイションは，日本語では「国民」とも「民族」とも訳すことができる言葉ですが，どちらの訳語を使うかによってニュアンスが変わりますので，ここではさしあたりカナ表記のネイションのままで表現することにします。

　一見すると，ネイションは，古くからある，ごく自然な集団のように思われますし，ネイションという集団に重きを置く**ナショナリズム**という考えも，同じように昔からあったように思われます（ネイションにイズム〈主義〉を付けたのがナショナリズムです）。ところが，現代のほとんどの歴史家は，ネイションやナショナリズムを「近代的現象」とみなしています。ここに紹介したアンダーソンの『想像の共同体』は，ネイションやナショナリズムは近代になってできあがったものであるとする歴史研究・理論研究を代表する古典です。

　同じサークルやゼミに所属する人なら，お互いに顔や名前を知っていますよね。だから，同じメンバーだと感じるわけです。ところが，わたしたちは，同じネイションに属するほとんどの人のことを知りません。しかし，それにもかかわらず，そうした人と同じ集団に属していると考えます。さらには，このネイションという集団は，自分たちの生活の土台となる最も重要な集団であり，このまとまりで政治がおこなわれる，というイメージをわたしたちは何の疑問もなく抱いています。アンダーソンはこうした点をふまえて，ネイションを「イメージとして心に描かれた想像の政治共同体」と呼んでいます。

　これが「近代的現象」であるとは，どういうことなのでしょうか。アンダーソンは，近代における資本主義経済の発達によって出版物が大量に流通するようになったことに注目して，ナショナリズムの登場を説明しています。それ以前は，地域ごとに違う言葉が使われていたために意思疎通も思うようにできませんでしたが，本，小説，雑誌，新聞が流通するようになると「標準語」が定まっていき，同じ言葉を話す仲間の存在が意識されるようになりました。つまり，出版物の流通をきっかけに，共通の言葉が通用する空間が頭のなかで意識されるようになって「想像の共同体」が生まれたというわけです。

　ほとんどの教科書はここまでで説明を終えてしまいますが，実はアンダーソンは，これだけではうまく説明ができない南北アメリカ大陸の各国の独立やナショナリズムにも目を向けています。南北アメリカ大陸の植民地では，本国と同じ言葉（スペ

イン語，ポルトガル語，英語）が話されていました。にもかかわらず，彼らが独立を求めたということは，共通の言葉によって国民意識（ネイションの意識）が生まれたという説明は成り立たないことになります。ここでアンダーソンは，ヨーロッパの歴史や経験を標準とみなしてはいけないと言って，ヨーロッパ中心主義を批判しています。『想像の共同体』は，出版物が生み出した「俗語ナショナリズム」の他に，現地生まれの白人（クレオール）が大きな役割を果たしてできあがった「クレオール・ナショナリズム」や，政府が上からつくりあげた「公定ナショナリズム」を挙げて，ナショナリズムを 3 つに整理しています。

1　現代政治の出発点としてのフランス革命

　1789 年に始まるフランス革命で，人びとは，王が支配する旧体制（アンシャン・レジーム）を廃止して，国民主権の理念にもとづく新しい国をめざしました。この革命は，その当時にあっても，後の時代にあっても，熱狂的な支持と激烈な批判という，正反対の評価を受けました。こうした反応も含めて，フランス革命は，それ以降の時代の政治にきわめて大きな影響を与え続けており，時代の転換点として位置づけられる出来事です。

　すでに第 6 章や第 8 章でも言葉が出てきましたが，そもそも政治における「**革命**」とは何でしょうか。

　政治学では，**政治変動**（政治における変化）をいくつかに分類しており，革命はそのうちの 1 つです。リベラル・デモクラシーでは，選挙の結果として政権を担当する政党や大統領が入れ替わる政権交代が生じることがありますが，こうした政治変動は，政治制度が予定している動きであって革命ではありません。さらに，革命は，軍事的・暴力的な手段によって力づくで権力を奪い取った者が新たな支配者となる**クーデタ**とも区別されます。フランス革命でも，ロシア革命でも，軍事的・暴力的な手段が用いられたのは確かです。しかし，これらの革命では，政治の担い手が替わっただけでなく，政治制度がまったく新しくなり，しかも社会の隅々にまで変化がおよんで，人びとの暮らし，考え方，価値観まで大きく変わりました。政治学における革命とは，一般に，このような

社会の全般的な変化をもたらす政治変動を意味します。

　明治維新では，政治の担い手や政治制度だけでなく，服装や食べ物に至るまで人びとの生活や考え方が大きく変わりましたので，現在の学問ではこれを革命とみなすようになっています（→第6章）。フランス革命でも，それまでの身分制社会を支えていた，貴族や聖職者たちの特権が廃止されて，社会のしくみやルールが一変しました。

■ 人民主権と「人間の権利」

　フランス革命が，現代政治の出発点とみなされるのにはいくつも理由がありますが，まずなにより，**人民主権**や**人間の権利**（人権）という考え方がはっきりと示された点が重要です。

　革命によって王政が廃止されて共和政（王のいない政治体制）となり，1793年憲法では，人民主権の考えが明確に示されました。人民主権とは，王や貴族のような一部のメンバーではなく，国のメンバーであるみんな（ピープル，プープル〈仏〉）に最高権力がある，という考えです。これは，現在のデモクラシーにつながる考え方です。

　こうした人民主権の考えは，フランス革命のおよそ30年前に，J.-J. ルソーが『社会契約論』（1762年）で論じていました（図9.1。ルソー 2010）。ルソーは，正統性のある支配（正しい支配）は，みんなが主権者である場合だけであると主張し，選挙で選んだ議員に任せてしまうのではなく，みんなで集まって主権を行使すべきであると論じました。さらにルソーは，自分の利益だけをめざす偏った考え（特殊意志）は捨てて，社会全体の利益をめざす正しい意志（**一般意志**）にみんなが従うべきであると論じました。この意志のもとに結束した国民が政治をおこなうべきであるというのです。ルソーは，本書で「ほんとうのデモクラシー」と表現してきた考えを示した思想家の代表です（→**第2章**，**第11章**）。

　他方で，「人間の権利」（人権）という考えは，国民議会が採択した「人権宣言」（1789年）に示されました。「人間の権利」とは，だれもが生まれながらにもつ自由で平等な権利のことです。それは，すべての人は，生まれや財産や能力の違いに関係なく権利において平等であり，それぞれの人の自由は可能な限

［出典］ Bridgeman Images/ 時事通信フォト。

り認められるという理念にもとづく考えです。「人権宣言」の第16条は，人権を守るためのしくみとして，「権利の保障が確保されず，権力の分立が定められていないすべての社会は，憲法をもたない」と定めて，**権力分立**という制度設計を示しています。こちらは，現在の自由主義につながる考え方です。

右と左の起源

フランス革命は，こうしたデモクラシーや自由主義につながる理念だけでなく，政治の実際の姿においても，現代政治の出発点とみなすことができます。**右と左**（右派と左派，右翼と左翼）という，政治対立をとらえる際に用いられる基本的な構図が，フランス革命において生まれたからです。

複数の人が意思決定に関わるようになると，考え方や利害や価値観の違いが次々に明らかになり，内部にいくつものグループ（派閥，党派，政党）ができていきます。これは，わたしたちの身の回りでも観察される現象です。ましてフランス革命では，これまでの国のしくみ（政治体制）を全面的に廃止して新しいしくみをつくろうとしたので，賛成派と反対派の激しい対立が生まれました。

フランスの国民議会では，演壇から見て右側には王を支持する議員が，左側

には革命を擁護する議員が，そして中央の座席には穏健派が座りました。政治の世界における対立を「右」や「左」という位置関係になぞらえて表現することは，ここに始まります。このときの議席と同じように，一般に，「右」はこれまでの伝統的な制度や価値観を守ろうとする保守的な立場を，「左」は新しい制度や価値観を積極的に導入しようとする革新的・進歩的な立場を意味します。

　フランス革命に始まる「長い19世紀」には，こうした対立のなかで，保守主義や自由主義と呼ばれる**イデオロギー**（政治についての体系的な思想）も明確になっていきました。

　政治の世界で人びとがめざす目的や価値はさまざまです。自由，平等，豊かさ，効率，公平（フェアであること），治安・安全，平和，連帯などは，その代表例です。めざすべき目標が1つならば話は簡単なのですが，目標はいくつもあり，しかも，あるものを求めると別のものが損なわれること（**トレードオフ**）は珍しくありません。それゆえ，全体として何を最も優先するかをめぐって，考え方の対立が生まれます。**保守主義**は，必要な改革はおこないながらも，あくまで，これまでの伝統や秩序を重んじるべきと考えるイデオロギーです。これに対して**自由主義**は，一人ひとりの個人の自由や自己決定を最大限に尊重して，政治権力や世間の多数派（マジョリティ）が個人の自由を侵害することを防ごうとします。

　さらに19世紀半ばには**社会主義**が登場して，その後150年近くにわたって，世界中の政治に大きな影響をおよぼすことになります（→第**10**章）。自由主義が「左」に，保守主義が「右」に位置していた政治空間に，社会主義が加わって一番「左」の位置を占めるようになり，この構図が長らく政治対立の基本となります。イギリスで言えば，ホイッグ（自由党）とトーリー（保守党）が対立していたなかに労働党も加わり，結果的に，労働党と保守党の二大政党制となっていきます。社会主義が大きな影響力を保っていた時代には，「左」と「右」の対立とは，社会主義とその批判者（社会主義と資本主義，労働者階級と資本家階級，貧者と富者）のあいだの対立でした。

　現代では一般に，「左」と「右」は，「大きな政府か，小さな政府か」という経済のあり方や，「個人を重んじるか，共同体を重んじるか」という文化のあ

Column ❾-1　右と左，保守とリベラル

　従来は，右の政治勢力や政治思想を「保守」，左を「革新」と呼ぶのが通例
でしたが，近年の日本では（アメリカと同じように），この２つを「保守」と
「革新」でなく，「保守」と「リベラル」と呼ぶことが一般的になっています。
この意味の「リベラル」と，政治のしくみとしてのリベラル・デモクラシーの
「リベラル」は別のものを意味しますので注意してください。前者がゲームの
一プレーヤーを指すのに対して，後者はゲームのルールを意味します。

　座席に座っているとき，右に座る友人から見れば，あなたは「左」に見えま
すが，左側の友人からは「右」に見えます。この３人が「左」に見える位置
もあります。同じように，政治の世界でも，右と左はあくまで相対的なもので
す。また，政治の世界にも本家本元争いがあり，だれが「ほんとうの左翼」や
「真の保守」なのかをめぐっては激しい政治的な争いがあります。こうした理
由から，右，左，保守，革新，リベラルなどの言葉は混乱しやすいので，どん
な意味で使われているかには細心の注意が必要です。

り方を争いますが，日本の55年体制のもとではこれとは違って，平和主義か
日米同盟か，護憲か改憲かという点が主たる対立軸でした（→第 **7** 章）。冷戦が
終焉して社会主義の存在感が薄れてからは対立の構図が分かりにくくなってお
り，近年では，オーソドックスな理解とは反対に，日本維新の会のような政党
を「革新」，日本共産党を「保守」と思っている人が増えています（遠藤・ジョ
ウ 2019）。また，対立の構図が分かりにくくなったため，分かる人と分からな
い人のあいだで政治参加の格差が広がっているという指摘もあります（蒲島・
境家 2020）。

▌理想の暴走

　フランス革命では，革命で生まれた新しい政治体制を守るために，カトリッ
ク教会や貴族の影響力を削ぐ目的で，社会のさまざまな団体（**中間団体**）が解
散させられて，革命政権が強大な権力を行使しました。政治学では，このフラ
ンス共和国のように，中間団体を排除した集権的な国家のモデル（ジャコバ
ン・モデル）を，政府と個人の中間にさまざまな団体が存在するアメリカやイ

ギリスのモデル（トクヴィル・モデル）と対比することもあります。また，フランスにおいて，教会が政治や教育に影響をおよぼすことを嫌う考え方は，政教分離（**ライシテ**）という原則となって現代まで続いています。これは，いまも大統領が，キリスト教の聖書に手を置いて就任宣誓をおこなうアメリカとは対照的です。

　フランス革命では，「ジャコバン独裁」と呼ばれる国家権力の濫用や暴走も生じました。革命政権は，徴兵制を導入したり，穀物や賃金の価格統制を実施したりしたばかりか，自分たちの理想に反対する人びとを数万人も裁判にかけて処刑したのです。革命の急進化は，遊具のブランコの動きのように，大きな揺り戻し（反動）を生みました。フランスはその後長らく，左に揺れたり，右に揺れたり，という不安定な政治を経験します。そうしたなかでは，クーデタによって権力を奪い，その後国民投票をおこなって皇帝となったナポレオンやその甥ルイ＝ナポレオン（ナポレオン3世）という独裁者も生まれました。

2　国民国家とナショナリズム

　フランス革命は，**国民国家（ネイション・ステイト）**という新しいタイプの国家を生み出したという意味でも，画期をなす出来事でした。

　国民国家（ネイション・ステイト）とは，1つのネイション（国民，民族）が，1つのステイト（国家）をつくるという考えにもとづく国家です。国民国家では，ネイションという人間集団の範囲と，政治的決定をおこなうまとまり（国家）の範囲が一致します。「民族自決」が意味しているのも，これとまったく同じ原理です。冷戦期には東西に国家が分かれていたドイツが，冷戦が終わるとすぐに再統一したり，南北に分かれる朝鮮半島でいまも統一が政治的課題であり続けたりしているのは，国民国家という考えが現代にあってはごく一般的であることを示す例です。

　しかし，この国民国家は，「新しいタイプの国家」なのです。どういうことでしょうか。現代では国民国家が当たり前ですが，それとは違う種類の国家があり，近代以前にはそちらが当たり前だったのです。古代ギリシアの**ポリス**

（都市国家）は，ごく小さな国家でした（これが「ポリティクス」〈政治，政治学〉の語源です）。当時にあっても，ゆるやかにギリシア人というまとまりが意識されていましたが，政治の単位はギリシア人というまとまりとは一致せず，そのなかにたくさんのポリスが存在していました。アリストテレスは，一目で見渡すことのできるのが最適な規模のポリスであると論じました（アリストテレス 2001）。

　これとは反対のタイプの国家が，**帝国**です。帝国では，1つの国家のなかに，言語や文化が異なるいくつもの人間の集団が含まれます。中世から近世（初期近代）にかけてのヨーロッパでは，王や皇帝の相続や結婚によって，住民の言語や文化が同じかどうか，地続きかどうかなどとは関係なしに，領土の追加や割譲が当たり前のようにおこなわれました。オーストリアを中心に広大な版図の帝国を治めたハプスブルク家の皇帝は，「オーストリア皇帝。ハンガリー，ボヘミア，ダルマティア，クロアティア，スラヴォニア，ガリツィア，ロドメリア，およびイリリアの王」で始まる，数十にもおよぶ長い肩書きをもっていました（アンダーソン 2007: 44-45）。

　国民国家は，こうした都市国家や帝国とは別の考えにもとづく国家であり，フランス革命にその起源を求めることが一般的な理解です。いまのわたしたちにとっては当たり前に思われる国家の姿は，時代や地域を問わず存在したわけではありません。また，ネイションとステイトは，あくまで別のものであることにも注意してください。ですから，ナショナリズム（ネイションを重視する考え）を「国家主義」と訳すのは正しくありません。

ネイションによるデモクラシー

　前節でも触れたように，フランス革命では，「みんなに最高権力がある」という人民主権の理念が掲げられました。それまで，身分や地域によって隔てられていた人びとは，フランス革命によって，一緒に政治を担う，同じ祖国の対等な仲間であるという「われわれ意識」をもつようになりました。それは，それまでの身分制を否定する解放の思想でした。こうした同胞意識をもつ集団がネイション（国民，民族）であり，このネイションという集団をなにより重要とみなす考えが**ナショナリズム**（国民主義，民族主義）です。フランス革命は，

人民主権やデモクラシーと一緒に，国民国家やナショナリズムももたらしたのです。どの国民の一員であるかを証明する近代的なパスポートをつくったのは，この革命です。

「みんなに最高権力がある」という人民主権やデモクラシーの考えを，理屈のうえで突きつめてみると，「みんなとはだれか」という問題に直面します。「みんなというくらいだから，地球上のすべての人が含まれるのだろうか」「そうでないならば，『みんな』の範囲は，だれが，どのように決めるのだろうか」という問いです。この問いに，国民国家は，答えを用意しています。「みんな（人民）とは，ネイションのことである」というのです。つまり，ここでは，人民主権は，国民主権と同じ意味となります。国民国家を前提とするデモクラシーは，ネイションが担うデモクラシーを意味するわけです。

フランス革命や，その後のナポレオンのヨーロッパ征服は，ヨーロッパ各国にナショナリズムの考えを輸出することになりました。ナポレオンは，神聖ローマ帝国を解体しました。また，彼がスペインを征服してアメリカ大陸におけるスペインの帝国的支配が緩んだため，中南米では民族自決の意識が高まり，1810–20 年代にほとんどの地域が独立します。

19 世紀の後半になると，イタリアやドイツが統一を果たして国民国家のかたちを整えます。中欧・東欧は，長らくオーストリア帝国やオスマン帝国の支配下にありましたが，「長い 19 世紀」を通じてナショナリズムが高まり，第一次世界大戦の終結後に多くの国が独立するに至ります。ナショナリズムは，それまでの帝国を壊しました。

ネイションをめぐる学説

ネイション（国民，民族）は，わたしたちがふだん「アメリカ人」や「フランス人」と呼んでいる人間の集団のことですが，実は，厳密な定義が難しい集団です。生物学的な特質にもとづいて「アメリカ人」や「フランス人」を定義することができない点については争いはありません。しかし，ネイションをどのように定義すべきかをめぐっては複数の考えがあります。

一方には，言語や文化といった，客観的なものを共有する集団としてネイションを定義する考えがあります。しかし，現在，世界には言語がおおよそ

8000 あると言われていますが，それと同じ数だけネイションが存在している
わけではありません。他方，メンバーの主観に注目して，「われわれ意識」を
共有する集団としてネイションを定義する考えがあります。しかし，「われわ
れ意識」は，ネイションだけに限られる特徴ではありません。

　また，ネイションは，古くからずっと続いてきた集団であるかのようですが，
しかし，**KEYTEXT** でも触れたように，現在のようなかたちのネイションは，
近代の産物であるとみなすのが多数説です。「ナショナリズムとはまったく近
代的な現象であり，1800 年前後にはじめてヨーロッパに登場した，というこ
とは，ほぼ学術的な合意を得ているといってよい」（ジマー 2009: 9）。言い換え
ると，近代より前にも存在した郷土愛や帰属意識と，近代のナショナリズムに
は質的な違いがある，というのが通説です。

　あらためて，「近代的な現象」であるとはどういうことでしょうか。近代と
いう時代は，政治におけるデモクラシーと，経済における産業革命（資本主義）
によって特徴づけることができます。近代におけるナショナリズムの形成をめ
ぐっては，フランス革命という政治変動にもとづく説明に加えて，産業化とい
う経済の変動をふまえた説明があります。

　KEYTEXT で触れたアンダーソンの『想像の共同体』は，出版資本主義によ
って「われわれ意識」が育まれたと説明しました（アンダーソン 2007）。E. ゲ
ルナーの『民族とナショナリズム』（1983 年）も，ナショナリズムの経済的起
源に目を向けた古典的研究です（ゲルナー 2000）。ゲルナーは，農耕社会から
産業社会に転換するなかで，産業化に適した均質な集団としてネイションが生
まれたと論じました（→**Column ❾-2**）。

┃ 国民化の過程 ┃

　国民意識が高まって，ネイションの統合がさらに進んでいった過程を，**国民
化**（ナショナライゼーション）の過程と呼びます。これは，「われわれ意識」が
強くなって，ネイションとしての同質性や共通性が追い求められるようになっ
た歩みです。このなかでは，さまざまに存在していた多様な言葉が 1 つにまと
められるとともに，ネイションの歴史をめぐるストーリーが整備されて，ネイ
ションのさまざまな伝統も強調されるようになりました。一部の身分や地域の

　ゲルナーは，ネイションの「われわれ意識」がつくられた過程で，教育や学校が果たした役割を強調しています（ゲルナー 2000）。農耕社会では人は身分や地域によって隔てられていましたが，産業社会では，人の動きが活発になり，工場や都市に多くの人が集まるようになります。互いの意思疎通のためには共通の言葉（標準語）が必要ですし，工場でともに働くためには，読み書きや計算の能力や，自分の感情や生活をコントロールする自己規律が求められます。そのため，産業革命の歩みにあわせて，各国で義務教育制度が整備されました（イギリス 1870 年，フランス 1882 年，日本 1886 年）。

　ここで関連して学んでおきたいのは，**「規律権力」**に注目して近代という時代を説明した哲学者 M. フーコーの議論です。近代社会は，学校，工場，病院，軍隊などに見られるように，「朝は早く起きる」「約束の時間は守る」のような「正しい」おこないを自分でできるように，人を規律化する（監視して訓練する）社会であるというのです。フーコーの議論で面白いのは，人は規律化されて型にはまること（つまり管理されること）で，はじめて一人前とみなされて主体的な存在になるという指摘です。近代の自由な個人は，実は「規律権力」によってつくられているというのです（フーコー 1977）。

慣習であったものがネイション全体の伝統とされたり，（スコットランドの民族衣装とされるキルトが実際は 19 世紀につくられたものであるように）伝統がまったく新しく「発明」されることもありました（**つくられた伝統**）。日本では，たとえば神前結婚式や初詣は古くからのネイションの伝統のようなイメージがありますが，実際はいずれも明治時代に始まりました。

　次の章で詳しく触れるように，19 世紀は，社会主義が登場して，国内の対立や分断が激しくなった時代でした。そんななかで，「われわれ意識」の高揚は国民の一体感を高めて，対立や分断を抑える役割を果たしました。また，こうした国民化や国民統合があったからこそ，のちの 20 世紀の前半には，すべての国民を総力戦に動員して，ネイションのために生命や財産を犠牲にさせる戦争をおこなうことが可能になりました。他方，20 世紀の後半に，豊かな国民が貧しい国民を支える福祉国家の連帯が可能になったのも，「われわれ意識」があればこそでした。

国民化や国民統合には，負の側面もあります。ネイションという「われわれ」の同質性や共通性を強調することは，内部の多様性を否定したり，地方やマイノリティを迫害・蔑視したりすることと表裏一体でした。井上ひさしのユートピア小説『吉里吉里人』（1981年）は，東北地方の小さな農村が「吉里吉里国」として独立する物語ですが，そこには，標準語を強制されて，地域独自の言葉や文化を否定された東北人の怒りや抗議が描かれています（井上 1985）。ネイションの同質性を高めるために，たとえばギリシアとトルコのあいだでは，それぞれのマイノリティを強制的に移住させる住民交換もなされました（マゾワー 2015）。また，ナショナリズムの高揚は，帝国主義や植民地主義と結びつきながら，外部の人に対する多くの暴力も生み出しました。

③　大衆デモクラシーの時代

　「長い19世紀」は，民主化が徐々に進んでいった時代でもありました（図9.2）。

　フランス革命で人民主権や「人間の権利」という理念が掲げられたとはいえ，現実の世界では，フランスも含めて，「長い19世紀」の初期に，すべての成人が選挙権をもつ国はありませんでした。イギリスでは，19世紀の3度の選挙法改正で，男性の選挙権の範囲が徐々に広がりました。フランス第2共和政やドイツ帝国でも男性普通選挙制が導入されました。アメリカでは19世紀前半にほとんどの白人男性が選挙権を手にして，南北戦争（1861-65年）の後には，人種を理由とした選挙権の制限が禁止されました（ただし南部の州は1965年までは，納税や識字を投票資格にすることで実質的に黒人の選挙権を否定していました）。これらの国では，複数の政党が競争しながら政治を運営する**政党政治**が発達していきます。

　成人女性の選挙権を最初に認めたのは，ニュージーランド（1893年），オーストラリア（1902年），フィンランド（1906年），ノルウェー（1913年）といった地域や国でした。不平等解消をめざす運動を経て，アメリカでは1920年に，イギリスでは1928年に，21歳以上のすべての女性に選挙権が拡大されました。

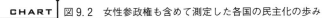

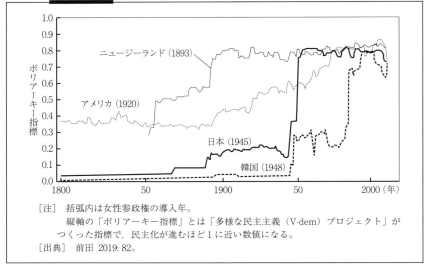

[注] 括弧内は女性参政権の導入年。
縦軸の「ポリアーキー指標」とは「多様な民主主義（V-dem）プロジェクト」が
つくった指標で，民主化が進むほど1に近い数値になる。
[出典] 前田 2019: 82。

性別を問わずに国民を動員した第一次世界大戦の後には，このように，女性に
も選挙権を広げる国が増えました。

民主化を疑う

　産業革命は，技術革新や都市化，さらには交通網やマスメディアの発達をも
たらし，人びとの暮らしや社会の姿を大きく変えました。芸術や文化も，貴族
がそれらを庇護していた時代は過ぎ去り，資本主義経済のなかに組み込まれて
商業化していきます。19世紀後半には，安価な本（ペーパーバック）が登場し，
絵画のような芸術作品についても安い複製品が出回るようになりました。ポピ
ュラーカルチャー（民衆文化）やマスカルチャー（大衆文化）の時代となったの
です。

　政治の世界では，一般の人びとの意見（**世論**）を無視できなくなり，広報や
プロパガンダが重視されるようになりました（→第5章）。植民地を獲得する列
強間の競争のなかでは，人びとのなかに愛国主義（ジンゴイズム）が高まり，
対外強硬論も広がりました。政党は，議会の有力者たちの**名望家政党**から，一
般の人びとを組織化した**国民政党**や**大衆政党**へ変化していきます。

Column ❾-3　女性のいない民主主義

　民主化の歴史については，「3つの波」があったというS. P. ハンチントンの議論が有名ですが（ハンチントン 1995），女性や黒人は度外視し，白人男性の選挙権だけに注目してデモクラシーを定義していることには注意が必要です。彼はこうした操作によって，アメリカが最初の民主国家であると主張しました（前田 2019）。

　フランス革命でも，女性は政治から排除されていました。1789年の「人権宣言」は，「人および市民の権利宣言」が正式な名称であり，全員に人権があるかのようです。しかし，O. ドゥ・グージュは1791年に，ここで言う「人」（オム，英語のマン）は，実際は「男性」（オム，英語のマン）にすぎないと指摘して，この宣言に代わる「女性および女性市民の権利宣言」を発表しました。確かに1793年憲法が選挙権を認めたのは，21歳以上の男性だけでした。同じ年にドゥ・グージュは処刑されています。

　選挙権も，財産権も，離婚の自由も，女性にはないままでした。これに異議を申し立てて，男性と同じ法律上の地位を求める運動が19世紀後半から20世紀初めにかけて盛り上がります。この運動は，1960年代以降の「第2波フェミニズム」と区別するために，**「第1波フェミニズム」**と呼ばれています。

世紀転換期になると，まるで本能で動く動物の群れのようだと言って，**人間の不合理性**を指摘して，群衆や大衆の登場に警鐘を鳴らす議論が増えていきます。大衆の政治参加を危惧して，**大衆デモクラシー**を批判する主張がさまざまに登場したのです。こうした主張の背景には，社会主義勢力が徐々に支持を増やしてきたことへの不安や警戒もありました（→第**10**章）。

　G. ル・ボンの『群集心理』（1895年）は，いまや「群集の時代」となったと断じました（ル・ボン 1993）。「群衆」とは，自分の知性や個性を失い，まるで感染したかのように同じ感情や考えをもつようになった人たちです。そして群衆は，刺激やイメージに反応して衝動的に行動するので，興奮しやすく，極端な感情を抱きがちであるというのです。強い言葉を繰り返す政治家が，群衆を巧みに操って，従えている。ル・ボンはそうも観察しました。

　G. ウォーラスの『政治における人間性』（1908年）も，同じように，大衆の非合理性を論じた古典的作品の1つです（ウォーラス 1958）。選挙権が拡大して

代表制デモクラシーが勝利したように見えるが，実際には失望が広まっている。ウォーラスは，この本の冒頭でそう観察しています。自分自身が選挙に立候補した際に，「君は 6 週間の宣伝戦をやろうとしているのだ，ということを忘れるな」と言われた思い出を振り返りながら（同上：152），ウォーラスは，政治学が制度を分析するばかりで，人間の研究を軽んじている現状に警鐘を鳴らします。よく観察してみると，人間は実は合理的な思考からはほど遠く，名前やシンボルカラーといったイメージにもとづいて政党の好き嫌いを決めてしまう存在なのです。

　それでも，ウォーラスは，ル・ボンほど悲観的ではありませんでした。心理学の知識や公共精神を身につけることで，有権者は態度を変えるはずと考えたのです。彼は，政治学の定量的な分析や官僚制が果たす役割も大きいと期待を寄せています。

┃「人類の歴史は，エリート交替の歴史」

　大衆デモクラシーを疑う議論が広まると，マスメディアやプロパガンダをめぐる研究も盛んになりました（→第 5 章）。さらには，「優秀なエリートによる支配は避けられない」と説く**エリート論**も流行します。

　V. パレートは，「人類の歴史は，エリート交替の歴史である」と論じました。これは，「人類の歴史は，階級闘争の歴史である」と論じた K. マルクスと F. エンゲルスの『共産党宣言』（1848 年）を意識して，それに代わろうとした主張です。

　これまで支配されてきた階級が，支配してきた階級を倒して新しい支配階級になる。人間の歴史はそうした階級闘争を繰り返してきた。これが，マルクスとエンゲルスの『共産党宣言』の主張でした。近代社会の支配階級である資本家は，いまに労働者に打倒されるだろうというわけです。これに対してパレートは冷や水を浴びせます。たとえ共産主義革命が起きたにせよ，一般の人びとが権力を手にすることはなく，新しいエリートが登場するだけであり，つまりは支配エリートが入れ替わるだけである（**エリートの周流**）というのです（パレート 1975）。

　R. ミヘルスは，こうしたパレートの議論に学びながら，政治的平等を理念

とするデモクラシーは，理念に反して寡頭制（少数支配）になってしまうと論じました（**寡頭制支配の法則**）。デモクラシーが発達すると，組織化も進むことになり，そのためにデモクラシーは逆に後退してしまうというのです（ミヘルス 1975）。ミヘルスの見立てでは，デモクラシーは右肩上がりに成長するのではなく，放物線を描いて途中からは下降していくのです。

　ミヘルスは，自分がかつて所属していた社会主義政党（ドイツ社会民主党）の分析からこうした結論を導きました。たとえ平等や民主化をめざす政党であろうと，組織化が進めば，少数のエリートによる支配は避けられないというのです。組織が大きくなると分業と専門化が生じて，ヒエラルキー（ピラミッド型の組織）ができていくからです。しかも，政党はライバルと戦うための組織であり，軍隊に似た組織を採用することになるから，なおさらエリート支配が不可避である。このように指摘したミヘルスは，のちにイタリアに移住して，B.ムソリーニの率いるファシスト党に加入しました。エリート論が全体主義に接近したことを示す，1つのエピソードです。

　大衆デモクラシー批判やエリート論は，「みんなで決めればうまくいく」というデモクラシーをめぐる楽観的な期待を打ち砕くものでした。デモクラシーは，現実の政治においても全体主義の挑戦を受けることになります。

EXERCISE ●考えてみよう

① アメリカ，イギリス，ドイツ，フランス，韓国にはどんな政党があり，どの政党が右で，どれが左と言えるでしょうか。日本の政党についてはどうでしょうか。

② 「つくられた伝統」とされているものにはどんなものがあるでしょうか。歴史学や社会学の研究も参考にして調べてみよう。

③ 政治学の教科書をいくつか図書館で調べて，民主化やデモクラシーを説明した章で，女性の選挙権がどのように記述されているか（記述されていないか）を比較してみよう。

さらに学ぶために |　　　　　　　　　　　　　　　　　　　　**Bookguide** ●

宇野重規『保守主義とは何か──反フランス革命から現代日本まで』中公新書，

2016 年。

　　フランス革命批判から始まった保守主義について，著者の見取り図や定義を示しています。

輪島裕介『創られた「日本の心」神話──「演歌」をめぐる戦後大衆音楽史』光文社新書，2010 年。

　　昔からの伝統であるかのような「演歌」が，実は昭和 40 年代の対抗文化によってつくられたことを論証した 1 冊。

前田健太郎『女性のいない民主主義』岩波新書，2019 年。

　　女性の不在という観点から，政治学の基本的な学説を再検討しています。

映画で学ぼう | **Movieguide ●**

　　Column ❾-3 で「第 1 波フェミニズム」について学びました。C. マリガン主演の「未来を花束にして」（S. ガヴロン監督，2015 年）で，1910 年代のイギリスで選挙権を求めて立ち上がった女性たちの運動について確認してみましょう。この映画の原題は「サフラジェット」（女性参政権を求める団体のメンバーを意味する英語）ですが，日本の配給会社は「未来を花束にして」という政治色のないタイトルに変えています。このように邦題で政治色を薄れさせる例はいくつもありますので，調べてみましょう。

その他の引用・参照文献 | **Reference ●**

アリストテレス／牛田徳子訳 2001〔紀元前 4 世紀〕『政治学』京都大学学術出版会。

アンダーソン，B.／白石隆・白石さや訳 2007〔1983〕『定本　想像の共同体──ナショナリズムの起源と流行』書籍工房早山。

井上ひさし 1985〔1981〕『吉里吉里人』上・中・下，新潮文庫。

ウォーラス，G.／石上良平・川口浩訳 1958〔1908〕『政治における人間性』創文社。

遠藤晶久・W. ジョウ 2019『イデオロギーと日本政治──世代で異なる「保守」と「革新」』新泉社。

蒲島郁夫・境家史郎 2020『政治参加論』東京大学出版会。

ゲルナー，E.／加藤節監訳 2000〔1983〕『民族とナショナリズム』岩波書店。

ジマー，O.／福井憲彦訳 2009〔2003〕『ナショナリズム 1890-1940』（ヨーロッパ史入門）岩波書店。

パレート，V.／川崎嘉元訳 1975〔1900〕『エリートの周流──社会学の理論と応用』垣内出版。

ハンチントン，S. P.／坪郷實・中道寿一・藪野祐三訳 1995〔1991〕『第三の波──20 世

紀後半の民主化』三嶺書房。

フーコー，M.／田村俶訳 1977〔1975〕『監獄の誕生――監視と処罰』新潮社。

ブラン，O.／辻村みよ子訳 1995〔1981〕『女の人権宣言――フランス革命とオランプ・ドゥ・グージュの生涯』岩波書店。

ブランニング，T. C. W.／望田幸男・山田史郎監訳 2009〔1996〕『オックスフォード　ヨーロッパ近代史』ミネルヴァ書房。

ホブズボウム，E・T.レンジャー編／前川啓治・梶原景昭ほか訳 1992〔1983〕『創られた伝統』紀伊國屋書店。

マクフィー，P.／永見瑞木・安藤裕介訳 2022〔2016〕『フランス革命史――自由か死か』白水社。

マゾワー，M.／中田瑞穂・網谷龍介訳 2015〔1998〕『暗黒の大陸――ヨーロッパの20世紀』未來社。

ミヘルス，R.／広瀬英彦訳 1975〔1911〕『政党政治の社会学』(現代思想8) ダイヤモンド社。

モッセ，G. L.／佐藤卓己・佐藤八寿子訳 2021〔1975〕『大衆の国民化――ナチズムに至る政治シンボルと大衆文化』ちくま学芸文庫。

ルソー，J.-J.／作田啓一訳 2010〔1762〕『社会契約論』白水Uブックス。

ル・ボン，G.／櫻井成夫訳 1993〔1895〕『群衆心理』講談社学術文庫。

渡辺浩 2021『明治革命・性・文明――政治思想史の冒険』東京大学出版会。

第 **10** 章

イデオロギーと世界戦争

「短い 20 世紀」のリベラル・デモクラシー

INTRODUCTION

　「長い 19 世紀」に対応する時代区分が，第一次世界大戦の開始からソ連の崩壊まで（1914–91 年）をひとまとまりと考える，「短い 20 世紀」です。それは，2 度の世界大戦をはじめとする凄惨な破壊と殺戮に血塗られた「戦争の世紀」であるとともに，リベラル・デモクラシーを覆して新しい秩序を築こうとする左右両極の革命に揺れた，「革命の世紀」でもありました。左の社会主義（共産主義）と右のファシズムの挑戦を受けたリベラル・デモクラシーは，どのようにして生き残りをはかったのでしょうか。

KEYTEXT

G. オーウェル『動物農場』「ウクライナ語版のための序文」（1947 年）

　わたしは一九〇三年にインドで生まれた。父親は現地で英国政府の役人をしていた。……ビルマに行き，インド帝国警察に加わった。これは武装警察で……わたしはこれになじめず，帝国主義を憎むようになった。

　……〔英国に戻って〕社会主義寄りの立場になったのは，計画された社会への理論的な称賛の念からというよりは，むしろ産業労働者の貧困層が抑圧され，ないがしろにされているありさまを見て，嫌悪の念をいだいたからなのだった。

一九三六年に結婚した。それから一週間もしないうちにスペインで内戦が勃発した。妻もわたしもスペインに行ってスペイン政府のために戦いたいと望んだ。……わたしはアラゴン戦線でほぼ半年を過ごし，それからウェスカで，ファシストの狙撃兵に喉を撃ち抜かれた。

……一九三七年の中ごろに，共産党がスペイン政府の支配権（というか部分的な支配権）を握って，……わたしたち二人は追われる身となった。……仲間の多くは射殺され，長きにわたって投獄されたのもいれば，忽然と姿を消してしまった者もいた。

スペインでのこうした人狩りはソ連の大粛清と同時期に進行していて，大粛清の補遺のようなものだった。……

一九三〇年以後，ソ連が真に社会主義と呼びうるものにむかっているという証拠は，わたしにはほとんど見出せなかった。それどころか，それが階層社会に変貌しつつある徴候が明らかに見えて，衝撃を受けたのである。かの地では，支配者たちは，他国の支配階級と同様に，おのれの権力を放棄する理由などもたないのだ。（オーウェル 2009: 209-214）

「長い19世紀」は，ヨーロッパが平和と繁栄を謳歌した時代です。しかし，その終わり頃に生を享けたオーウェルの目に映るのは，平和と繁栄の影にひそむ矛盾と欺瞞でした。母国イギリスは，インドをはじめとする広大な植民地を支配して収奪をおこない，現地の人びとには人権もデモクラシーも認めません。国内に目を向ければ，豊かな社会の最底辺で，貧しい労働者たちが悲惨な暮らしを強いられています。こうした現実に憤ったオーウェルは，平等な社会の建設をめざす社会主義に共鳴するようになります。イタリアとドイツを後ろ盾とするフランコ派と，ソ連が支援する左派政権が激突したスペイン内戦では，後者の側に加わって戦い，重傷を負っています。しかし，そこでオーウェルが身をもって体験したのは，主導権を握るためなら味方であるはずの左派の人びとを弾圧し，殺害することも辞さない，スターリン派の恐怖政治でした。やがてオーウェルは，右のファシズムと左の共産主義が，イデオロギー的には対極に位置しながら，全体の名のもとに個人を押しつぶす**全体主義**に陥っている点では同じではないか，と考えるようになります。

『動物農場』は，平等な社会をめざしたロシア革命から，スターリンの独裁体制が生まれていくプロセスを寓話的に描いたディストピア小説（→第**14**章）です。理想のユートピアをめざした革命運動が，暗黒のディストピアをもたらしてしまう──戦争と革命に揺れた「短い20世紀」において，繰り返されることになるパターンです。

1 社会問題と社会主義

� 平等な社会をめざして

　産業革命以降，労働者の貧困が深刻となりますが，これはおかしな話とも言えます。工業化によって社会全体は豊かになっているはずなのに，なぜ生産現場で奮闘する労働者が貧困に苦しむことになるのでしょうか。それは，個々の労働者の不運や怠慢のせいではなく，社会のしくみに起因する問題なのではないか――このように，19世紀になると，貧困を「**社会問題**」としてとらえる視点が登場します。貧困は，自由と平等というフランス革命の理念を重んじる自由主義のみならず，革命に批判的な保守主義の立場から見ても，見過ごすことのできない問題でした。経済格差の拡大は，国民のあいだに不和と分断をもたらし，国家の統合を危うくしてしまうからです。

　19世紀半ばになると，社会問題を解決して平等という理念を実現するためには，私有財産制にもとづく社会のしくみを根本から変えなければならない，と主張する社会主義が現れ，自由主義よりさらに左の位置を占めることになります。協同組合主義から無政府主義まで，社会主義にはさまざまなバリエーションがありますが，そのうち最も大きな流れとなったのが，K.マルクスの思想を水源とする**マルクス主義**でした。

マルクスの資本主義批判

　マルクスによれば，人間社会の根本にあるのは労働です。鉱物を加工してピンをつくり，ピンを使ってさまざまな物をつくり出す，というように，人間の労働こそが新たな価値を生み出し，社会に富と発展をもたらすのです。ではなぜ，物づくりに励む労働者が貧しさに苦しまなければならないのでしょうか。労働の成果を市場で自由に交換すれば，みんなますます豊かになる，とA.スミスは考えました（→第**8**章）。しかし，マルクスの見るところ，実際に豊かになっているのは，労働者を雇って働かせている資本家ばかりです。自由主義が称賛する市場というしくみは，実は，資本家が富を増やすのに都合のよいシステム（**資本主義**）なのではないか，とマルクスは考えます。

資本家とは，財産をもつ豊かな市民（ブルジョワ），とりわけ工場や農地など，生産のための手段を所有している人を指します。他方，財産をもたない人（プロレタリア）は，自分の労働力を資本家に売り，賃金を得なければなりません。資本主義社会では，あらゆる物が市場で売買される商品となり，お金がなければ生活必需品すら賄えないからです。

　仮に，一人の人が生きるために必要な商品を購入するのに1日1万円かかるとすると，労働者Aは，自分の労働力を商品として1日1万円で資本家に売らなければ生活できません。そこでAは，資本家Kとのあいだで，Kの工場で日当1万円をもらうかわりに10時間作業する，といった雇用契約を結びます。こうしてAは生活費を稼ぎ，Kのほうは，Aがつくった物をたとえば2万円の商品として市場で売って，利益を得ます。原材料費や工場の運転コストに8000円かかるとすると，それとAに払う日当1万円とを引いて，Kの利益は一日あたり2000円となり，Aのような労働者を100人雇えば20万円，1000人なら200万円の利益を得られる計算になります。

　労働力と賃金という互いの商品を合法的に交換しているだけですから，両者の関係には何の問題もないように見えます。しかし，マルクスによれば，ここに搾取のメカニズムが隠されているのです。新しい物をつくり，新たな価値を生み出すのは人間の労働ですから，Kが1万円で買い取ったAの労働力は，実は1万2000円の価値を生み出しています。ところがKは1万円しか支払いませんので，剰余分の2000円をまるまる自分のものにできます。他方，Aの日当1万円は生活費に消えてしまうため，毎日懸命に働いても，Aの手元には何も残りません。こうして，Kの資本が雪だるま式に膨れ上がっていく一方で，Aのような労働者は貧困から抜け出せなくなるのです。

　このプロセスが社会全体で，つまり資本家階級と労働者階級のあいだで大規模に繰り返されることで，両者の貧富の差はますます拡大していきます。とはいえ，資本家も安閑とはしていられません。少しでも多く搾取して利益を増やさなければ，他の資本家との競争に負けてしまうからです。敗れた資本家は労働者階級に転落し，勝ち残ったごく一部の巨大資本が市場を支配するようになります。こうして，社会全体の生産力が増大する一方，生産に従事する圧倒的多数の労働者が貧困に苦しむ，という資本主義の矛盾はますます高まり，それ

とともに労働者と資本家の階級対立も激しくなっていきます。この矛盾と対立が頂点に達したとき，革命が起こって資本主義は崩壊し，労働の成果をみんなが平等に分かち合う共産主義社会が到来する——と，マルクスは考えます。

▌革命か，改良か▐

　共産主義社会とはどんな社会なのか，マルクスがはっきりと語ったわけではありません。社会全体の生産力が最高度に発達し，私有財産も階級も存在せず，だれもが「能力に応じて働き，必要に応じて分配を受ける」理想の社会，という漠然としたイメージを示しただけです。この理想を，現実の世界で実現するには，どうすればよいのでしょうか。この点をめぐり，マルクス主義の流れはほどなく2つの方向に分岐することになります。

　1つは，革命による資本主義の転覆をめざす，共産主義（マルクス＝レーニン主義）です。転覆の対象には，資本主義という経済システム（「下部構造」）のみならず，それと結びついた国民国家や議会制など，既存の制度一切（これを「下部構造」にのっかる「上部構造」と呼びます）が含まれます。とはいえ，一挙に理想の共産主義社会を実現するのは困難なため，まずはプロレタリアが権力を掌握し，リーダーたち（前衛）の指導のもと，生産手段を国有化して計画経済を進める社会主義国家の建設が当面の目標とされました。こうした考え方にもとづき，1917年にロシアで革命を起こし，史上初の社会主義国家を打ち建てたのが，レーニン率いるボルシェヴィキ（のちのソ連共産党）です。狭い意味での「社会主義」は，この立場を指します。資本主義の打倒と共産主義の実現をめざすマルクス主義こそが，いわば「ほんとうの社会主義」だ，と主張するわけです。

　ですが，貧困という社会問題を解決するために，資本主義社会そのものを解体する必要があるのでしょうか。非人道的な搾取を防ぐには，最低賃金の保障や労働時間の制限という方法がありますし，労働者の不安定な境遇を改善するには，失業や労働災害に対する社会保障を充実させればよいのではないでしょうか。こうした考え方に立ち，議会政治を通じて社会主義的な政策の実現をめざす，**社会民主主義**と呼ばれる流れが生まれ，マルクスの母国ドイツで結成された社会民主党をはじめとして，ヨーロッパ各国で政党政治の一角を占めるよ

Column ⑩-1　マルクス主義の影響力

　マルクス主義は，ソ連や中国などの社会主義国家を生み出したばかりでなく，資本主義諸国の政党政治や社会運動，また学問や文化にも，巨大な影響力をおよぼしました。

　たとえば冷戦期の日本では，「左」（左派，左翼）とは主にマルクス主義（者）を指す言葉として使われました。親米・反共路線をとる右の自民党政権に，左の社会党・共産党が対決を挑み，それを労働組合が支援し，左派の学者や知識人が理論的に擁護する，という構図です。こうした政党・社会運動・理論の結びつきは，資本主義の病理の理論的解明と，その克服のための実践的指針とを統一的・体系的に提示するマルクス主義の，いわば世界観哲学としての魅力によるものでした。そのことは，経済的には恵まれた階層に属する大学の教員や学生から，多くの熱心なマルクス主義の信奉者が現れ，組合労働者や一般市民を改革ないし革命へと導く「前衛」を自任したことに，よく示されています。しかし，そうした特質や傾向は，しばしば現実から遊離した理論の偏重や，それに伴う不毛な路線対立，場合によっては悲惨な党派（セクト）争い（「内ゲバ」）をもたらすことにもなりました。

　冷戦終焉以降，マルクス主義の影響力は急速に失われます。ですが，グローバル化した資本主義がさまざまなひずみや歪みを社会にもたらしている今日こそ，かつてのマルクス主義の権威に曇らされない眼で，マルクスその人の思想を見つめ直す好機かもしれません。

うになります。社会民主主義は，広い意味での社会主義に含まれますが，マルクス主義のみが「ほんとうの社会主義」だと考える立場からは，資本主義と妥協した偽物の社会主義として批判されることになります（このように，「社会主義」という言葉は，マルクス主義のみを指す狭い意味で使われる場合と，社会民主主義を含む広い意味で使われる場合とがありますので，注意が必要です）。

　19世紀末には，イギリスの「ニューリベラリズム」のように，自由主義のなかにも，政府が率先して経済的格差の是正や社会福祉の拡充を進めるべきだ，と考える立場が現れます。これは，リベラル・デモクラシーの枠内で社会的平等の実現をはかる社会民主主義と，実質的に重なる立場と言えます。これに対し，政府による性急な社会改革を批判する立場をとるのが，市場の自由放任を重んじる古典的な自由主義や，伝統的な社会慣習や中間団体を重視する保守

主義です。こうして，リベラル・デモクラシー内部におけるイデオロギーの対立軸は，社会的平等の実現を政府が積極的に進めるべきだと考える左寄りの立場（「**大きな政府**」を支持する立場）と，それを批判する右寄りの立場（「**小さな政府**」を支持する立場）とのあいだに引かれることになるのです。

■「ベル・エポック」と帝国主義 ■

　19世紀後半のヨーロッパ社会は，階級対立が激化して革命が起こる，というマルクスの予測した方向には進みませんでした。徐々にではあれ，労働者にも参政権が認められ，その福利向上がはかられるようになっていきました。また，経済の発展に伴い，コーヒーや砂糖などの嗜好品を消費し，余暇に旅行を楽しむなど，かつてはごく一部の人だけのものであった豊かな暮らしを，多くの人びとが享受するようになりました。国際関係も安定し，1871年に終わった普仏戦争を最後に，ヨーロッパの内部で大きな戦争は1つも起こりませんでした。のちに「よき時代（ベル・エポック）」として回顧されるように，「長い19世紀」，とくにその後半は，稀なる平和と繁栄の時代でした。ただし，ヨーロッパの人びとにとっては，ということですが。

　イギリスやフランスをはじめとする各国は，ヨーロッパ内部では平和に共存しながら，その外部では武力による侵略をためらうことなく，アジア・アフリカに広大な植民地帝国を築き上げました。ヨーロッパの人びとが楽しむ砂糖入りの甘いコーヒーや紅茶には，植民地の人びとの血と涙がしみ込んでいたのです。植民地支配を正当化するために持ち出されたのが「文明化の使命」，つまり優れた白人種が劣った有色人種を教え導くという論理ですが，これはやがてヨーロッパ内部に逆流して，ナチズムをはじめとする野蛮な人種主義を育むことになります。のみならず，植民地帝国をつくりだした強大な軍事力が，ヨーロッパ内部で牙をむくことになるのです。

2　総力戦と全体主義

▶▶ リベラル・デモクラシーの危機

　第一次世界大戦が始まった1914年の夏，長きにわたる平和に飽きたヨーロ

ッパの人びとのなかには，開戦を歓迎する向きさえあり，兵士たちは「クリスマスには凱旋する！」と勇んで戦地に向かったと言います。しかしそれは，未曽有の**総力戦**の幕開けでした。参戦各国は膨大な人的・物的資源を戦争遂行につぎこみ，もはや国家のために戦争をしているというより，戦争のために国家が存在していると言うほかない状態が，4年あまり続くことになります。失われた人命は，戦闘員だけで1000万にのぼると言われます。

　荒廃した世界の再建を，人びとはリベラル・デモクラシーに託します。大戦の敗者となったドイツ帝国は，当時最も民主的と言われたワイマール憲法をいただく共和国へと生まれ変わり，民族自決原則に従って新たに生まれた中東欧の国民国家でも，競うように議会制が導入されました。世界中に，民主化の春が到来したかのようでした。

　しかし，それは短い春でした。多くの国で議会政治は安定せず，中小政党が乱立して政争を繰り返し，内閣の平均存続期間が1年に満たない，という状態に陥りました。代わって台頭したのが，ファシズムです。1929年に世界恐慌が起こると，深刻な不況にみまわれた諸国をファシズムの大波が襲い，第二次世界大戦が始まる1939年には，選挙にもとづく議会政治を維持している国は，アメリカやイギリスなど10カ国ほどに減少していました。

　さながらファシズムの大地と化したヨーロッパの東では，スターリン独裁下のソ連が着々と国力をたくわえ，恐慌にあえぐ資本主義諸国に対し，計画経済にもとづく社会主義国家の優位を誇示していました。右のファシズムと左の共産主義のはざまで，リベラル・デモクラシーは存亡の危機に立たされることになったのです。

┃ ファシズムの台頭──リベラルでないデモクラシー ┃

　ファシズムは，もともとイタリアのB.ムソリーニが主導した政治運動の呼び名ですが，同じように戦闘的な民族主義を掲げて，独裁制を主張するドイツのナチ党など，極端な右に位置する勢力の政治運動を指す言葉として定着します。議会政治を否定し，言論の自由を弾圧するファシズムは，あからさまに反自由主義の立場をとりますが，非民主的であるとは言い切れません。

　ナチ党の独裁を支持した法学者のC.シュミットによれば，政治とは，ある

集団が生存をはかるために秩序をつくって維持する営みです。デモクラシーを原理とする国民国家（ネイション・ステイト）においては，国民（ネイション）全員が平等に主権者となりますから，国民が一体となって秩序を支えなければなりません。ところが自由主義は，個々人の自由と多様性を肯定し，権力の分割をよしとする思想であり，「治者と被治者の民主主義的な同一性」をつくりだすことができません。せいぜい議会で代表が話し合い，妥協点を見つけるくらいが関の山です。しかし，自由な意見交換からおのずと最善の合意が生まれるという議会主義の想定は，実は利益をめぐる自由競争からおのずと調和が生まれるという経済的自由主義の考え方にもとづくもので，デモクラシーという政治的原理とは何の関係もない，とシュミットは断じます。そして，デモクラシーとは国民の一致した意志にもとづく政治であり，国民は自らの意志の実行を，特定の指導者に委ねることができる，というのです――「近代議会主義と呼ばれるものなしにでも民主主義は存在しうるし，議会主義は民主主義なしにでも存在しうる。そして独裁は，民主主義に対する決定的な対立物ではないし，また民主主義は独裁に対する対立物でもないのである」（シュミット 2013: 44）。

　シュミットの議論は，自由主義とデモクラシーの緊張関係だけを増幅している観がありますが，1930 年代初頭のドイツを覆っていた気分を映し出すものと言えます。敗戦の痛手からようやく立ち直りかけたところで世界恐慌にみまわれ，失業や貧困にさいなまれる人びとにとって，個人の自由なるものは，一部の富裕層のぜいたく品にすぎませんでした。議会政治は混乱をきわめ，危機の打開の兆しさえ見えてきません。

　不平等を放置する自由主義，何も決められない議会政治に失望した人びとのあいだで人気を集めたのが，左の共産党と，右のナチ党です。両者は競うように，社会民主党を中心とする議会派（ワイマール連合）を左右両極から攻撃し，選挙のたびに躍進を遂げました。そして最終的には，第一党となったナチ党の党首 A. ヒトラーが，軍部など保守勢力の後押しを得て首相の座に就き，共産党をはじめとする他の政治勢力を弾圧して，独裁体制を確立するのです。

▌自由なき平等

　ファシズムと共産主義は，イデオロギー的には左右両極の位置を占め，敵対

写真 10.1　1936 年のベルリン・オリンピック

［注］　L. リーフェンシュタール監督の映画『オリンピア』（→Column❺-2）をもとに作成
　　　された写真集より。
［出典］　大日本体育協会編 1940: 10-11（国立国会図書館デジタルコレクションから転載）。

関係にありますが，共通する点もあります。たとえば，ナチ党の正式名称は
「国民社会主義ドイツ労働者党」です。極右政党なのに「社会主義」や「労働
者」といった言葉が使われています。違いは，万国の労働者の解放を主張する
共産主義に対して，ナチ党の唱える「国民社会主義」（英語で言えばナショナ
ル・ソーシャリズム）は，いわばドイツ人というネイション限定の社会主義で
あるという点にあります。ドイツ民族が平等に暮らす楽園を建設するのだ，その
ためには他の民族を犠牲にしてよい，という極端な自民族中心主義が根本にあ
りますので，労働者階級の国際的な連帯を説く共産主義とはまったく相容れま
せんが，平等な社会の建設を約束する点ではよく似ています。ファシズムと共
産主義がそれぞれ多くの人びとを魅了した理由の一端は，この点にあると言え
そうです。

　第一次世界大戦後に現れた，一党独裁による全面的な支配をめざす政治運動・体制は，「全体主義」と呼ばれます。その名はムソリーニの「全体国家」という理念に由来しますが，典型的な全体主義体制とされるのは，秘密警察や収容所といった暴力装置をもち，公定イデオロギーにもとづく強制的画一化と強力な政治的動員を押し進めた，ナチ・ドイツとスターリン時代のソ連です。全体主義は，第二次世界大戦直後の欧米で，反民主主義的な政治体制を分析・考察する枠組みとして盛んに用いられましたが，冷戦下においては，この概念の使用自体が，ソ連をナチ・ドイツと同じ種類の敵とみなして非難する，というイデオロギー的性格を帯びていたことも事実です。

　なお，自由が制限されているため自由民主主義体制ではないものの，全体主義体制ほど抑圧的でもない，いわば両者の中間に位置する体制は，**権威主義体制**と呼ばれます。この概念を提唱したJ.リンスに従えば，全体主義体制との最大の違いは，権威主義体制においてはイデオロギーにもとづく政治的動員や強制的画一化がおこなわれない，という点です（リンス 1995）。

　イタリアのムソリーニ政権は，国民を階級や職種ごとに編成された団体に所属させ，国家が利益の再分配をおこなう「国家コーポラティズム」という手法により，国民統合をはかりました。イタリアの労働者のなかには，ファシスト体制下ではじめてバカンスを楽しむことができるようになり，ムソリーニに感謝した人もいたと言います。ナチ・ドイツも，失業問題の解決をうたい，再軍備やアウトバーン建設などによる景気浮揚や雇用創出を進めました。真のねらいは戦争の準備にあったものの，政権初期の数年間で失業率が低下したこともあり，1936年のベルリン・オリンピックの成功がメディアを通じて華々しく喧伝されたころ，ヒトラーの人気は絶頂に達します（**写真10.1**）。スターリン率いるソ連もまた，産業の近代化を目標に掲げ，農業集団化と重工業化を推し進めていきました。

　そうした社会は，独裁者に忠誠を誓い，体制に進んで協力する者にとっては，それなりに居心地のよい場所なのかもしれません（池田 2019）。しかしその陰で，敵とみなされた人びとに対して，恐るべき組織的暴力が振るわれたことを

忘れてはなりません。スターリン時代のソ連では，膨大な数の人びとが「人民の敵」という汚名を着せられて強制収容所に送られ，あるいは即座に殺害されました。粛清の対象は，一般市民から軍や党の幹部にまでおよび，独裁者その人を除くだれもが，明日は我が身という恐怖（テロル）に駆り立てられ，「人民の敵」の狩り出しに血道をあげることになったのです。

　ナチ・ドイツの場合，人種の優劣という考えにより，ドイツ民族の生存と繁栄のために他の民族を犠牲にすることを正当化します。迫害と暴力は，まずドイツ国内のユダヤ人に向けられ，第二次世界大戦が始まると占領下の諸民族へと広がり，1941 年夏からのソ連侵攻において極限に達しました。ナチ・ドイツの指導者たちは，対ソ戦争を，ロシアの広大な沃野にドイツ人の生存圏を建設するための人種戦争と規定し，現地住民に対する殺戮を大規模かつ組織的に遂行したのです。その極点に位置するのが，絶滅収容所のガス室を用いたユダヤ人の大量虐殺でした（スナイダー 2022）。2 つの全体主義国家による血みどろの戦いは 4 年におよび，反攻に転じたソ連軍がドイツ国内を蹂躙し，最後まで降伏を拒んだヒトラーがベルリンの地下壕で命を絶つまで続きました。犠牲となった人びとの数は，独ソ両国だけで 3000 万以上におよぶと言われます。

③　リベラル・デモクラシーの繁栄

▶ 冷戦のもとで

　第二次世界大戦はファシズムの敗北に終わりますが，それはリベラル・デモクラシーの勝利を意味しません。勝利した連合国（ユナイテッド・ネイションズ，これは「国際連合」も意味する言葉です）の一角を占めたのは，膨大な犠牲を払ってナチ・ドイツの打倒に貢献したソ連です。さらに，ソ連占領下の東欧諸国や，最大の人口を擁する中国が社会主義体制に移行した結果，大戦が終わって数年のあいだに，ユーラシアの大半は共産主義陣営の勢力圏となります。これに対抗する力をもつのは冷戦の一方の主役となったアメリカだけであり，西欧諸国と日本はその庇護のもとで，細々とリベラル・デモクラシーの再生をはかるほかありませんでした。しかしそれは，予想外の成功をもたらすことになるのです。

戦後コンセンサスと福祉国家

　破壊された国土の復興と，疲弊した国民の再統合を急ぐ戦後の西欧諸国にとって，リベラル・デモクラシーは手放しで礼賛すべきものではありませんでした。むしろ，野放図な経済的自由主義が格差と不和を社会に蔓延させ，過激化したデモクラシーがファシズムないし共産主義と結びつく，という戦前のシナリオの再現を防ぐために，自由主義とデモクラシーそれぞれの負の側面をいかに抑制するかが課題となったのです（ミュラー 2019）。経済的自由主義の行き過ぎに対する解答が，社会保障や財の再分配（→第 **12** 章）によって国民間の不平等の是正をはかる福祉国家の形成であり，民主主義の暴走を防ぐ手立てが，立憲主義の制約にもとづく穏健な政党政治の確立でした。

　重要なのは，こうした方向性について，西欧各国の内部で幅広いコンセンサス（合意）が得られ，戦後和解体制と呼ばれる融和的な政治が成立したことです。労働組合を母体とする社会民主主義政党が市場経済を容認し，企業や富裕層を支持基盤とする保守的な自由主義政党も「大きな政府」を否定しない，というぐあいに左右の政治勢力が歩み寄った結果，政党間の対立は，再分配の程度や市場への介入の範囲といった妥協可能な争点に限定されることになりました。また，米ソ冷戦がもたらした効果も無視できません。アメリカ陣営に組み込まれた西側諸国は，資本主義か共産主義かという体制選択の重荷から解放されるとともに，最も豊かな資本主義国アメリカがしつらえた自由貿易体制のなかで，経済の復興と発展に専念することができたからです。

　こうした条件のもと，奇跡と呼ばれる経済成長に恵まれた西欧諸国と日本では，社会福祉や公共投資を通じて経済的パイの再分配が進められ，国民間の格差は縮小に向かいました。みんなが平等に豊かになる社会が到来しつつあるのではないか，という期待は，リベラル・デモクラシーと福祉国家の組み合わせに，一層の信頼と安定を与えることになりました。とはいえ，奇跡がいつまでも続くわけではありません（→Column❿-3）。

成長の終わりと戦後コンセンサスの解体

　1970 年代になると西側先進諸国の経済成長は頭打ちとなり，手厚い福祉の

Column❿-3　世界大戦と戦後福祉国家

　第二次世界大戦後のイギリスでは,「ゆりかごから墓場まで」をスローガン
に福祉国家の建設が進められました。その礎となった「ベヴァリッジ報告」が
第二次世界大戦さなかの 1942 年に提出されたことからもうかがえるように,
福祉国家体制には戦時体制の延長という側面があります。総力戦を進める国家
にとって, 戦争遂行に奉仕する国民に福利厚生の拡充で報いることは, 大量の
兵力と労働力を調達するうえで欠かせなかったのです。

　20 世紀後半の西側諸国で進んだ平等化も, 第一次世界大戦以来の長期的な
プロセスの延長線上にあります。2 度の世界大戦は, 富裕層の富を縮減すると
ともに, 兵士や労働者として動員された人びとの所得を押し上げ, 全体として
格差を縮める効果をもたらしたのです。

　平等で豊かな社会という戦後の奇跡は, 悲惨な総力戦が期せずしてもたらし
た平等化という偶然に, 経済成長という偶然が重なり, そのうえで福祉国家に
よる再分配が進められた結果でした。言い換えれば, 経済成長が自動的に経済
的格差の縮小をもたらすわけではない, ということです（ピケティ 2014）。
事実, 福祉国家の見直しが進んだ 1980 年代以降, 格差は再び拡大に転じ,
今日に至っています（下図）。

図　ヨーロッパとアメリカにおける所得格差（1900–2010 年）

　［注］　トップ十分位とは, 所得を低いほうから高いほうに並べて十等分した
　　　　場合の, 一番所得が高い人びとのこと。
　［出典］　ピケティ 2014: 337。

維持は困難となります。それとともに，経済的自由主義を抑制し，穏健なデモクラシーのもとで国民の融和をはかる，という戦後和解体制を支えたコンセンサスを見直し，覆そうとする動きが現れるようになりました。

　まず挙げられるのが，福祉国家の見直しと，経済的自由主義の復権です。その急先鋒となったのが，戦後イギリスの福祉制度を経済停滞の元凶として非難し，「小さな政府」への転換をはかった M.サッチャー政権（1979–90 年）でした。個人の自助と市場での競争を重んじ，福祉部門をはじめとする行政機構のスリム化と民営化を推し進めるサッチャー流の改革（「サッチャリズム」）は，今日「**新自由主義（ネオリベラリズム）**」と呼ばれる潮流の先駆けとなり，1990 年代には，イギリスの労働党やドイツの社会民主党といった左派政党すらも，自助と競争に力点を置く立場にシフトします（「第三の道」）。こうして，再分配により経済的平等をはかるという戦後コンセンサスは失われ，各国で経済格差が広がっていくことになるのです。

　他方，豊かな戦後社会で育った若い世代を中心に，経済的な富には還元できない価値や生き方を模索する意識が高まり，公害や環境破壊への対処，女性やマイノリティの権利向上，植民地支配や戦争犯罪などの過去の罪責の追及といった新たな争点が浮上するようになります。それは，再分配や税制などの経済的な争点に的を絞ってきた戦後政治を根底から批判するとともに，そうした声を，政党や議会によらずに直接アピールしようとする動向を生み出しました。その典型が，1968 年を頂点として各国で盛り上がった学生運動です。価値や生き方をめぐる自由と，政治参加の徹底を求めた点で，リベラル・デモクラシーの深化をはかる試みであり，**第 2 波フェミニズム**や環境保護運動といった新しい社会運動が広まるきっかけともなりました。

　しかしながら，人びとのあいだに広範な連帯を育むには至らず，露わになったのはむしろ，豊かな社会のなかで進む価値観の一層の多様化と，それを十分にすくい上げることのできない議会政治への失望でした。戦後和解体制を支えた主要政党は軒並み支持率を落とし，政治そのものに関心をもたない人びとが増えていくことになります。同時に，価値観の多様化ないし断片化が進むにつれ，寛容や多様性の尊重といったリベラルな考え方を批判し，単一のアイデンティティを求める動きも現れます。その極端な例が，移民やマイノリティを国

民の同一性（アイデンティティ）を脅かす敵とみなしその排斥を声高に叫ぶ，民族主義政党の台頭です。政治に背を向け無関心を決め込む人びとと，既存の政治に飽きたらず過激な主張に引き付けられる人びと，ベクトルは正反対に見えますが，戦後和解体制に対して不満ないし不信を抱いているという点では共通していると言えるかもしれません。

　西欧諸国の戦後和解体制が行き詰まりを迎えた 1970 年代以降，世界全体は，「民主化の第 3 の波」と呼ばれる時期を迎えました（ハンチントン 1995）。80 年代には，フィリピンや韓国など，権威主義体制が続いていたアジア諸国が次々と民主化を果たし，冷戦が終焉を迎える 90 年前後には，東欧諸国も自由民主政体へと移行しました。リベラル・デモクラシーはいわば「グローバル・スタンダード」（世界標準）となったわけですが，同じ時期にいっそうグローバル化の進んだ資本主義経済のもと，その後の各国の民主化の歩みは必ずしも順調とは言えません。経済的自由主義が格差と不和をもたらし，不満をもつ人びとのデモクラシーが「敵」をめがけて過激化する，というシナリオの再来が危ぶまれる状況とさえ言えるかもしれません。リベラル・デモクラシーはいまだ完成を見ず，いまなお模索を続けているのです。

EXERCISE ●考えてみよう

① スミスとマルクスの考え方を比較しながら，今日の資本主義のあり方や，経済的格差が生じる原因について，議論してみましょう。

② ファシズムがなぜ支持を集めたのか，また，なぜリベラル・デモクラシーはそれを食い止めることができなかったのか。検討してみましょう。

③ 分厚い中間層（中産階級）の存在が，政治が安定するための要である，という考え方には，古代のアリストテレス以来の長い伝統があります。戦後の福祉国家体制を例に，この考えがいまも妥当かどうかについて，考えてみましょう。

さらに学ぶために　　　　　　　　　　　　　　　　　　　　**Bookguide ●**

内田義彦『資本論の世界』岩波新書，1966 年。
　　スミスとマルクスの思想の比較考察から近代社会のかたちを問い直す，古

典的名著。

田野大輔『ファシズムの教室──なぜ集団は暴走するのか』大月書店，
2020 年。
　　疑似体験を通じてファシズムの魅力と危険を体感し，ファシズムへの免疫
　をつけるというスリリングな講義録。

吉田徹『アフター・リベラル──怒りと憎悪の政治』講談社現代新書，
2020 年。
　　ポピュリズムが隆盛をきわめる現在の視点から，リベラル・デモクラシー
　の来し方を批判的に概観。

映画で学ぼう　　　　　　　　　　　　　　　　**M o v i e g u i d e ●**

　ナチズムの暴虐を描いたシリアスな名作はたくさんありますが，喜劇王 C. チ
ャップリン監督・主演の不朽の名作『独裁者』（1940 年）を筆頭に，全体主義
を茶化し，笑いのめすコメディ映画にも多くの秀作があります。『ライフ・イ
ズ・ビューティフル』（R. ベニーニ監督，1997 年），『イングロリアス・バスタ
ーズ』（Q. タランティーノ監督，2009 年），『アイアン・スカイ』（T. ヴォレン
ソラ監督，2012 年），『帰ってきたヒトラー』（D. ヴネント監督，2015 年）な
ど，全体主義に対抗するための最大の武器は，笑いとユーモアだ！

その他の引用・参照文献　　　　　　　　　　　　**R e f e r e n c e ●**

池田浩士 2019『ボランティアとファシズム──自発性と社会貢献の近現代史』人文書院。
オーウェル，G.／川端康雄訳 2009〔1949〕『動物農場』岩波文庫。
ジャット，T.／森本醇訳 2008〔2005〕『ヨーロッパ戦後史』上（1945-1971）・下（1971-2005），みすず書房。
シュミット，C.／稲葉素之訳 2013〔1923〕『現代議会主義の精神史的地位〔新装版〕』みすず書房。
新川敏光 2014『福祉国家変革の理路──労働・福祉・自由』ミネルヴァ書房。
スナイダー，T.／布施由紀子訳 2022〔2010〕『ブラッドランド──ヒトラーとスターリン大虐殺の真実』上・下，ちくま学芸文庫。
大日本体育協会編 1940『美と民族の祭典──オリンピア写真集』七人社。
田中拓道 2017『福祉政治史──格差に抗するデモクラシー』勁草書房。
玉木俊明 2018『ヨーロッパ　繁栄の19世紀史──消費社会・植民地・グローバリゼーション』ちくま新書。
トラヴェルソ，E.／柱本元彦訳 2010〔2002〕『全体主義』平凡社新書。

ハンチントン，S. P.／坪郷實・中道寿一・藪野祐三訳 1995〔1991〕『第三の波——20世紀後半の民主化』三嶺書房。

ピケティ，T.／山形浩生・守岡桜・森本正史訳 2014〔2013〕『21世紀の資本』みすず書房。

マゾワー，M.／中田瑞穂・網谷龍介訳 2015〔1998〕『暗黒の大陸——ヨーロッパの20世紀』未來社。

マルクス，K.・F. エンゲルス／大内兵衛・向坂逸郎訳 1951〔1848〕『共産党宣言』岩波文庫。

マルクス，K.／岡崎次郎訳 1972『資本論』1～9，国民文庫。

ミュラー，J-W.／板橋拓己・田口晃監訳 2019〔2011〕『試される民主主義——20世紀ヨーロッパの政治思想』上・下，岩波書店。

リンス，ホアン／高橋進監訳，睦月規子・村上智章・黒川敬吾・木原滋哉訳 1995〔1975〕『全体主義体制と権威主義体制』法律文化社。

第 **3** 部

これからの政治

PART **3**

第 11 章

デモクラシーというやり方

「まっとうなデモクラシー」と「ほんとうのデモクラシー」のあいだ

INTRODUCTION

　　今日，あからさまにデモクラシーを否定する人は（めったに）いません。政治の現状を批判する場合でも，「その決め方は非民主的だ」とか「もっと民意を大切にせよ」とかいうふうに，デモクラシーの不足を問題にするのが普通です。デモクラシーはよいもの，民主的なのはよいこと，とだれもが思っているように見えます。

　　しかし歴史を振り返れば，人民の名のもとに反対派を弾圧するとか，皇帝や独裁者を選んで権力を委ねてしまうとか，デモクラシーの危うさを示す事例は枚挙にいとまのないほどです。「みんなのことをみんなで決める」のがデモクラシーの基本ですが，みんなで決めれば常にうまくいくというわけではないのです。そこで，何でもみんなで決めようとする「ほんとうのデモクラシー」ではなく，決めすぎないためのさまざまなしくみを埋め込んだ「まっとうなデモクラシー」をめざす。それが今日のリベラル・デモクラシーの基本線であることは，第 **2～4** 章で学んだ通りです。そのことをふまえつつ，あらためて，デモクラシーとはどういう政治のやり方なのか，それを少しでもよいものにしていくにはどういう手立てがあるのか，考えていきましょう。

J. シュムペーター『資本主義・社会主義・民主主義』（1942 年）

　民主主義とは人民が実際に支配することを意味するものでもなければ，また意味しうるものでもない。……民主主義という言葉の意味しうるところは，わずかに人民が彼らの支配者たらんとする人を承認するか拒否するかの機会を与えられているということのみである。……民主主義的方法であるか否かを識別するためさらに一歩を進めた基準を付加せねばならぬ。すなわち，指導者たらんとする人々が選挙民の投票をかき集めるために自由な競争をなしうるということ，これである。そこで，このことの一面は，民主主義とは政治家の支配であるということによっても表現されうるであろう。（シュムペーター　1995: 454）

　経済学者として名高い J. シュムペーターが，第二次世界大戦のさなかに著したこの本によれば，デモクラシーとは選挙で政治家を選ぶしくみであり，それ以上でもそれ以下でもありません。人びとの仕事は（何年かに一度）政治家を選ぶことだけで，政治をおこなうのはもっぱら政治家であり，デモクラシーという名を冠してはいるものの，実際には「政治家の支配」でしかない，というのです。

　シュムペーターが念頭に置いている政治のモデルは，二大政党が政権の座を競う英米の議会政治ですが，「イギリス人が自由なのは選挙のあいだだけだ」と喝破した J.-J. ルソーの見方にならえば，デモクラシーを「政治家の支配」に置き換えることは許されないはずです。「みんなのことをみんなで決める政治」，つまり，①全員が平等な主権者として決める力をもち，②全員にとっての利益（「公共の利益」）を実現しようとするのが，「ほんとうのデモクラシー」ということになりそうです。

　しかしながら，シュムペーターによると，①′だれもが高度な政治的判断をおこなう能力を備えているとは言えないし，②′だれもが一致できるような，真の「公共の利益」なるものが存在するわけではないのです。現状への不満から「民意」が過熱して，真の「公共の利益」の実現をうたう独裁政治を後押しする，という全体主義の猛威を目の当たりにしたシュムペーターにとって，ルソー流の「ほんとうのデモクラシー」をめざす夢想は，デモクラシーの自滅を招きかねない危険な誘惑でしかありません。デモクラシーとは選挙で代表を選ぶしくみのことであって，代表を選んだあとは代表にお任せでいい，それが「まっとうなデモクラシー」というものだ──というシュムペーターの冷めた（冷めきった？）見方から，まずは出発することにしましょう。

1 「まっとうなデモクラシー」のしくみ

⟫▶競争と代表

　一般の人びとの能力を低く見積もり，政治をエリートの仕事とみなすシュムペーターの考え方は，大衆デモクラシー批判やエリート論（→第**9**章）と重なる面をもち，「エリート主義的デモクラシー論」と呼ばれたりもします。ですが，どれだけエリート主義的であっても，それは単なるエリート支配の肯定ではなく，れっきとしたデモクラシー論なのです。競争的選挙による統治権力の民主的正統化，というリベラル・デモクラシーのミニマムな（最小限の）条件をはっきりと打ち出しているからです。

┃ 競争的選挙による権力の正統化 ┃

　シュムペーターは，一般の人びとと政治を担うエリートの関係を，市場における消費者と企業のそれにたとえます。たいていの人は，腕時計や自動車を自分でつくることはできませんが，多くの企業が売り出す多種多様な腕時計や自動車のなかから，自分のニーズや予算に見合った商品を選ぶことはできます。同じように，自分で政治の舵取りをするのは無理でも，自分の好みや希望に一番近い政治をしてくれそうな候補者を選ぶことなら，何とかできるのではないでしょうか。第**2**章で学んだ言葉で言い直すと，普通の人びとに，適切な判断を冷静に下す「賢い有権者」を期待するのは難しい。せいぜい「賢い消費者」どまり，いや実は消費者としてもあまり賢くない可能性が高いのですが（これを書いている人もしょっちゅうへたな買い物をしてしまいます），シュムペーターに従うなら，それは問題ではありません。市場では消費者として行動する人びとが，選挙においては政治を担うエリートを選び，その権力に民主的正統性を与えるという政治的役割を果たす点に，デモクラシーの妙があるからです。

　選挙では，複数の候補がエリートの座をめざして得票を競い合い，有権者のほうは自分なりの判断で──政策争点，業績評価，社会的属性や帰属意識，あるいは単なるイメージや好みに従って──候補者を選びます。当選した候補者は，有権者みんなを代表して権力を振るうエリートの地位を得ることになりま

すが，それも束の間，次の選挙はすぐやってきますから，気まぐれな世論の期待に応えなければなりません。落選した人たちも，鋭い政権批判をおこなうなどして，自分こそ優れたエリート候補なのだとアピールしなければなりません。こうして複数のエリート候補がみんなの支持をめぐって競い合っている限り，権力の恒常的な独占は起こらないことになります。

　たとえば，日本では1955年から93年まで自由民主党が，シンガポールでは1965年から今日まで人民行動党が，それぞれ政権を独占していますが，前者がリベラル・デモクラシーとみなされるのに対して，後者はそうではありません。シンガポールでも選挙はおこなわれますが，人民行動党以外の政党が政権党になる道は，あらかじめ封じられています。他方，日本では，いつも自民党が政権党になっているとはいえ，それはあくまで競争的選挙をおこなった結果ですから，シュムペーターの見方に従えば，デモクラシーは正常に機能していることになります。競争的選挙による権力の正統化がおこなわれているか否かが，デモクラシーか否かを判定する基準なのです。

　いや，形式的にはそうかもしれないが，同じ政党が何十年も政権を独占している状態では，デモクラシーが実質的に機能しているとは言えないのではないか——そういぶかしむ人もいるでしょう。確かに，シュムペーターの議論は，デモクラシーの内実を，選挙という形式に切り詰めてしまっている観があります。デモクラシーのリアルな動態をとらえるためには，競争や代表の中身について，もう少し検討する必要がありそうです。

利益をめぐる開かれた競争

　デモクラシーの特徴を，シュムペーターはエリートの競争と選抜に見出しましたが，競争するのはエリートだけではないし，また競争の機会は選挙だけではないはずです。立法や政策決定への働きかけには，ロビーイングから裁判闘争までさまざまなルートがありますし（→第1章），同じ利益をめざす人たちは，しばしば集団をつくって，いろいろな方法で政治家や政党を動かそうとします（→第3章）。こうした利益集団の競争に着目するR. A. ダールの議論に，あらためて目を向けることにしましょう（ダール 2014）。

　ダールは，リベラル・デモクラシーの特徴を，利益集団を中心とする多様な

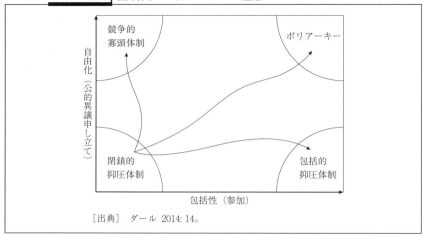

CHART 図11.1 ポリアーキーへの経路

競争的
寡頭体制

ポリアーキー

自由化（公的異議申し立て）

閉鎖的
抑圧体制

包括的
抑圧体制

包括性（参加）

［出典］ ダール 2014: 14。

アクターの競争に見出したうえで，競争における①「自由化」と②「包括性」，という2つの基準を満たした政体を，**「ポリアーキー」**（多頭政治）と呼びます（図11.1）。①「自由化」は，政府への異議申し立てをおこなう言論の自由の保障など，自由主義の実現の度合い（競争の自由がどれだけ保障されているか）に関わります。②「包括性」は，参政権など，民主主義的な参加の平等の達成度（参加がどれだけ多くの人に認められているか）を示すものです。たとえば，19世紀初頭のアメリカやイギリスは，①自由化は進んでいたものの，②制限選挙のために包括性が不足しているので「競争的寡頭体制」に当たりますが，その後普通選挙が実現され，ポリアーキーに移行しました。他方，先に挙げたシンガポールのように，②普通選挙が施行され，包括性の基準は満たしているものの，①政権批判が許されず，権力をめぐる競争が制限されている国は，「包括的抑圧体制」に分類されます（図11.1）。

　ダールのポリアーキー論は，複数の権力を競合させることで権力の独占を防ぎながら政体の安定をはかる，というマディソン的な考え方に寄り添いつつ（→第**8**章），多様な利益がせめぎ合う今日の市場社会の現実を見据えた政治のとらえ方と言えるでしょう。**多元主義**（プルーラリズム）と呼ばれる政治の見方ですが，裏返して言うと，現代の政治社会は，異なる利益を求める集団によって多元的に構成されており，決して一元的ではない，ということです。すなわ

ち，「ほんとうのデモクラシー」論者が言い立てる真の「公共の利益」とか，それをめざす一枚岩の「民意」とかいうものは存在しない，ということになるのです。

だれを，どのように代表するのか

　次に，代表制について検討しましょう。シュムペーターやダールのみならず，今日ではほとんどの人が，リベラル・デモクラシーと代表制の結びつきをほとんど自明のものと考えていますが，代表とはいったいだれの代表，何の代表なのでしょうか。たとえば，立法府の議員は，自分を選んでくれた選挙区の代表として，選挙区の人たちの利益を代弁するべきでしょうか。それとも，国民みんなの代表者として，国全体の利益をおもんぱかるべきなのでしょうか（→Column⓫-1）。日本国憲法第43条には，衆参両院の議員は「全国民を代表する」とあり，後者の立場がとられているように見えますが，国民みんなを民主的に代表するというのは，具体的にはどういうことなのでしょうか。

　H. ピトキンの古典的研究に従い，「代表（リプリゼンテーション）」という言葉に含まれる，「代理」と「表現」という2つの意味合いに照らして考えてみましょう（ピトキン 2017）。代表を「代理」ととらえると，代表とは国民（本人）に代わって政治をおこなう代理人であり，国民は選挙を通じて，自分たちの権力を自分たちの代わりに振るう権威を代表に与える，と考えることができます（**権威付与型代表観**）。今日の代表論において有力な立場ですが，もっぱらこれを強調すると，デモクラシーにおいて人びとが果たす役割は，代表を選ぶことだけだ，ということになってしまいかねません。それで十分だ，とシュムペーターは言うわけですが，いったん選挙が終わると，有権者は自分たちの代表を民主的にコントロールすることができず，一方的に支配されるだけになる，という問題点を指摘できるでしょう。

　他方，代表を「表現」ととらえると，みんなの代表には，みんなの多様なありようをできるだけ正確に写し出すことが求められます（**描写的代表**）。この見方に沿って考えると，議会が国民を代表する機関であるためには，地域・職業・階層・性別など，国民のさまざまな社会的属性をバランスよく写し出す構成になっていなければなりません。たとえば，議員全体の9割を男性議員が占

Column⓫-1　代表論の源流——ブリストル演説

　ある選挙区で選ばれた議員は，その選挙区の代表なのか，それとも国民全体の代表なのか。より一般的なかたちで言い直すと，代表とは，① 特定の人びとの代理として，その人びとの利益の実現を委任された存在なのか，それとも，② 自分を選出した人びとの利害から独立して，良識に従って全体の利益をはかるべきなのか，という問題です。

　この問題をめぐる②の立場からの古典的解答として名高いのが，18 世紀イギリスの政治家・思想家の E. バークによる通称「ブリストル演説」です（バーク 2000 所収）。そのなかでバークは，自分を選出した選挙区の人びとに，自分はみなさんに選ばれたけれども，いまやすべての国民に責任を負う議会の一員なのだから，この選挙区のためではなく，国民全体の利益のために行動する，と述べています。議員とは一部の人びとの代表ではなく全体の代表である，と明確に「独立」代表の立場をとったわけです。

めるような議会が，国民全体を代表していると言うのは困難です（そんな議会で，ジェンダー間の平等に関わる法律や政策を決めてしまうのは，はたして民主的と言えるでしょうか）。今日多くの国で，議席の一定割合を女性議員に割り当てたり，候補者の男女比率が一定の水準を満たすよう定めたりする**ジェンダー・クォータ制**が導入されているのは，こうした考え方に沿ったものです。

　ピトキンは他にもさまざまな代表のとらえ方を挙げており，また，ピトキンの関心はどのとらえ方が優れているかということよりも，代表する者と代表される者の実質的なつながりをどう確保するかにあるのですが，ここでは議論を単純化して，以上の2つに絞って比べてみることにします。2つの代表観のどちらに依拠するかによって，デモクラシーの姿は大きく異なることになります。ウェストミンスター・モデル（→Column❽-3）を念頭に，小選挙区制と二大政党制からなる「決められる政治」をめざした平成期の日本の政治改革のように（→第7章③），強力なリーダーシップを代表に期待するなら，権威付与型代表観が適していると言えるでしょう。これに対し，国民の多様な意向やニーズを政治に反映させるには，描写的代表の視点がふさわしく，選挙制度としては比例代表制が望ましいことになります。「みんなの代表」をどう位置づけるかによって，政治のとらえ方そのものが大きく変わることが分かります。

ほんとうのデモクラシーを求めて

Ⅲ▶代表制批判の系譜

　今日のデモクラシーは，代表制というしくみのもとでおこなわれる，さまざまな利益の実現をめざす諸集団のせめぎ合いである——とすると，みんなのことをみんなで決める「ほんとうのデモクラシー」の出る幕はなさそうです。とはいえ，たとえば中学校や高校の社会科の教科書を見ると，人びとが政治に参加する直接民主主義が本来のデモクラシーだが，規模の大きな現代国家では不可能なため，次善の策として間接民主主義がとられている，と書かれていたりします。素直に読めば，みんなが直接政治に参加するのが「ほんとうのデモクラシー」で，代表制デモクラシーはその劣化コピーにすぎない，ということです。「ほんとうのデモクラシー」に対する人びとの思い入れには，なかなか根強いものがあるようです。

みんなで決める——ルソーの一般意志

　「ほんとうのデモクラシー」論者の代表格と目されてきたのが，これまで何度も名前のでてきたルソーです。ルソーによれば，自由とは，他人に支配されず，自分で自分を律することです（ルソー 2010）。ゆえに，正しい政治のあり方とは，一人ひとりがだれの支配を受けることもなく平等に主権者となって，自分たち自身を支配することでなければなりません。自分たちを支配する権力をごく少数の代表に譲り渡すことは許されず，みんなが集まり，みんなにとって本当によいことを求め，みんなで決めるべきなのです。みんなにとって何が本当によいことか，つまり真の公共の利益とは何かを決める人民の意志を，ルソーは「一般意志」と呼びます。

　公共の利益に関わる一般意志は，私的な利益を求める個人の欲求（特殊意志）や，その総和である多数派の選好（全体意志）より優先される，とルソーは言います。これは，一元的な公共の利益など存在しないと考える現代の多元主義とは，真っ向から対立する見方です。たとえばハンコ業者が団結してハンコ業界の利益を追求することは，ダールから見ればまっとうな政治的行為ですが，

Column⓫-2　ルソーの「一般意志」をめぐって

　利益や価値の多元性を重んじる自由主義の立場から見ると，全員一致をよしとするルソーの「一般意志」が危険視されるのは当然と言えます。ですが，逆にルソーの視点から，多元主義が主張するように，政治を私的な利益の争奪戦とみなしてしまって本当によいのか，と問い直すこともできます。

　たとえば，基本的人権やそれを保障する憲法という，みんなの自由と平等に関わる根本的な事柄を，経済的利益をめぐるゲームと同列に扱ってよいのでしょうか。そうした事柄については，わたしたちは全員一致の合意をめざすべきではないでしょうか。こうした視座からルソーを読み解くのが，現代自由主義論の旗手の一人，J. ロールズです（→第 **12** 章）。ロールズによれば，ルソーの一般意志とは，諸権利を保障する国制の根本原理について，各市民が理性的に熟慮を重ね，「他のすべての市民とともに共有する熟議的理性の一形式」なのです（ロールズ 2020）。

ルソーから見ると，政治の名に値しません。政治とは公共の利益をめざす営みであり，私的な利益をめぐる競争や調整ではないからです。日頃はそれぞれハンコ屋，農民，教師などとして，自らの特殊意志に従って生活する人びとが，政治の場においては，真の公共の利益を追求する市民となり，一般意志に従う。それが，ルソーの考える「ほんとうの政治」のかたちです。

　みんなが平等に主権者となり，みんなにとって本当によいことを決める，というルソーの考え方は，不平等な社会の変革をめざす多くの人びとに歓迎されました。ですが，フランス革命の際，ルソーに影響を受けたジャコバン派が，反対派を「人民の敵」として弾圧したように，この考え方には，個人の自由や意見の多様性を押しつぶしてしまう危険がはらまれています。たとえば，第 **10** 章で取り上げた C. シュミットは，ルソーの一般意志を，「敵」に対して団結する国民の意志と読み替え，一党独裁はデモクラシーと矛盾しないと言ってのけました。日本では，明治期にルソーを紹介して自由民権運動に大きな影響を与えた中江兆民以来，「民主主義の先駆者」というイメージの強いルソーですが，欧米では「全体主義の先駆者」として扱われることも少なくないのです。

　少数の代表に任せず，みんなで政治をおこなう，というビジョンに心ひかれ

る人は，いまも少なくないでしょう。しかしながら，みんなが1つになって決める，ということにばかりこだわると，個人の自由と多元性という自由主義（リベラリズム）の原理をひどく損なってしまうことになりそうです。どうしたらよいでしょうか。

みんなで話し合う──アレントの公的領域

ルソーと同じように，政治は公共の営みなのだからみんなでおこなうべきで，代表に任せるべきではない，と考える一方，みんなで一致して決めるというルソー（やシュミット）の政治観を厳しく批判するのが，H. アレントです。ドイツ生まれのユダヤ人で，ナチ政権下で弾圧された経験をもつアレントにとって，国民の一体化を強いるような考え方は，決して認めることのできないものでした。といって，政治なんて所詮は私的な利益の競争にすぎないと割り切ってしまえば，みんなで協力し合って公共の問題を解決することができなくなり，社会はばらばらになってしまいます。

そこでアレントは，政治を，公共の問題をめぐる自由な話し合いとしてとらえることを提案します。古代のアテネや，独立革命期のアメリカのタウンミーティングのように，みんなの問題について，みんなが平等な立場で自由に意見を交わし合い，話し合って決めるのが「ほんとうの政治」のあり方だ，というのです。ここで力点が置かれるのは，決めることではなく，話し合うことのほうです。複数の意見のあいだの違いが埋まらないときには，無理に1つの結論に決めてしまったりせず，話し合いを続けるべきだ，とアレントは考えます。「それじゃ何も決められないじゃないか」という声が飛んできそうですが，人びとのあいだで話し合いが続くということは，人びとが対等に話し合うパートナーとして承認し合っているということです。意見がどれほど違っていても，暴力で脅したりカネに物を言わせたりせずに，ねばり強く話し合って解決をめざそう，という同意がなされているということです。市民のあいだに生まれるそうした話し合いの空間を，アレントは公的領域と呼び，「ほんとうの政治」の出発点に据えるのです（アレント 1994）。

アレントの言う公的領域は，さまざまな意見がオープンに語られ，自由に闘かわされる空間です。ゆえに，全員一致の決断を強いるシュミット流のデモク

ラシーとはまったく反対に，意見の**複数性**がどこまでも尊重されなければなりません。ここで，アレントの言う意見の複数性（プルーラリティ）を，ダールのポリアーキー論で言われるような利益集団の多元性（プルーラリティ）と混同してはなりません。アレントによれば，政治は公共の営みであり，私的な利益を追求する経済活動とは厳密に区別されるべきだからです。そして，金銭に換算できる経済的な利益とは違い，政治的な意見というものは，その意見の持ち主の考え方や人となり，いわばその人の世界へのまなざしと切り離すことができないから，他人が代表することはできない，とアレントは言います。全員一致の政治を唱えるルソーやシュミットを厳しく批判するアレントですが，政治を経済から区別し，代表制を批判する点では，ルソーやシュミットと同じように考えているわけです。

　公共の問題をめぐる自由な話し合いを政治の原点に据えるアレントのビジョンは，議会政治への失望が徐々に広がっていく 1960 年代以降，新たな政治参加を求める人びとに少なからぬ影響を与えることになりましたが，漠然としたアイデアの域を出ていない観もあります。リベラル・デモクラシーというしくみのなかに，人びとが活き活きと意見を交わすための場を設けることは，できないものでしょうか。

 ## 3　代表制を補完する？

▶デモクラシーのゆくえ

　前節で取り上げた代表制批判には，デモクラシーの原点や原理を問い直すための重要な洞察が含まれていますが，シュミット流の「みんなで決める」デモクラシーは危なっかしく，アレント流の「みんなで話し合う」デモクラシーのほうは具体性を欠くイメージにとどまっています。さしあたり「ほんもののデモクラシー」の夢想は控えて，現行の代表制をベースに考えていくとするにしても，シュムペーターよろしく，代表を選ぶ選挙がおこなわれていればデモクラシーだ，というだけでは十分とは言えません。今日，代表制デモクラシーに対する人びとの不満が高まっていることは，覆うべくもない事実だからです。

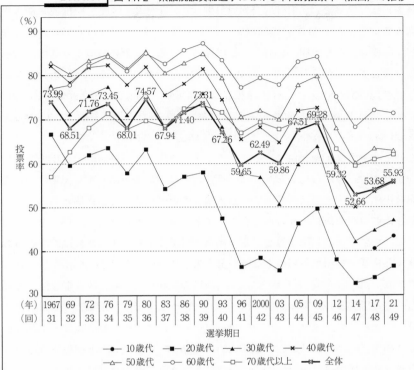

CHART | 図11.2　衆議院議員総選挙における年代別投票率（抽出）の推移

[注]　年代別投票率は，全国から標準的な投票率を示している選挙区を選び，調査したもの。
[出典]　総務省ウェブサイト（https://www.soumu.go.jp/senkyo/senkyo_s/news/sonota/
nendaibetu/）。

ポピュリズム

　前世紀末から今世紀初頭にかけて，主要各国の国政選挙の投票率は，全体とし
て長期低落傾向にあります（2021年の日本の衆議院選挙の投票率は約56%，20歳
代に限れば，36.5%にとどまります。図11.2）。他方，欧米諸国の政党政治に目を
向けると，ポピュリズム政党（ポピュリスト政党）と呼ばれる新しい政党が登場
して支持を集め，戦後和解体制を支えた老舗の政党を脅かすようになっていま
す。全体的には政治に対する関心や意欲が希薄になっていくなかで，既存の政
治の変革ないし解体を求める人びとが増えている状況と言えるでしょう。

ポピュリズムとは，19世紀末のアメリカで二大政党の支配に挑戦した人民党の名に由来し，20世紀半ばのアルゼンチンで権勢を振るったペロン主義など，広範な人びとの支持をもとに，既存のエリート支配の打破をめざす政治運動を指します。今日のポピュリズムの特徴として指摘されるのは，自分たちだけが人民の真の意志の代表者であるという主張（多元性・多様性に対する否定的態度），既成政党・高級官僚・主要メディアといった既得権益層（**エスタブリッシュメント**）への不満や敵意，過激な言動を辞さないカリスマ的リーダーの存在，などです（水島 2016）。

　イデオロギーから見ると，ポピュリズムには，自国民第一主義を掲げて移民を敵視する右派ポピュリズムと，社会福祉の拡充によって富裕層からの財の移転をめざす左派ポピュリズムとがあります。現状に不満をもつ人びとを主な支持層とする点では同じですが，ざっくり言えば，「エリートどもは外国からの移民と結託して国民の利益をないがしろにしている！」と叫ぶのが右派ポピュリズム，「資本家の利益ばかり重んじて国民のあいだの格差拡大を放置している！」と訴えるのが左派ポピュリズム，ということです。ポピュリズムの動向は国ごとに異なりますが，アメリカのD.トランプ政権（2017-21年）やハンガリーのV.オルバーン政権（1998-2002年，2010年-）など，政権獲得に至ったポピュリストは主に右派ですので，現在のところは右派ポピュリズムが優勢と言えそうです。

　エリートや移民を「敵」とみなし，カリスマ的リーダーのもとで国民の団結を説く右派ポピュリズムは，シュミット流の「みんなで決める」デモクラシーに通じるところがあります。それは，かつてのファシズムのように立憲主義や議会制の破壊にまで至るのか。それとも，リベラルな立憲主義を踏み越えることなく，議会政治の一プレイヤーにとどまり，リベラル・デモクラシーの活性化に寄与することになるのか。慎重に見極める必要がありそうです。

┃ 話し合いのデモクラシー──熟議の試み ┃

　ポピュリストのエリート批判に見られるように，今日の政治において，代表と一般の人びとのあいだに大きなへだたりや距離感が存在していることは否定できません。政治参加の機会を数年に一度の代表選びに限定することなく，一

般の人びとの意見を政治に反映させるやり方はないものでしょうか。この課題をめぐり，アレント流の「みんなで話し合う」デモクラシーに活路を求めるのが，J. ハーバーマスなどが主張する，**熟議デモクラシー**という考え方です（ハーバーマス 2002–03）。ただし，ハーバーマスは，アレントのように代表制を否定したりはしません。代表制というしくみを維持しつつ，普通の市民が公共の利益に関わる熟議をおこなう場を設けて，それを通じて政治家たちがおこなう討論や決定に民意を反映させることができるようにしよう，と考えるのです。

　みんなで話し合うと言っても，国民全員が一堂に会して議論することはできませんから，しくみを工夫する必要があります。その1つに，ミニ・パブリックスというしくみがあります。アレント風に言えば「小さな公的領域」というほどの意味合いで，特定の争点について，抽選で選ばれた市民が集まり，専門家のレクチャーなどによって必要な知識を得たうえで，自由に討論をおこなう，というのが基本的なイメージです。タウンミーティングや討論型世論調査など，ミニ・パブリックスにはさまざまなバリエーションがありますが，ここでは2006 年に北海道が主催しておこなわれた，遺伝子組み換え作物の是非に関するコンセンサス会議を例にとってみます。品質や生産性の向上が見込めるものの，未知のリスクに不安をおぼえる人も少なくない遺伝子組み換え作物を導入してよいかどうかについて，道内から抽選で選ばれた 15 名の委員が，何日かを費やして議論をおこない，その結論を北海道の政策立案に反映させる，という試みです。結果的には，委員のあいだで意見が分かれ，賛否両論を併記した意見書が提出されました。この試みをどのように評価すべきでしょうか。

　一致した結論が出せないのであれば政策決定の役には立たない，ゆえに無意味，という考えもあるでしょう。しかし，道民のあいだで意見が分かれて，容易に結論を出すことができない，という点が明らかになることは，それ自体大いに意味があると考えることもできるでしょう。また，そうした会議が開かれることで，多くの道民の注意を喚起し，議員や役人任せにできない，一人ひとりが熟考すべき問題であるという意識を高める効果がある，と考えることもできるでしょう。こうした試みがさまざまなテーマについてもっと頻繁におこなわれるようになれば，人びとが公共の問題について関心や意欲を高め，選挙の際にも賢い有権者として振る舞うようになることが期待できる，と考えること

Column ⓫-3　専門家と素人をつなぐ

　熟議に注目が集まる背景の1つに，科学技術に関わる争点があります。従来は，科学技術に関わる問題は，その道の専門家に任せるべきであり，素人が口出しすべきではないという考え方が主流でした。しかし，科学技術がどんな影響やリスクを社会にもたらすかは，専門家にも判断できなかったり，専門家のあいだでも判断が分かれたりすることがあります。また，科学で何でも判断できるわけではなく，社会や政治が決めなければならない，「科学を超えた領域」（トランス・サイエンス）が残ります。たとえば，科学者は降水確率を示すことができますが，何％であれば傘を持参すべきかというライン（リスク評価）は決められません。そこで，専門家と一般市民が歩み寄り，前者が提供する専門知をもとに，科学技術の開発や利用の是非について開かれた討論をおこなう必要が認識されるようになっています（小林 2007）。

図　科学技術と政治社会の関係についての考え方の変化

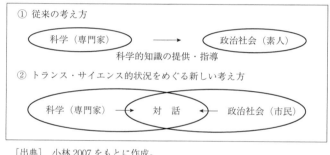

［出典］　小林 2007 をもとに作成。

もできるでしょう。

　意見や利益の多元性を尊重し，「決めすぎない」しくみを埋め込んだ「まっとうなデモクラシー」と，デモクラシーの原義に忠実に，みんなで決めることを追求する「ほんとうのデモクラシー」。何度も繰り返してきた通り，今日のリベラル・デモクラシーを支える基本的な考え方は前者です。しかし，「決めすぎない」ブレーキばかりを重視して，みんなが政治に参加する道を閉ざしてしまうことになれば，それはもはやデモクラシーとは呼べなくなってしまいます。他方で，みんなで決める「ほんとうのデモクラシー」をむやみに持ち込め

ばよい，というわけでもない。それでは，決めすぎない「まっとうなデモクラシー」のよさが失われてしまいかねないからです。熟議デモクラシーの考えは，みんなで決めることを遮二無二追い求めるのではなく，何かを決めるための話し合いにみんなが参加できるようにすることで，「まっとうなデモクラシー」のなかに「ほんとうのデモクラシー」を埋め込もうとする試みと言えそうです。デモクラシーをよいものにしていくにはどういう手立てがあるのか，これからも知恵を絞っていく営みが続くはずです。

EXERCISE ●考えてみよう

① 国会議員は，自分の選挙区の有権者の代表なのか。それとも，国民全体の代表なのか。話し合ってみましょう。

② 日本の選挙で，若い世代の投票率が低いのは，なぜなのでしょうか。背景や理由について，考えてみましょう。また，そもそも，投票率が低いのはよくないことなのでしょうか。話し合ってみましょう。

③ 「討論型世論調査」や「コンセンサス会議」など，熟議デモクラシーの試みにはさまざまな実践例があります。本やインターネットを使って，どのようなものがあるかを調べて，比較・検討してみましょう。

さらに学ぶために ┃　　　　　　　　　　　　　　　　　　　Bookguide ●

水島治郎『ポピュリズムとは何か──民主主義の敵か，改革の希望か』中公新書，2016 年。

　　ポピュリズムを民主主義の敵と安易に決めつけず，自分自身の問題として理解するために。

権左武志『現代民主主義──思想と歴史』講談社，2020 年。

　　議会制や権力分立など，デモクラシーを支えるしくみの大切さを，思想と歴史から学び直すために。

ジョンソン，G. F.／舩橋晴俊・西谷内博美監訳『核廃棄物と熟議民主主義──倫理的政策分析の可能性』新泉社，2011 年。

　　カナダで実際におこなわれた核廃棄物処分場選定の事例から，熟議デモクラシーの可能性と困難を考えるために。

　今日のデモクラシーは，多くの名もなき人びとの苦闘と犠牲の上に築かれたものです。アパルトヘイト下の南アフリカを舞台とする『遠い夜明け』（R. アッテンボロー監督，1987 年），不都合な真実を隠そうとする政府とジャーナリストの闘いを描いた『ペンタゴン・ペーパーズ　最高機密文書』（S. スピルバーグ監督，2017 年），軍事政権時代の韓国の民主化運動に光を当てた『タクシー運転手　約束は海を越えて』（チャン・フン監督，2017 年）などを観て，デモクラシーの実現に尽くした人びとの努力と願いに思いを馳せてみよう。

その他の引用・参照文献┃ Reference ●

アッカマン，B.・J. S. フィシュキン／川岸令和・谷澤正嗣・青山豊訳 2015〔2004〕『熟議の日——普通の市民が主権者になるために』早稲田大学出版部。

アレント，H.／志水速雄訳 1994〔1958〕『人間の条件』ちくま学芸文庫。

小林傳司 2007『トランス・サイエンスの時代——科学技術と社会をつなぐ』NTT 出版。

齋藤純一・田村哲樹編 2012『アクセス　デモクラシー論』日本経済評論社。

シュムペーター，J. A.／中山伊知郎・東畑精一訳 1995〔1942〕『資本主義・社会主義・民主主義〔新装版〕』東洋経済新報社。

ダール，R. A.／高畠通敏・前田脩訳 2014〔1971〕『ポリアーキー』岩波文庫。

田村哲樹 2008『熟議の理由——民主主義の政治理論』勁草書房。

バーク，E.／中野好之編訳 2000『バーク政治経済論集——保守主義の精神』法政大学出版局。

ハーバーマス，J.／河上倫逸・耳野健二訳 2002-03〔1992〕『事実性と妥当性——法と民主的法治国家の討議理論にかんする研究』上・下，未來社。

早川誠 2014『代表制という思想』（選書「風のビブリオ」1）風行社。

ピトキン，H.／早川誠訳 2017〔1967〕『代表の概念』名古屋大学出版会。

前田健太郎 2019『女性のいない民主主義』岩波新書。

ミュデ，C.・C. カルトワッセル／永井大輔・高山裕二訳 2018〔2017〕『ポピュリズム——デモクラシーの友と敵』白水社。

ルソー，J-J.／作田啓一訳 2010〔1762〕『社会契約論』白水 U ブックス。

ロールズ，J.／S. フリーマン編／齋藤純一・佐藤正志・山岡龍一・谷澤正嗣・高山裕二・小田川大典訳 2020〔2007〕『ロールズ政治哲学史講義』Ⅰ・Ⅱ，岩波現代文庫。

第 **12** 章

公 と 私

福祉国家か，自己責任か

　あなたの前に，病気のために仕事ができなくなり，お金がなくて困っている人がいるとします。あなたは，「病気のために収入を失ったのはこの人の責任ではない，助けてあげたい」と思いますか。それとも「元気なうちに貯金をしておくなどして不測の事態に備えることができたのに，それをしなかったのはこの人の自己責任だ，助けなくてよい」と考えますか。「助けてあげたい」と思う人は，その人を助けるために，自分のお金を（もしくは友人などからお金を集めて）その人に差し出すことにしますか。それとも，みんなの暮らしを支えるのは国の役割なのだから，政府がこの人を助けるべきだと考えますか。

映画『わたしは，ダニエル・ブレイク』（K. ローチ監督，2016 年）

　「わたしは依頼人でも顧客でもユーザーでもない。怠け者でもたかり屋でも物乞いでも泥棒でもない。国民保険番号でもなくエラー音でもない。きちんと税金を払ってきた。それを誇りに思っている。地位の高い者には媚びないが，隣人には手を貸す。施しはいらない。わたしはダニエル・ブレイク。人間だ，犬ではない。当たり前の権利を要求する。敬意ある態度というものを。わたしはダニエ

ル・ブレイク。1人の市民だ。それ以上でもそれ以下でもない」

　福祉国家の見直しが進むなか（→第10章），近年のイギリスでおこなわれているのが，就労に向けて努力することを失業手当を受け取る条件として，就労（ワーク）の促進と，福祉（ウェルフェア）の効率化の一石二鳥をねらう「ワークフェア」です。映画『わたしは，ダニエル・ブレイク』は，そんなワークフェアに翻弄される人びとの姿をつぶさに描き，カンヌ国際映画祭でパルムドール（最高賞）を受賞した作品です。

　40年のキャリアをもつ熟練の大工ダニエルは，心臓病をわずらって医者から仕事を禁じられたため，国の援助を申請することにします。しかし申請手続きは複雑きわまりなく，パソコンの苦手なダニエルにとって，ウェブ上で書類を揃えるだけで一苦労です。ようやく申請にこぎつけても，担当者（国から業務を委託された民間業者）の厳しい審査に何度もはじかれたあげく，就労をめざす努力が足りない，とペナルティまで課せられてしまいます。

　ダニエルは怒りをこめて，訴えます――わたしは40年のあいだ，まじめに働いて税金を納め，国に貢献してきた。そのわたしが，病気のために仕事を失って生活に困り，当然の権利として福祉の給付を求めているのに，たらい回しにしたあげく冷たくはねつけ，それどころか，努力もせずに国のカネをせびる「たかり屋」扱いするとはなにごとか。「誇り」ある「一人の市民」として，「敬意ある態度」を要求する！

　ダニエルの視点で描かれたこの映画では，ワークフェア担当者は冷酷な悪者の役回りなのですが，彼らにも言い分があるはずです――ブレイクさん，国の予算には限りがあり，本当に福祉を必要とする人を選別しなければならないのです。病気で仕事ができないと言うけれど，担当者に詰め寄り，声高に要求を繰り返すあなたは，わりと元気そうに見えますよ。そんな余力があるなら，いまの自分にできる仕事を真剣に探したらどうですか。不平を言うヒマがあるのなら，パソコンのスキルを学ぶなど自己投資に努め，就労のチャンスを広げたらいいじゃありませんか。国の助けをあてにするのは，自助努力を十分におこなってからにしてくださいよ！

　あなたはどちらの言い分に，より説得力を感じるでしょうか。

1 政府と市場

　ダニエルは，当たり前の権利として国の福祉を要求していますが，なぜダニエル個人の疾病や失業に，政府が対応すべきなのでしょうか。政府がおこなう政治と，市場でおこなわれる経済の違いから考えてみましょう。

▌私的財と公共財▐

　多くの財やサービスは，市場で自由に取引される**私的財**です。コンビニで好きなパンを買う，という例で考えてみましょう。あなたがお金を払って買ったパンは，あなたの私的財になります。あなたはそれをすぐに食べてもよいし，だれかにあげてもよいし，ごみ箱に捨ててもよい（食べ物は大事にしてほしいものですが）。あなたや他の人がそのパンを気に入って何度も買うようになったら，コンビニは同じ商品をたくさん棚に並べ，売り上げを伸ばそうとするでしょう。逆に，売れ残りの続く商品は，棚から消えていくことになるでしょう。このように，私的財の場合，自由な経済活動を通じて，買い手の需要と売り手の供給のバランスが調整され，それぞれの財について最適な価格と生産量が実現される，と考えられます。

　他方，市場の自由に委ねると，みんなの利益が損なわれてしまう場合もあります。たとえば，製パン工場からコンビニにパンを運ぶには，またあなたがコンビニに行くためにも，道路が必要ですが，だれが道路をつくったり管理したりすればよいのでしょうか。その費用は，道路を利用するあなたやコンビニ経営者が負担すべきでしょうか。けれど，道路はだれでも自由に出入りできますから，他の人はただで使えることになり（これを「フリーライド〈ただ乗り〉できる」と言います），あなたやコンビニ経営者だけが費用を負担するのは不公平ですよね。このように，売り手と買い手が特定されるパンのような私的財と違い，不特定多数のみんなが受益者となる財やサービスを**公共財**と呼びます。公共財の分配は，市場に任せていては実現されませんから，国家や自治体がおこなう政治の役割となります。みんなを代表する政府が，みんなのために計画を立て，

みんなから強制的に費用を集め，公共事業としておこなうわけです。

　以上の話をまとめておきます。一方で，道路のような公共財の分配を市場に任せてしまうと，ただ乗りする人（**フリーライダー**）が出たり，サービスが公平に行き渡らなくなったりするおそれがあります（**市場の失敗**）。他方で，財の分配を政府が強制的におこなうと，みんなの利益を損なってしまう場合があります（**政府の失敗**）。

▌政府の仕事はどこまでか

　財やサービスの分配を市場に委ねるか，政府がおこなうかの線引きは，国や時代によって変化します。かつての日本では，鉄道，電話，郵便などの事業は政府がおこなっていましたが，非効率な運営や官僚機構の肥大化といったマイナス面を批判する声が高まり，20世紀末から21世紀初頭にかけて相次いで民営化されました。社会主義国家の中国も，私有財産を認めない（いわばすべてが公共財）という社会主義の原則を修正し，市場原理を大胆に取り入れることで，今日めざましい経済成長を遂げています。政府の失敗を避け，財やサービスの分配は市場の自由競争に委ねたほうがよい，というのが現代のトレンドのように見えます。

　とはいえ，市場原理は万能ではありません。たとえば，警察を民営化して，治安維持をもっぱら民間の警備会社が担うことにしたら，どうなるでしょうか。各警備会社は，契約した顧客の安全のみを守り，それ以外の人の安全については関知しないでしょう（契約者以外の安全を無料サービスで守ったりしたら，お金を払って契約する人はいなくなります）。サービスの内容は会社ごとに異なるでしょうし，お金がなくてどの警備会社とも契約できない人だっているでしょう。これでは，暮らしの安全，というみんなの利益が損なわれてしまいますから，治安は公共財として，政府が一律に実現をはかるほうがよさそうです。同じように，みんなの安全や秩序の維持に関わる司法や国防なども，政府の仕事とみなすべきでしょう。

　それ以外の財やサービスについてはどうでしょうか。道路や港湾，上下水道のような，日常生活や経済活動をおこなううえで欠かせないインフラストラクチャーの整備や，災害対策や自然環境の保全，また義務教育の提供なども，不

Column⓬-1　福祉国家のあらまし

　第二次世界大戦後に発展を遂げた福祉国家は，いくつもの制度を組み合わせて，国民の生活保障をめざすしくみです。すなわち，①だれもが仕事に就いて生計を立てられるように**完全雇用**をめざし，②疾病や失業などのリスクに備えるために，事前に各人が支払う保険料で運営される**社会保険**制度を整え（年金や医療保険など），③社会保険ではカバーできないケースについては，困窮者に直接給付をおこなう**公的扶助**で対応する（生活保護など。事前の拠出金は不要ですが，受給にあたっては各種の審査をパスする必要があります）。

　こうしたしくみは現在でも多くの国で維持されていますが，批判や見直しを求める声も少なくありません。そうしたなか，新しい社会福祉を模索する動きも盛んになっており，注目を集めているものの1つに，**ベーシック・インカム**があります。すべての個人に対して，年齢や属性に関係なく一律に同額の現金を給付することで，だれもが例外なく最低限の所得を得られるようにしよう，というアイデアです。

特定多数のみんなに関わることですから，政府がおこなうべきであると考えてよいでしょう。では，失業や疾病などに対する福祉は，どうでしょうか。苦境に陥ったダニエルを助けることは，政府の仕事なのでしょうか。

　病気や事故のせいで，あるいは育児や介護のために，仕事ができず，生計を立てることが困難になる。こうしたことは，だれにでも起こりうることです。つまり，不特定多数のみんなが抱えるリスクなのだから，政府が率先して対処すべきだ，と考えることができます。しかし，福祉サービスの多くは，ダニエルに対する給付金がダニエルその人に支給されるように，特定の個人を対象とするものです。この点に着目すると，不特定多数のみんなが受益者となる公共財とは違うので，政府の仕事に含めるべきではない，とも考えられます。これは，「大きな政府」か「小さな政府」かをめぐる，いまなお決着のつかない対立です。

福祉国家をめぐって

||▶政府による再分配は是か非か

　福祉政策は一般に，財の**再分配**というかたちをとります。富裕層に税金を多めに納めてもらい，その一部を貧困層のために使う，というふうに，財の分配を市場任せにしないで政府がやり直すわけですが，これはそもそも政府の仕事なのでしょうか。あるいは政府の仕事ではなく，市場にすべて委ねるべきなのでしょうか。

ロールズの格差原理

　まず，再分配を支持する立場の代表格，J. ロールズの**格差原理**を検討します。社会的・経済的不平等は，最も恵まれない人びとにとって最大の利益をもたらすように編成されなければならない，という考え方です（ロールズ 2020）。

　所得が高額になるほど，それにかかる税率が高くなる，という累進課税制度を例に考えてみましょう。現在（2022 年）の日本では，年間の所得が 195 万円未満の人には 5%，195 万〜300 万円未満なら 10%……，というふうに，所得に応じて所得税率が上がり，4000 万円を超えると 45% の税率が課せられます。とはいえ，年収が 4000 万円を超える人であれば，それでも大きなお金が手元に残りますから，十分豊かに暮らすことができそうです（2020 年の日本の 1 世帯あたりの所得額の平均は約 564 万円，中央値は 440 万円です。厚生労働省 2022）。そうした人たちから多めに税金をとって，福祉サービスの資金にあてれば，貧しい人たちの生活や環境を改善すること，つまり「最も恵まれない人びとにとって最大の利益をもたらす」ことが期待できます。累進課税制度は，格差原理のねらいに適うしくみであると言えそうですね。

　何も格差をゼロにして完全な平等をめざそう，というのではありません。富裕層への課税を極端に重くして，大胆に格差を縮めることもできますが，そんなことをして，能力や環境に恵まれた人たちがインセンティブ（やる気）を失ってしまったら，経済が停滞して税収も減り，福祉を十分におこなうこともできなくなります。ある程度の不平等には目をつむり，恵まれた人たちにばりば

り稼いでもらって，その富の一部を再分配に回すほうが，恵まれない人たちのためにもなるはずだ，とロールズは考えます。競争を抑えつけて格差をなくそうとするのではなく，競争が公正におこなわれるように，再分配によって格差を調整すべきだ，というわけです。

　たとえば，格差が子どもたちに与える影響を考えてみてください。豊かな家庭に生まれ，十分な教育を受け，能力を伸ばす機会に恵まれた子どもがいる一方，家庭が貧しいために，教育はおろか日々の食事にも事欠く子どもがいます（日本の子ども〈17歳以下〉のおよそ7人に1人が，所得が中央値の半分に満たない——これを「相対的貧困」と言います——家庭で暮らしています〈厚生労働省 2020〉）。どんな家庭に生まれるかは子ども自身には選べない，偶然に左右される事柄ですから，こうした格差にかかわらず，能力を伸ばす環境や機会がどの子どもにも公平に保障されるのが，あるべき正しい（正義に適った）社会であるはずです。大人についても同じことがあてはまります。格差原理のねらいは，ダニエルのように意欲をもちながらも，本人にはどうにもならない不運のせいで，能力を活かして競争に参加するチャンスを奪われている人に，そのチャンスを与えることにあるのです。

┃ノージックのリバタリアニズム┃

　市場競争と再分配をトレードオフで考えず，再分配によってこそフェアな競争が実現される，と説くロールズの議論は，なかなかよくできています。ロールズの考え方に従うなら，少なくとも，「福祉を手厚くすると怠け者やたかり屋が増え，経済が停滞する」というたぐいの，ありがちな批判は当たらないことになるからです。

　しかし，個人の権利の不可侵性という，ロック以来の自由主義の原則（→第8章②）に照らすと，どうでしょうか。その立場からロールズを批判するのが，**リバタリアニズム**（自由至上主義）を代表する理論家の一人，R. ノージックです。ノージックによれば，国家は，個人の権利を保障するためにのみ存在するのだから，政府の仕事は，権利保障のために最低限必要な治安，司法などに限られる（**最小国家**）。ゆえに，格差是正の名目で，政府が個人の私的財の強制的移転をおこなうことは認められない。ノージックはこのように考えます（ノー

Column **⓬-2** 社会契約という考え方

　再分配をめぐって対立するロールズとノージックですが，２人が理論を組み立てる方法はよく似ています。もし法や社会が存在せず，これから新たに社会のしくみ（ルール）を決める，という状況に置かれたら，人はどんなルールを選ぶだろう，という思考実験をおこなうのです（もとになっているのは，ロックやルソーなど，近代の政治思想家が用いた**社会契約**という考え方です）。

　ロールズによると，その場合にはだれもが，「来るべき社会において自分が豊かで恵まれた境遇を得られるという保証はなく，恵まれない境遇に陥る可能性が常にある。そうなっても自由に生きられるように，恵まれない者に再分配をおこなう社会のしくみが不可欠だ」と考え，格差原理に合意することになります。他方，ノージックの思考実験によれば，「一人ひとりの自由と権利を不当な侵害から守るためには，最小国家を設立しなければならない」という点にはだれもが納得するけれども，再分配が国家の任務とみなされることはない，ということになるのです。

ジック　1992）。

　あるプロ野球選手の年収が，その姿を一目見ようと試合のチケットを買い求めるファンの平均年収の 100 倍に上る，とします。ノージックによれば，これは不平等ではあっても，不正ではありません。１枚のチケットがそれを買った人の私的財になるように，選手が得た報酬は，何か不正を働いた結果でない限り，その選手のものだからです。それを，そんな大金を独り占めするのはフェアじゃない，恵まれない人たちに配るから半分寄こしなさい，と政府が奪い取ることが，なぜ許されるのでしょうか。自分で買ったアンパンを食べようとするあなたの前に，政府の役人が現れて，空腹で苦しむ人たちがいるのにアンパン１個を独占するとはけしからん，と無理やり半分ちぎってもっていったら，あなたは納得できるでしょうか。

　ノージックの批判の矛先は，再分配そのものというより，それを政府が強制的におこなうことに向けられています。くだんのプロ野球選手が，飢えた人に自分の顔を分け与えるアンパンマンよろしく，恵まれない人びとのために自発的に財産を寄付するということなら何の問題もなく，むしろ好ましいと言える

でしょう。しかし，政府がアンパンマンをきどり，富める者の財を貧しき者へと強制的に移転することは，断じて認められない。ノージックから見れば，それは公正どころか，国家権力による個人の財産権の侵害という不正にほかならないからです。

▌個人と社会の関係をどう考えるか▐

　ロールズは，ドラフト制を引き合いに出して，ノージックに反論します——プロ野球では，有望な選手が特定の球団に集中しないように，毎年ドラフトがおこなわれますよね。球団間の戦力格差が大きくなりすぎると，試合がつまらなくなり，ファンを含めたプロ野球界全体にとって損失となってしまうからです。同じように，社会全体でも，政府が再分配をおこなって格差を是正し，フェアな競争の条件を整えるべきです。それは，自由な社会の発展をもたらす，みんなにとってよいことなのですから（ロールズ 2020）。

　しかしノージックは，こう切り返すでしょう——プロ野球のドラフトは，野球を商売にする人たちが，面白いゲームを提供して，野球好きのファンを喜ばせるためにつくったしくみですよね。しかし自由な社会とは，好みも考え方も異なる個人の集まりなのであって，野球が好きか否か，格差是正をよいことと考えるか否か，すべて人それぞれです。格差是正はみんなにとってよいことだ，という特定の考え方に従い，政府が財の再分配をみんなに押しつけるのは，個人の自由と権利に対する不当な侵害だと言わざるをえませんね。

　あらためて2人の考え方を比較してみましょう。ロールズは，自由な社会は個人同士の支え合いによって成り立つと考えます。ゆえに，自分の望む財や生き方をめざして競い合うだけではなく，フェアな競い合いを実現するために，みんなで協力して格差是正に努めるべきだと考えるわけです。他方，ノージックに従えば，大切なのは一人ひとりの自由の尊重であり，社会としてのまとまりではありません。格差是正はよいことだ，とあなた個人が考えることは自由だが，それを他の人に押しつけてはならず，まして，国家権力を用いてみんなに強制してはならない，ということになります。個人と社会の関わりをどう考えるかが，2人のあいだで大きく異なっているのです。

3 福祉が映し出す社会

　ロールズとノージックの論争は，福祉国家の是非をめぐる対立が，自由や公正といった社会の根本的な価値に関わることを示していますが，抽象的でピンとこない話だな，と感じた人もいるかもしれません。しかし，あまたの政治の争点のなかで，福祉ほど，わたしたちの暮らしや生き方に直に関わるものはないと言うこともできます。

　『わたしは，ダニエル・ブレイク』で，ダニエルは，ケイティという若いシングルマザーと知り合いになります。懸命に自活をはかるケイティですが，2人の幼子を抱えているため仕事に就くことができず，福祉の受給も認められず，日々の食事にも困るほどの貧しさに追い込まれていきます。日本でも，一人親世帯の半数が相対的貧困状態にありますから（厚生労働省 2020），これは決して遠い国のお話ではありません。

　日本の現状をもう少し詳しく見ると，一人親世帯でも，父子世帯と母子世帯とで事情が異なることが分かります（表 12.1）。一口に言えば，シングルマザーはシングルファザーに比べ，パート・アルバイトなどの非正規雇用に就いている割合が圧倒的に高く，経済的に苦しい状況に置かれているのです。この事実を手がかりに，日本の福祉のあり方について考えてみましょう。

┃ 男性稼ぎ手モデル ┃

　安定した雇用と収入が保障される正規労働者には男性が多く，不安定な非正規労働者には女性が多い。労働市場におけるこうした男女間の格差について考えるには，戦後の日本で一般的となった，男性（夫）がお金を稼いで家族を養う，という独特の家族形態（**男性稼ぎ手モデル**）に目を向ける必要があります。

　『サザエさん』『ドラえもん』『ちびまる子ちゃん』『クレヨンしんちゃん』といった長寿テレビアニメの主人公の家族を見ると，いずれも，父（夫）が外で働き，母（妻）が家で専業主婦をする，という構成になっています。最も後発の『クレヨンしんちゃん』（1992 年放映開始）を例にとると，主人公・野原しん

	母子世帯	父子世帯
世帯数（推計値）	約 119.5 万世帯	約 14.9 万世帯
就業者のうち 　正規の職員・従業員 　自営業 　パート・アルバイト等	 48.8% 5.0% 38.8%	 69.9% 14.8% 4.9%
平均年間収入 （就労収入）	373 万円 （236 万円）	606 万円 （496 万円）

[注]　平均年間収入には就労収入以外に，児童扶養手当等の
　　　社会保険給付金や仕送りなども含む。
[出典]　厚生労働省 2021 より筆者作成。

　のすけの母みさえは，高校を卒業したあと会社勤めをしていましたが，会社員のひろしとの結婚を機に，退職して専業主婦になります。職業選択は個人の自由であり，他人がとやかく言うことではないのですが，1985 年には，男女の平等な就労をうたう男女雇用機会均等法が施行されていました。みさえさんはどういうわけで，仕事をやめて，専業主婦になる道を選んだのでしょうか。

　戦後の日本で，労働者の生活保障の主要な担い手となったのは，国ではなく，民間企業でした。高度経済成長の時代に，各企業は終身雇用や年功序列賃金，さらには低利の住宅融資や企業年金などにより，正規労働者の生活保障や福利厚生の拡充に努め，労働者のほうは会社への忠誠と長時間労働によってそれに報いる，という独特の労使関係がかたちづくられていきます（**日本型雇用**）。ただし，その対象はもっぱら正規労働者（多くは男性）に限られ，他方，女性の多くは家庭にとどまり，働きに出る場合でもパートなどの非正規労働に従事するようになります。こうして，「男はそと，女はうち」というジェンダー間の分業が定着することになったのです。

　政府も，こうした動向を後押ししてきました。たとえば，大平正芳政権は，個人の自助と，家族を中心とする相互扶助を基本とする「日本型福祉社会」を提唱しました（1979 年）。平たく言い直せば，男性はフルタイムで働いて家計を支えて（自助），女性は家庭内で育児や介護を担当してくださいね，ということです。その後に設けられた，社会保険における第 3 号被保険者制度（1985年），税制における配偶者特別控除（1987 年）といったしくみは，いずれも，正

規労働者（多くは男性）に扶養される配偶者（多くは女性）が，労働時間を一定時間以下に抑えることを促すものでした。女性が家庭にとどまって育児や介護を担当してくれれば，政府の福祉負担は軽減されます。実際，日本の福祉予算に占める家族向け福祉の割合は，他の主要国に比べ，いまなお低い水準にとどまっています。

　こうした背景に照らすと，みさえさんの選択が当人にとってみれば合理的なものだったことが理解できます。男性中心の職場で働き続けても，出世や昇給は望めませんし，貧弱な保育サービスを考えると，しんのすけ君をあずける保育園を見つけるのも大変そうです。自分は家事と育児に専念して，会社員の夫に目いっぱい稼いでもらおう！というわけです。

┃ 日本型福祉社会 ┃

　とはいえ，野原家のケースが，すべての世帯に当てはまるわけではありません。日本型雇用の適用は，主に大企業の正規労働者や正規雇用の公務員に限られていたからです。その外側にいて，手厚い企業福祉の恩恵にあずかることのできない人たちに対しては，政府が個別に福祉をおこなうことになります。

　その第1が，労働市場から引退した高齢者に対する福祉です。戦後の日本の福祉政策のうち，政府が早くから力を入れてきたのが高齢者向け福祉であり，1961年には年金と医療が皆保険化され，「福祉元年」を掲げた田中角栄政権のもとでは，老人医療の無料化や年金の給付引き上げが進められました。

　第2に，中小企業や自営業，農林水産業など，大企業の日本型雇用の枠の外で生計を立てる人びとに対する福祉です。そのために採用されたのが，さまざまな規制や保護政策によって競争力の弱い産業を保護し，そこで働く人びとの雇用や所得を維持する，という方法です。たとえば農業分野では，零細な農家を保護するために，農産物の価格統制や低利の融資，外国産の安い農産物の輸入規制などがおこなわれました。また，道路などのインフラストラクチャーの整備をおこなう公共事業も，福祉政策という側面をもっていました。それは，産業に乏しい地方農村部に，新たな雇用をつくりだして失業リスクを減らし，都市部との経済格差を是正するという機能を果たしたのです。

　こうしてできあがったのが，日本型福祉社会です。大企業が給与生活者（主

Column⑫-3　ジェンダーという視点

　磯野家や野原家に見られる男女の役割分担は，昔からの日本の伝統だ，と思っている人が少なくないようですが，「男はそと，女はうち」という性別役割分業は，明治以降の近代化のなかで発達・定着したものです（上野 2009）。近世以前の農村では，男女の別なく協力して農作業をおこなうのが一般的でしたが，近代的な国民国家を建設するにあたり，「富国強兵」を支える労働者や兵士は男性に，男性のサポートと次世代の国民の再生産は女性に，という役割分担が明確化されたのです。それに伴い，男性には，立身出世を果たして国家有為の人材となることが（「末は博士か大臣か」），他方，女性には，夫に従い，家事や育児に専念する「良妻賢母」をめざすことが，それぞれ求められるようになったのです。

　このように社会的・文化的に形成された性別や性差のことを，生物学的な性別を指すセックスと区別して，ジェンダーと呼びます。平たく言えば，「女らしさ」「男らしさ」（だと思われているもの）のことですが，やっかいなことに，わたしたちは往々にして，セックスとジェンダーを混同してしまいます。たとえば，「①子どもを出産できるのは女性だけだ，だから，②女性は子どもを産むべきであり，子育ては女性がすべきだ」という主張を考えてみましょう。現在のところ，①はセックスの違いに由来する事実とみなすことが可能ですが，しかし，①の事実（～である）から，②のような規範（～すべきである）を導き出すことはできません。

　第２波フェミニズムのなかから生まれてきたジェンダーという概念は，こうした事実と規範の取り違えを解きほぐし，わたしたちを陰に陽にしばっている「女らしさ」や「男らしさ」を見つめ直す視点となります。

に男性）の生活を保障し，その配偶者（主に女性）が家族のケアを無償で担当するという組み合わせを中心に，この枠の外で暮らす人びとに対しては，政府が個別に生活保障をおこなう，というのがそのあらましです。年金や社会保険のしくみが職業別に異なるのも，「男はそと，女はうち」という性別役割分業が一般化したのも，育児や介護に対する政府の福祉が貧弱なのも，こうしたいきさつから理解することができます。

　しかし今日，日本型福祉社会はいくつもの困難に直面しています。急速な高齢化のため年金や医療，介護に関する支出は増えているのに，国の税収は伸び

ず，財政赤字は膨らむ一方です。これまでのように気前よく公共事業をおこなうことは難しくなり，中小企業や農家のための保護や規制についても削減や撤廃が進められています。正規労働者に比べ，所得や待遇の劣る非正規労働者が増えるとともに，市場競争のグローバル化のもとで日本型雇用の見直しが進み，正規労働者の生活保障でさえ不安定となっています。

歳をとらないアニメ世界の住人に，リアルな状況を当てはめるのは野暮かもしれませんが，どうも気になります。住宅ローンに加え，しんのすけ君やひまわりちゃんの学費がかさむ一方なのに，ひろしさんの給料は上がらないため，みさえさんはパートに出ているかもしれません。サザエさんも，タラちゃんの育児に加えて，波平さんとフネさんの介護を1人で引き受けることになり，以前のような愉快なサザエさんではいられなくなっているかもしれません。それに，ひろしさんがリストラにあったら野原家は，マスオさんが病気や事故のために働けなくなったら磯野家・フグ田家は，いったいどうなってしまうのしょうか。

育児や介護はだれの仕事？──公と私の再定義

これまでの考察から明らかなように，福祉のしくみは，人びとの日々の暮らしに直接に影響をおよぼすばかりでなく，一人ひとりの生き方や人生設計を強く規定するものです。福祉を論じる際，ついついわたしたちは，この制度を導入するとどれだけ負担が増えるか，というぐあいに，個別の制度やその財源といった「短期的な問題」にばかり目を向けてしまいますが，「改革を支える理念や求める国家像」を論じ合うことも大切です（山岸 2014）。それは，わたしたちはどういう社会で暮らしたいのか，そのためにはどういうしくみが必要で，どんな国のかたちが望ましいのかについて考えるということです。

育児と介護といったケア労働は，家族という私的（プライベート）な領域においてなされることである，という考えは，日本社会ではごく一般的です。家族のケアは，家族のなかで処理される私的な問題であり，政治が直接扱うべき事柄ではない，と考えられてきたのです。これは，一見すると，公と私を区分して，国家は各人の私的な領域に立ち入らない，という自由主義の原則に見合った考え方であるようにも思われます（→第8章）。

しかし，本章の第1節で学んだように，公と私の境界線は，社会の状況や人びとの考えに従って変化します。家族に関わる事柄もその例外ではありません。配偶者間の暴力や，保護者が子どもに加える体罰は，かつては家庭内の問題とみなされていましたが，今日では，ドメスティック・バイオレンス（DV）や児童虐待という，公的機関の対応が必要となる問題とみなされるようになりました。人格や尊厳を損なう精神的・身体的暴力は，家庭の内部で起こる場合であっても，家のなかに隠されるべき（プライベートな）問題ではなく，みんなに関わるパブリックな問題であると位置づけられるようになったのです。

　育児や介護については，どうでしょうか。従来通り，各家庭に委ねて，家族のだれか——これまでのところほぼ女性——の無償労働でまかなうべきなのでしょうか。現在の日本では，『ドラえもん』や『クレヨンしんちゃん』に出てくるような，夫婦と未婚の子で構成される世帯は，すでに全世帯のうちの3割弱に減っており，一人暮らし世帯（約29％）より少なくなっています。『サザエさん』や『ちびまる子ちゃん』の舞台となっている三世帯同居の大家族に至っては，一人親と未婚の子で構成される世帯（約7％）よりも少なくなっています（厚生労働省 2022）。こうした家族形態それ自体の多様化という現実をふまえるならば，介護保険制度といった社会保険制度の拡充など，社会全体でケアを支えていくしくみを模索していく必要がありそうです。

　さらに，「ケア」という視点は，いまの政治や社会のあり方を根本的に見直す手がかりも与えてくれます。これまでのリベラル・デモクラシーが前提としてきた人間のモデルは，自立的・自足的な個人です。つまり，自分で生計を立てて，一人で生きていける能力をもっていることが一人前の市民の条件とされて，そうした個人の集まりとして社会が考えられてきたのです（ロールズやノージックの用いる社会契約は，そうした考え方の典型と言えるでしょう）。そうした見方からすると，ケアを必要とする人は，自立していない存在として低く見られてしまうことになります。ケア労働についても，同じように，生産労働に比べて低い評価が下されることになるでしょう。

　しかし，これは，社会のあるべき姿と照らし合わせると，はたして適切なことでしょうか。だれもが「ケアを必要とする人」として生まれて，「ケアを必要とする人」として死んでいきます。だれもが，自分以外のだれかに依存する

ことで，はじめて人として生きられるのです。こうした見地から，近年では，「ケアの倫理」や「ケアの政治」が盛んに論じられています。そうした議論においては，個人の自立とは「神話」にすぎず，自立でなく相互依存こそが人間関係の根本にあるという前提のもとで，ケア関係を基礎とする新しい社会のあり方が構想されています（キテイ 2011）。

　福祉のあり方を考えることは，社会のかたちを考えることにほかなりません。一人ひとりが「当たり前の権利」を手にして，「敬意ある態度」をもって接し合う。それを可能にするためには，どのような制度やしくみが必要でしょうか。

EXERCISE ●考えてみよう

① ロールズとノージック，あなたはどちらの主張に説得力があると考えますか。また，その理由は何ですか。

② 年金・医療保険・社会保険・生活保護など，日本の社会保障制度や福祉制度はどんなしくみになっているでしょうか。調べてみましょう。また，その現状と課題について議論してみましょう。

③ 日々の暮らしのなかで，陰に陽にわたしたちをしばっている「女らしさ」や「男らしさ」には，どんなものがあるでしょうか。身近な体験を例に，話し合ってみましょう。

さらに学ぶために　　　　　　　　　　　　　　　　　　　　　**Bookguide ●**

田中拓道『福祉政治史──格差に抗するデモクラシー』勁草書房，2017 年。
　　福祉国家の理念と成り立ち，20 世紀におけるその多様な展開および今日的課題をこの一冊で。

河野真太郎『戦う姫，働く少女』POSSE 叢書，2017 年。
　　ディズニーやジブリのアニメ作品から読み解く，ジェンダーと労働，わたしたちの生のかたち。

モンク，Y．／那須耕介，栗村亜寿香訳『自己責任の時代──その先に構想する，支えあう福祉国家』みすず書房，2019 年。
　　ロールズやノージックを含む分配的正義論の流れを，自己責任を焦点として批判的に概観。

映画で学ぼう | Movieguide ●

　近年の日本でも，身近に存在する貧困や経済格差に光を当てた映画作品がコンスタントに発表されています。『川の底からこんにちは』（石井裕也監督，2010年），『百円の恋』（武正晴監督，2014年），『万引き家族』（是枝裕和監督，2018年）などが代表例です。また非英語作品ではじめて米アカデミー賞の作品賞を射とめた韓国映画『パラサイト　半地下の家族』（ボン・ジュノ監督，2019年）も必見です。

その他の引用・参照文献 | Reference ●

上野千鶴子 2009〔1990〕『家父長制と資本制──マルクス主義フェミニズムの地平』岩波現代文庫。

岡野八代 2012『フェミニズムの政治学──ケアの倫理をグローバル社会へ』みすず書房。

加藤秀一 2017『はじめてのジェンダー論』有斐閣。

キテイ，E. F.／岡野八代・牟田和恵訳 2011『ケアの倫理からはじめる正義論──支えあう平等』白澤社。

厚生労働省 2020「2019 年　国民生活基礎調査の概況」。

厚生労働省 2021「令和 3 年度　全国ひとり親世帯等調査結果報告」。

厚生労働省 2022「2021 年　国民生活基礎調査の概況」。

新川敏光 2014『福祉国家変革の理路──労働・福祉・自由』ミネルヴァ書房。

橘木俊詔 2018『福祉と格差の思想史』ミネルヴァ書房。

ノージック，R.／嶋津格訳 1992〔1974〕『アナーキー・国家・ユートピア──国家の正当性とその限界』木鐸社。

山岸敬和 2014『アメリカ医療制度の政治史──20 世紀の経験とオバマケア』名古屋大学出版会。

山森亮 2009『ベーシック・インカム入門──無条件給付の基本所得を考える』光文社新書。

ロールズ，J.／エリン・ケリー編／田中成明・亀本洋・平井亮輔訳 2020〔2001〕『公正としての正義　再説』岩波現代文庫。

第 **13** 章

国境を越える政治

国際政治の歴史と課題

INTRODUCTION

　ここまでの章では，一国のなかの政治について学んできましたが，政治は，国内だけに限られる現象ではありません。国際政治学や国際関係論という分野では，複数の国のあいだの国際政治やグローバルな政治について学びます。

　国際政治では，それぞれの国が主権をもつという原則が前提とされてきました。主権をもつ**主権国家**が，自らの国民にとっての利益（**国益**，ナショナル・インタレスト）を求めて互いに衝突しても，国際社会には，強制的に取り締まる世界政府は存在していません。統一政府なしで成り立っているこうした国際社会の特徴を，一般に，「国際社会のアナーキー」と呼びます。アナーキーとは無政府のことです。

KEYTEXT

F. フクヤマ『歴史の終わり』（1992 年）

　ヘーゲルもマルクスも，人間社会の進化はいつまでも続くものではなく，人類がその最も深く，最も根本的な希望を満たす社会の形態を達成したときに，進化は終わるだろうと信じていた。そのため，思想家であった彼らはともに「歴史の終わり」が訪れると主張した。ヘーゲルにとってのそれは自由主義国家であり，

マルクスにとっては共産主義社会だった。「歴史の終わり」とは，人が生まれ，生き，やがて死んでいくという自然なサイクルがなくなるということでも，重大な事件が起こらなくなり，それを伝える新聞が発行されなくなるという意味でもない。そうではなく，本質的に重大な問題はすべて解決されてしまっているために，それ以降，根本的な原理や制度の進展がなくなるということなのだ。（フクヤマ 2020，上：12）

　本書では，リベラル・デモクラシーに注目して政治学を学んできましたが，20世紀の終わりには，「リベラル・デモクラシーが勝ち残って，ついに『歴史の終わり』が訪れた」という主張が登場したことがあります。「歴史の終わり」とはどういうことでしょうか。人類は滅ぶのでしょうか。

　20世紀の半ばに第二次世界大戦が終わった後も，世界は穏やかな平和を享受できませんでした。アメリカとソ連という2つの大国のあいだで対立が始まり，世界が2つの陣営に分かれたのです。1962年のキューバ危機のような危うい出来事もありましたが，米ソの直接の戦争には至らなかったため，この対立は「**冷戦**」と呼ばれています。これは，リベラル・デモクラシーと共産主義（社会主義）の全面対決でした。この対立は，軍事対立だけでなく，政治や経済や社会のしくみ，文化やライフスタイル，そしてそれを支える思想（イデオロギー）はいずれが正しいかをめぐる対立でした。

　米ソの冷戦は1989年に終焉し，このタイミングでアメリカの政治学者 F. フクヤマが「歴史の終わり」を主張しました。冷戦の終焉は，単に戦争の終わりやソ連や社会主義体制の消滅だけではなく，「歴史の終わり」を意味するというのです。

　イデオロギーの争いには勝負がついて，人類はめざすべきゴールにたどりついた。これがフクヤマの主張でした。リベラル・デモクラシーは，君主政，ファシズム，共産主義の挑戦を次々に退けて，理念としての正しさを示してきたので，もはや正しさという点でこれを脅かすライバルはいない，というのです。フクヤマの言う「歴史の終わり」は，人類の消滅のことではありませんし，事件や出来事が起こらないということでもありません。「近代化が進むとどんなゴールにたどり着くか」というのが彼の問いであり，「ゴールはリベラル・デモクラシーである」というのが彼の答えでした。

　「歴史にはゴールがある」という考え方は，人類の歴史にはめざすべき最終段階があり，そこに向かって進んでいく，という**進歩史観**を前提にしています。かつて K. マルクスは共産主義社会こそがゴールであると論じ，この思想が長らく影響力を保ってきましたが（→第**10**章），フクヤマは，そうではなくリベラル・デモク

● 233

ラシーがゴールであることが明らかになったと論じたのです。

　フクヤマの主張はさまざまな批判を呼び起こしましたが，彼は，多くの批判者が非難するほどには，リベラル・デモクラシーの未来に楽観的ではありませんでした。他者に認められたいという「**承認への欲求**」（承認欲求）こそが，人類の歴史を動かしてきた原動力である。そのように理解するフクヤマは，自尊心や怒り・恥・誇りの感情のゆくえに注目しました。リベラル・デモクラシーは，「承認への欲求」を満足させられないのではないか。フクヤマは，F. ニーチェの思想を手がかりにしてそのように論じました。確かに，冷戦終焉後 30 年たった現在の世界では，「承認への欲求」が至るところで噴出して，リベラル・デモクラシーを揺るがせているようにも見えます。

　この章では，冷戦以前，冷戦期，冷戦以後という 3 つの時期を振り返ることを通じて，国際政治の歴史や課題を学びます。

1 国連がなかった時代

　まずは，国際政治をめぐる 2 つの古典的作品を手がかりにして，冷戦に至るまでの国際政治の歩みをたどります。ここでは，国際政治学における 2 つの基本的な立場も確認しましょう。

リベラリズムの源流

　18 世紀のヨーロッパでは，外交を語る際，**勢力均衡**（バランス・オブ・パワー）が望ましいという主張が有力でした（高坂 2012）。どこかの一国が強くなるのではなく，全体として各国の力のバランスがとれている状態が，それぞれの国の**安全保障**（国の安全を守ること）のためには望ましいとされていたのです。具体的には，ハプスブルク家のオーストリアや，ブルボン王朝のフランスが強くなりすぎることが警戒されました。1789 年にフランス革命が起きると，新しいフランスが強くなるのを恐れた各国とフランスのあいだで戦争が生じて，ヨーロッパは混乱に陥りました。

　この混乱のなか，ドイツの哲学者 I. カントは，永遠に平和が続く国際秩序

予備条項

1 停戦条約を平和条約とみなしてはならない。
2 独立国家を所有してはならない。
3 常備軍は廃止しなければならない。
4 国家は戦争のために借金してはならない。
5 他の国に暴力で介入してはならない。
6 戦争においては，将来の平和を損ねるような卑劣な行為をしてはならない。

確定条項

1 各国家の政治体制は，共和政でなければならない。
2 国際法を支える国家連合をつくらなければならない。
3 世界市民法は，外国人が訪問する権利・歓待される権利を認めなければならない。

［出典］ カント 2006 をもとに筆者作成。

をつくるためにはどんな条件や制度が必要なのかを検討して，『永遠平和のために』（1795年）を執筆しました。

このカントの『永遠平和のために』は，国際政治学において，**リベラリズム（国際協調主義）** という立場の源流の1つとされる古典的作品です（カント 2006）。国際政治学には，安全保障や外交をめぐる基本的な考え方の違いにもとづいて，大きく分けてリアリズムとリベラリズムという2つの立場があります。国際政治学における**リアリズム（現実主義）** は，平和のためには，軍事力や経済力のような力（パワー）に頼らざるをえないと考えて，安全保障を確保する手段の中心をパワーに求める立場です。

これに対して，国際政治学におけるリベラリズム（国際協調主義）とは，力だけでなく，国際法のようなルールや，国連やその専門機関のような国際機関が，実際の国際政治において大きな役割を果たしている点に注目する考え方です。国際政治学におけるリベラリズムは，経済や文化の領域における国境を越えた相互依存や，企業や非政府組織（NGO）のような非国家主体の活動にも注目します。

カントの『永遠平和のために』そのものは，とても短い作品です。それは国家間で結ばれる条約の形式で書かれており，大きく「予備条項」と「確定条項」のパートに分かれます（表13.1）。

「予備条項」では，永遠平和を築く前提として必要となる6点が指摘されま

Column⑬-1　武装する権利

　カントは「予備条項」で常備軍の廃止を説きました。彼が生きた18世紀の
ヨーロッパ（特にイギリス）では，同じように，常備軍に反対する意見が盛ん
でした。王が常設の軍隊を手にすると，国外の敵でなく国内の民衆を抑圧する
ために使うおそれがあるので，軍が必要ならば**民兵**（市民軍）を徴集すべきで
ある，と主張されたのです。軍事力を政府に独占させると国民の自由を損ねる
可能性があるので，自由を守るためには，国民一人ひとりが分散したかたちで
軍事力をもつことが望ましいというのです。

　この考えは，共和主義の思想（→第**8**章）とともにアメリカに伝わり，「規
律ある民兵団は，自由な国家の安全にとって必要であるから，国民が武器を保
有し携行する権利は，侵してはならない」という，合衆国憲法「修正第2条」
（1791年）に結実しました。現在でもアメリカで，全米ライフル協会のよう
な団体（→第**1**章）が銃器をもつ権利を主張して，銃規制が進まない背景の1
つには，こうした歴史的経緯があります。

す。常備軍（常設の軍隊）の廃止などが挙げられています。「確定条項」は3つ
の条項からなり，国内，国家間，世界という3つのレベルで，それぞれどのよ
うなルールやしくみが必要なのかを論じています。

　国内についてはこんな議論です。王は，自分が出兵するわけではないので痛
みも感じずに簡単に戦争を始めてしまうが，王のいない政治体制（共和政）で
は，人びとは自分たちの負担も考えながら開戦の是非を決めるので，戦争に慎
重になる。だから永遠平和のためには，各国の政治体制は，王政ではなく共和
政でなければならない。国内体制と国際政治の関連に注目して，平和にとって
望ましい国内的条件を明らかにしようとするこうしたカントの視点は，現代で
は，「デモクラシー国家同士は戦争を起こしにくい」とする，M. ドイルや
B. ラセットらの**民主的平和論**に継承されています（ラセット 1996）。

　国家間レベルのしくみについては，カントは，世界政府のもと，たくさんの
ネイションが1つのネイションにまとまる可能性は乏しいと考えて，その代わ
りに，国家連合をつくる必要を説きました。これは，現代的に言えば，すべて
の関係国が参加する**集団安全保障**のしくみをつくる必要があるという考えです。

集団安全保障とは，加盟国が互いには武力攻撃せず，平和を乱す国家や勢力に対しては共同して対抗するためのしくみです。カントのこの主張は，20 世紀の国際連盟や国際連合を先取りするものでした（「集団安全保障」と，この後で出てくる「集団的自衛権」は別物です。混同しやすいので注意してください）。

リアリズムの源流

　カントは 1804 年に亡くなります。その後の 19 世紀は，**植民地主義**の動向がさらに強くなり，ヨーロッパの列強が，アジア，アフリカ，太平洋地域を次々に植民地として支配したり，勢力下に置いたりした時代でした。ナショナリズムの高まりによって旧来の帝国は崩壊していきましたが（→第 **10** 章），今度は，ナショナリズムにもとづくヨーロッパの国民国家が，世界を舞台に帝国的支配をめざすようになったのです。こうした動向は，19 世紀の後半以降については，**帝国主義**と呼ばれます。この現象を同時代に論じた J. ホブソンや V. レーニンは，経済的な要因から帝国主義を説明しました。資本主義が進展して少数の人に富が集中した結果，商品が売れなくなって，投資先を外に求めるようになったというのです（ホブソン 1951・52; レーニン 2006）。

　列強の対立は，第一次世界大戦を招きます。この戦争は，それ以前の戦争とは大きく性質が異なる戦争でした。鉄道網や無線通信の整備によって，兵士や物資や情報のすばやい移動が可能になりました。また，爆撃機，戦車，機関銃・速射砲，火炎放射器，毒ガスといった兵器も用いられました。この戦争は，多くの人が当初予想したのとは異なって長期にわたる**総力戦**になり，軍人だけでなく国民全体を巻き込んで，銃後の日常生活にも国家の統制がおよびました。この大戦では推計 900 万〜1500 万人の兵士が亡くなり，主戦場となったヨーロッパの多くの人に大きなショックを与えました。

　こうした衝撃的な出来事をふまえて，すべての関係国が参加する集団安全保障の制度をつくるため，大戦後の 1920 年には**国際連盟**が創設されます。また，1928 年の不戦条約では，国策の手段としてなされる戦争を「国際法違反」とみなす考えが明文化されました。ところが，国際連盟は，アメリカのウィルソン大統領の提唱によって発足したにもかかわらず，当のアメリカはそれに参加せず，さらには，紛争をうまく解決するしくみも欠いたため，第二次世界大戦

を防ぐことができませんでした。

　国際政治学におけるリアリズム（現実主義）の源流の1つとされるE. H. カーの『危機の二十年』（1939年）は，この**戦間期**の危機について論じた作品です。カーは戦間期に外交官を務めた後，ケンブリッジ大学などで国際政治学を研究しました。「国際政治学は，いま，草創期にある」と始まる『危機の二十年』は，国際政治学という新しい学問分野の出発点に位置する古典とみなされています。カーはこの本で，まず国際政治を理解するために必要な視点を示し，そのうえで，第一次世界大戦の戦後処理に失敗した「危機の二十年」の問題点を指摘していきます（カー 2011）。

　こうあってほしいという願いが強いあまり，現実を一面的にしか見ない立場。カーは，これを「ユートピア主義」と呼んで厳しく批判します。カーは，国際政治におけるユートピア主義の典型例を，共和政であれば戦争は起きないと論じたカントや，ウィルソン大統領の提唱にもとづいてつくられた国際連盟に見ています。ユートピア主義に対置されるのが，あるがままの現実を直視するリアリズム（現実主義）です。リアリズムは，ユートピア主義という仮面が覆い隠してしまっている利害や権力を赤裸々に暴き出して，理想のいかがわしさを指摘する批判的役割を担うというのです。

　ただし，リアリズムは，よく誤解されるように，戦争を賛美したり軍事侵略を正当化したりする思想ではありません。リアリズムは，平和や秩序という目的のためには力という手段を用いるのは避けられないという前提のもと，勢力均衡や軍事的抑止力にもとづいて安全保障をめざす考えです。カーのリアリズムは，軍事力や経済力という**ハードパワー**だけではなく，文化や価値観や政策がもつ**ソフトパワー**も無視しませんでした。さらに面白いことに，カーは，リアリズムだけでは露骨な権力闘争をもたらすだけなので，「ユートピア主義」の要素も欠かせないと主張しています。

┃ 第二次世界大戦と国際連合 ┃

　国際連盟が紛争をうまく処理できなかった反省をふまえて，第二次世界大戦末につくられた**国際連合**（ユナイテッド・ネイションズ）では，**安全保障理事会**（安保理）に軍事的措置を決める権限が与えられました。勝利した連合国（ユナ

イテッド・ネイションズ）の５国，すなわちアメリカ，ソ連，イギリス，フランス，中国が安保理の常任理事国となり，それぞれに，安保理の決定を阻止できる**拒否権**が与えられました。さらに，世界保健機関（WHO）や国際通貨基金（IMF）などの国際機関も設置されて，国連と提携する専門機関となりました。

　第二次世界大戦における**ジェノサイド**（大量殺戮）や残虐行為に対する反省をふまえて，1948年の世界人権宣言では，人間の自由や尊厳の価値を守っていくことが，世界共通のルールとして確認されました。敗戦国に対する国際軍事裁判では，「**平和に対する罪**」や「**人道に対する罪**」も戦争犯罪とされました。

　ヨーロッパでは，２度にわたって世界大戦を起こしたドイツを含むかたちで地域の安全保障を達成するために，長年にわたって争いの種となってきた軍事物資（石炭・鉄鋼）を共同管理するヨーロッパ石炭鉄鋼共同体（ECSC）が1952年につくられました。これが，現在の**欧州連合**（**EU**）の出発点です。少しだけ説明が前後しますが，この背景には，ソ連と対決するために結束を高めたいという，冷戦下における西側諸国の政治的思惑もありました。戦争責任国ドイツを封じ込めると同時に，ソ連を封じ込めるこうした「**二重の封じ込め**」は，ヨーロッパ統合と冷戦という２つの出来事が密接に結びついていたことを示しています。

② 冷戦の時代

　アメリカや西ヨーロッパ各国などの西側（資本主義陣営）と，ソ連が率いる東側（共産主義陣営）の２つのブロックは，第二次世界大戦の終結後ほんの数年のうちに対決することとなり，２極が争う国際システムとなりました。ファシズムやナチズムというライバルを大戦で退けたものの，リベラル・デモクラシーには，現実の政治勢力としても，イデオロギーにおいても，いまだ共産主義という強力なライバルが存在していたわけです（東側諸国は，自分たちの「人民民主主義」こそが真のデモクラシーであると主張しました）。冷戦の時代は，敵と味方がはっきりと２つに分かれて戦う時代であり，敵愾心は，国外の敵だけで

はなく，国内にいる敵にも向けられました（たとえば，西側では，「レッドパージ〈赤狩り〉」と呼ばれた社会主義・共産主義，その信奉者に対する弾圧などがありました）。冷戦は，一般の人びとのものの見方や想像力も大きく規定したのです。

　アメリカと西ヨーロッパ各国が北大西洋条約機構（**NATO**）を結成したのに対して，ソ連は，東ヨーロッパの各国を支配下に置いてワルシャワ条約機構という軍事同盟を設立し，それぞれ安全保障の備えとしました。こうした軍事同盟では，同盟国 A が敵に武力攻撃された場合には，その攻撃を自国 X に対する攻撃でもあるとみなして，X 国も自衛権を行使できる，という考えを採用しています。この場合に，A 国の自衛権を**個別的自衛権**，X 国の自衛権を**集団的自衛権**と呼びます。

　しかし，自国の安全保障のための行動が，相手側の対抗手段を招いて，結果として自国の安全が危うくなることがあります（**安全保障のジレンマ**）。米ソは，軍備拡張競争，とくに核軍拡競争によって，こうしたジレンマに陥りました。1970 年代初頭には米中接近の後，米ソ間に緊張緩和（デタント）と呼ばれる関係改善が生じたものの，1980 年代前半には米ソの対立は再び激しくなって「新冷戦」と呼ばれました。この時期には，漫画『風が吹くとき』（R. ブリッグズ，1982 年）や映画『ザ・デイ・アフター』（N. メイヤー監督，1983 年）が伝えるように，核兵器を用いた最終戦争がいつ起きてもおかしくないと，世界中がリアリティをもって恐怖しました。最終戦争によって文明が崩壊した後の世界を舞台とする宮崎駿『風の谷のナウシカ』（コミック版 1982-94 年，映画版 1984 年）にも，そうした時代の雰囲気が反映しています。

冷戦のなかの脱植民地化

　冷戦は，米ソの直接対決がなかったので，そのように呼ばれていますが，世界に目を向けると，この時代は平和とはほど遠い時代でした。朝鮮戦争（1950-53 年），ベトナム戦争（1955-75 年。アメリカの本格的介入は 1965-73 年）など，アジアやアフリカで多くの血を流したいくつかの戦争は，米ソ（の少なくとも一方）が間接的な支援をおこない，当事者があたかも米ソの代理であるかのように戦った戦争（代理戦争）でした。

　この時代は，冷戦の時代であるとともに，アジア，アフリカの植民地が欧米

や日本の支配から次々に独立を果たす**脱植民地化**の時代でもありました。新興独立国は，東西いずれにも属さない第三世界と呼ばれるようになります。東西陣営各国の多くは北半球に位置しましたので，これらの国々を「グローバルノース」（北側），第三世界の国々を「グローバルサウス」（南側）と呼びます。

南北の経済格差は大きく，列強の政治的支配を脱した後も，政府開発援助（**ODA**）などを通じて，先進国に経済的に依存する新興独立国も見られました。また，独立して民主国家になったものの，リベラル・デモクラシーを維持できずに権威主義体制に移行した国や，選挙や議会がむしろ権威主義体制を正統化する政治体制（「競争的権威主義体制」）の国も見られました（川中 2022）。

こうした歩みのなかでは，かつての植民地支配の負の遺産がいまも政治や経済や文化に残っていると批判して，変革を訴える**ポスト・コロニアリズム**と呼ばれる思想が登場しました。それは，自由や人権の理想を説いてきたヨーロッパの思想や学問にも，差別や暴力を正当化しかねないヨーロッパ中心主義の考えが根深く巣くっていることを批判しました。E. サイード『オリエンタリズム』（1978 年）や G. C. スピヴァック『サバルタンは語ることができるか』（1988 年）が代表です。

しかも脱植民地化は，冷戦と無関係ではありませんでした。第三世界のなかには「非同盟主義」を掲げる国もありましたが，脱植民地化や国家建設の過程で米ソの対立に巻き込まれる国も多く，直接・間接に両国の介入を受けた国や地域も少なくありませんでした。このようにして冷戦は，米ソやヨーロッパだけでなく，世界中に広がったのです（**冷戦のグローバル化**）。1970 年代に米ソ間には緊張緩和が進んだにもかかわらず，第三世界では対立が続いたままでした。冷戦という現象を理解する場合には，米ソの 2 国間関係だけでなく，ヨーロッパにおける冷戦やグローバルな冷戦にも目を向ける必要があります。

┃ 冷戦下の日本 ┃

「アメリカとソ連という 2 つの超大国を除けば，日本以上に冷戦が重要な役割を果たした国は考えられないと主張したい。冷戦対立は今日に至るまで日本の国際関係にとっての限界を定めただけではない。それはまた日本の国内政治と社会組織にとっての決定要因の多くも定めた。手短に言えば，冷戦が日本に

　映画『G. I. ジェーン』（R. スコット監督，1997 年）は，D. ムーアが演じる女性将校が米軍特殊部隊に加わる物語です。軍は男社会であるという点が物語の前提ですが，他方で，ノーベル賞作家 S. アレクシエーヴィチの『戦争は女の顔をしていない』（1985 年）などにも明らかなように，女性が軍に加わり従軍すること（そして戦争のさまざまな苦難を経験すること）は決して珍しいことではありません。2022 年には，ロシアの侵略と戦うウクライナ軍の女性兵士の写真や動画を目にした人も多いはずです。日本の自衛隊のうち女性は約 1.8 万人で，全自衛官の 7.9% を占めます（2021 年）。

　国際政治や戦争・軍をめぐる研究でも，現在ではジェンダーの観点に意識的な研究が登場しています。そうした研究では，国際政治や戦争や軍において女性がさまざまな主体的役割を担っていることが可視化されたり，ジェンダーをめぐるどのような考え方や役割分業が前提とされているかが解明されたりしています。たとえば，**戦時性暴力**をめぐっては，敵の文化や人口の再生産を妨げる，自分たちの結束を高める，「自分たちの女」を守れない無能な男として敵の男性兵士の「男らしさ」を貶める，といった発想にもとづいて，性暴力が戦争の兵器とされている，などの分析がなされています（佐藤 2022）。

どのような影響をおよぼしたかを理解することなしに今日の日本を理解するのは不可能なのである」（ウェスタッド 2020: viii）。——この引用が示すように，戦後日本の政治は，冷戦に大きな影響を受けました。

　すでに**第 7 章**でも触れたように，日本は，1951 年の独立回復と同時に**日米安全保障条約**を締結してアメリカと同盟を結び，西側陣営に加わりました。アメリカにとってこの軍事同盟は，日本を西側に組み込み，この地に軍事基地を確保するのと同時に，日本の軍国主義復活や核武装を封じ込めるしくみでした。日本の保守政権は，アメリカの軍事的庇護のもとで，社会主義勢力の拡大を防ぐとともに，「軽武装，経済重視」を政治の基本方針としました。

　こうした安全保障政策や外交政策の是非は，日本の右と左（保守と革新）の主要な対立軸となりました。世界では一般に，「小さな政府か，大きな政府か」「共同体か，個人か」という経済や文化をめぐる政治対立が右と左を区別する争点となりますが（→**第 9 章**），55 年体制のもとの日本では，安全保障や外交

が対立の中心テーマでした（→第7章）。ごく単純に整理するならば，保守勢力の多くは，アメリカとの軍事同盟を安全保障政策や外交政策の「基軸」と位置づけたうえで，自衛隊は日本国憲法第9条に違反しないと主張しました。日本社会党や日本共産党などの革新勢力（左派勢力）は，西側の軍事同盟に加わることを批判し，自衛隊は憲法に違反すると主張しました。こうした国内の対立は，国際政治における冷戦の対立を反映するものでした。

　戦後日本の安全保障政策は，さまざまな犠牲の上に成り立っています。アメリカとの同盟では米軍の駐留を認めました。軍事施設が立地する地域では，現在に至るまで，軍に由来する性暴力などの犯罪や環境破壊で住民の安全が脅かされていることが深刻な問題となっています。

③ 冷戦終焉後の世界

　米ソ冷戦の終焉（1989年），東西ドイツ統一（1990年），ソ連解体（1991年）は，ほとんどの政治家や研究者が予期しなかった突然の出来事でした。KEYTEXT で紹介したフクヤマが「歴史の終わり」を唱えたのは，このタイミングです。確かに，リベラル・デモクラシーにはライバルがいなくなったかのようでした。国際社会は，アメリカが覇権を握る1極構造に変わり，フクヤマが予測したように，均質的な世界がやってくるかのようにも思われました。

グローバル化と主権国家

　「歴史の終わり」や均質的な世界の訪れにリアリティを与えた要因の1つは，経済の**グローバル化**の進展でした。社会主義体制の崩壊は，安い労働力と新しい市場が資本主義の国際経済に組み込まれることを意味しました。第二次世界大戦後に西側諸国が推進してきた自由貿易は，1995年の**世界貿易機関**（WTO）の発足によって，さらに促進されました。各国の規制緩和や，インターネットに代表される情報通信技術の進化によって，モノの移動（国際貿易）や人の移動は容易になり，お金や情報は瞬時に国境を越えるようになりました。

　こうしたグローバル市場の成長は，政治にも影響をおよぼしました。政治が，

Column⓭-3　連邦制と地方自治

　本文では，主権国家とEUという地域統合の関係に触れましたが，一般に，政治の単位は，ミルフィーユというお菓子のような**重層的な構造**になっています。グローバル（地球規模），リージョナル（複数の国にまたがる地域），ナショナル（国民国家），ローカル（地方）という4層が基本的な見取り図ですが，アメリカやドイツに代表される**連邦国家**のように，国家そのものが重層的な制度となっている場合もあります。アメリカ合衆国（ユナイテッド・ステイツ）を構成する50のステイトは，日本語では慣例的に「州」と翻訳されますが，税や運転免許や妊娠中絶のルールがそれぞれで異なるように，ステイト（国家）という言葉にふさわしい大きな権限を備えています。アメリカにはさらにその下に「地方政府」もあります。『アメリカのデモクラシー』を書いたA.トクヴィルは，身近な地方自治に参加する重要性を説きました（→第14章）。

　日本では，中央政府と地方政府は，明治以来長らく「上下・主従の関係」にありましたが，平成の**地方分権改革**ではこれを「対等・協力の関係」に変えるという理念が掲げられました。続く「三位一体の改革」では，国が地方に渡すお金を減らすかわりに，国が集める所得税の一部が，地方自治体の集める住民税に移し替えられました（税源移譲）。

国民国家の国境線によって区切られるのに対して，経済は，国境線を軽々と越えます。ある国が乱暴な政治をおこなうと，商人はお金とともに国外に逃げてしまうため，経済の交流が盛んになると政治権力の暴走が抑えられる。『法の精神』を書いたモンテスキューは，18世紀にすでにこんな趣旨の指摘をしています（モンテスキュー 1989；ハーシュマン 2014）。これは，経済によって政治が制約されるという指摘ですが，グローバル化が進んだ現代では，こうした傾向がさらに強まっています。たとえば，他国よりも法人税が高ければ，企業は国外に移転してしまうおそれがあるので，福祉を充実させたいからといって自国の都合だけで税率を決めることは難しくなっているのです。何ものにも左右されないはずの主権は，グローバル化によって大きな制約を受けるようになっています。

　自分たちの国だけでは決められないという状況は，EUのような政治的な地域統合でも生じています。1993年に発足したEUでは，各加盟国がこれまで

手にしてきた主権の一部が，EU 各機関に委譲されています。そこには通貨・金融政策，司法，警察，国境管理に関する権限が含まれます。しかも，EU では，政治的決定が十分に民主的ではないという指摘が少なくありません（**民主主義の赤字**）。

┃「模倣の罠」

　冷戦後 30 年以上を経た現在の世界では，冷戦終焉直後に見られたような，リベラル・デモクラシーをめぐる楽観論は影を潜めるようになりました。分断や対立，景気後退，不平等や格差，戦争，難民，テロは，ニュースで珍しい話題ではなくなりました。フクヤマが「承認への欲求」のゆくえに注意を促していたように，冷戦後 30 年を経て，「承認への欲求」が各地で噴出しています。

　ポピュリズム（→第 11 章）は，その一例です。冷戦の終焉とともにヨーロッパ統合は東方に拡大し，中東欧各国が EU に加盟します。しかし，「リベラル・デモクラシーを模倣せよ」とでも言わんばかりの EU の姿勢は，模倣を強いられた側の尊厳やアイデンティティをひどく損ねて，不満を高めることになりました（クラステフ・ホームズ 2021）。ブリュッセル（EU の事実上の本部）のエリートたちが下す「リベラル」な決定は，われわれが決めたことではない。そんなエリート批判が高まり，ポピュリズム政党が支持を得るようになりました。

　ポピュリズム政党がヨーロッパの多くの国において台頭した背景には，こうした反 EU 感情に加えて，EU 域内からの**移民**の増加や，「アラブの春」（→第 5 章）以降の**難民**の急激な流入に，不満が高まっていたことがあります。イギリスでは，2016 年におこなわれた国民投票によって，EU からの離脱（**ブレグジット**）が決まりました。こういった動向は排外主義の高まりにも見えますが，一面においては，「自分たちのことは自分たちで決める」というデモクラシーを求める主張でもありました。

　こうした動向と並んで，**権威主義体制**の台頭も観察されています。国際 NGO「フリーダム・ハウス」は，2022 年の年次報告書『世界の自由』に「権威主義支配のグローバルな拡大」というタイトルをつけて，「16 年連続で世界でデモクラシーが後退している」と指摘しました（図 13.2）。冷戦後の 30 年のあいだに，権威主義体制が徐々に台頭して，（その統治の実態はともかく）リベラ

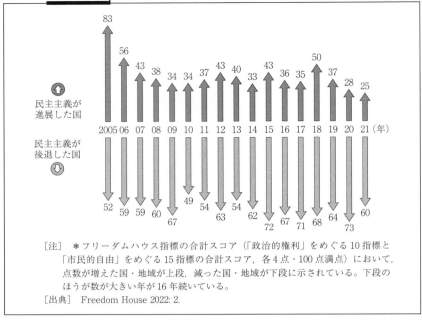

[注] ＊フリーダムハウス指標の合計スコア（「政治的権利」をめぐる10指標と
「市民的自由」をめぐる15指標の合計スコア，各4点・100点満点）において，
点数が増えた国・地域が上段，減った国・地域が下段に示されている。下段の
ほうが数が大きい年が16年続いている。

[出典] Freedom House 2022: 2.

ル・デモクラシーのライバルとして広く認知されるようになったと見ることも
できるでしょう。冷戦終焉直後の国際社会はアメリカの1極支配でしたが，ア
フガニスタンやイラクへの長期におよぶ派兵や金融危機の影響で，アメリカの
国力の衰退も指摘されています。国際社会は米中の2極構造ないし多極構造に
移行するのか，極のない状態になるのか，今後の動向が注目されます。

国境線を越える課題

イギリスのブレグジットやD.トランプ大統領の「アメリカ・ファースト」
は，主権国家の国境線をあらためて太く引きなおそうとした動きですが，しか
し，環境問題のような，地球規模で解決しなければならない課題（**グローバ
ル・イシュー**）が消えるわけではありません。国境線を越えた課題をめぐって
は，引き続き検討すべきいくつもの難問が残っています。

1つは，**人道的介入**の是非です。ある国において少数民族の虐殺のような深
刻な不正義が生じた場合に，人道的な観点から，武力行使を含む介入をおこな

うことを人道的介入と呼びます。

　冷戦が終焉した後も各地で内戦や地域紛争が続きました。国家機能が破綻したルワンダでは，1994年の内戦で少なくとも数十万人がジェノサイドや性暴力の犠牲になりました。ソマリアの内戦には国連や多国籍軍が介入しましたが，現地の強い反発に遭い，内戦を止められないまま撤退しています（1992-95年）。ボスニア紛争では，「民族浄化（エスニック・クレンジング）」と呼ばれた残虐行為が続き，NATOは1994-95年に，国連安全保障理事会の決議をふまえてセルビア人勢力に対する空爆を実行しました。NATOは1999年には，セルビア共和国コソボ自治州におけるアルバニア系住民に対する迫害を止めるために，今度は国連安保理の決議なしに空爆を実行しました。こうした人道的介入は，主権や内政不干渉という原則と衝突するので，どのような人道的介入であれば正統性があるか，どのような場合に「**保護する責任**」があるか，という点が争点となっています。

　グローバルな分配的正義に関連する課題もあります。これは，利益や負担を地球規模でどのように割り振るのが正しいかという問題です。地球温暖化に代表される**気候変動**にどう対応するかは，その一例です。この問題では，対策費用をだれが負担するか，温室効果ガス排出権（排出が許容される量）をどのように割り振るかが大きな争点になっています。1992年の国連気候変動枠組条約では，「**共通だが差異ある責任**」という表現で，先進国の責任は途上国に比べて大きいと定められました。

　さらには，貧困や格差に対する対応のように，国内における正義のルールをグローバルに拡張すべきかどうかという課題もあります。P.シンガーは，途上国で飢餓に苦しむ人を援助しないのは不正義であると主張します（シンガー2014, 2018）。目の前で知らない子どもが溺れており，自分が救助可能で，自分も溺れてしまうおそれがない場合に，「服が汚れるから」「急いでいるから」という理由で，何もしないことを正当化できるでしょうか。子どもを助けることが正しい行動であるはずです。シンガーは，国際的な援助義務もこれとまったく同じで，援助可能であり，援助しても自分が飢餓にはならないのだから（数万円の寄付で1人の命が救える），援助しないのは不正義であると主張するのです。

　これに対しては「異国の知らない人より自国で苦しむ人を助けたい」という

意見もあるはずです。『正義論』で，恵まれない人に対する再分配を正当化した J. ロールズ（→第 12 章）は，自らの正義論を国境線を越えて国際社会に適用することには否定的でした（ロールズ 2022）。しかし，ロールズの正義論を**グローバルな正義**にも拡張しようとする政治理論も登場しています。これまで主権国家（国民国家）という単位を前提にしてきたリベラル・デモクラシーの政治が，国境線をどのように越えられるかが問われているのです。

EXERCISE ●考えてみよう

① 国際政治学におけるリベラリズムとリアリズムの考え方をそれぞれまとめたうえで，それぞれの強みと弱みを話し合ってみよう。パンデミック（感染症の世界的流行）やロシアのウクライナ侵略をめぐる世界各国の動きについて，リベラリズムないしリアリズムの考え方によってうまく説明できるものはあるでしょうか。

② 『13 デイズ』（R. ドナルドソン監督，2000 年）は，キューバ危機を素材にした映画です。冷戦の時代を描いた映画には，他にどんなものがあるかを調べて，そのいくつかを観てみよう。

③ 新しい感染症が流行してワクチンの接種が必要になる場合に，国内では，どんな優先順位で，だれから接種するのが正しい（正義に適う）対応でしょうか。また，グローバルな規模で考えてみると，現状では，ワクチンをたくさん入手できる国もあれば，そうでない国もありますが，ワクチンは地球規模ではどのように分配するのが正しいでしょうか。ロールズの格差原理はこのテーマで活用できるでしょうか。グループで議論してみましょう。

さらに学ぶために｜   **Bookguide ●**

小川浩之・板橋拓己・青野利彦『国際政治史──主権国家体系のあゆみ』有斐閣ストゥディア，2018 年。
　　国際政治の歴史を，新しい学説もふまえて分かりやすくまとめた 1 冊。

尾身茂『WHO をゆく──感染症との闘いを超えて』医学書院，2011 年。
　　法学部に入学した後，医師を志した著者が，WHO でポリオ根絶や鳥インフルエンザ対策に従事した記録。各国との交渉，リーダーシップ，政治と専門知の関係についても学ぶことができます。著者は，日本の新型コロナウイルス感染症対策におけるキーパーソンの一人。

松元雅和『平和主義とは何か──政治哲学で考える戦争と平和』中公新書，
2013 年。
　　戦争と平和をめぐる政治理論については本文で触れられませんでしたが，
「愛する人が襲われても無抵抗なのか」などの批判を克服して，「説得力ある
平和主義」を示そうとした 1 冊。

映画で学ぼう　　　　　　　　　　　　　　　　　　**Movieguide ●**

　　ルワンダの内戦と虐殺について，『**ホテル・ルワンダ**』（T. ジョージ監督，
2004 年）や『**ルワンダの涙**』（M. ケイトン=ジョーンズ監督，2005 年）を手が
かりにして学ぼう。

その他の引用・参照文献　　　　　　　　　　　　　**Reference ●**

アレクシエーヴィチ，S./三浦みどり訳 2016〔1985〕『戦争は女の顔をしていない』岩波
　　現代文庫。
ウェスタッド，O. A./益田実監訳，山本健・小川浩之訳 2020〔2017〕『冷戦──ワール
　　ド・ヒストリー』上・下，岩波書店。
上原賢司 2017『グローバルな正義──国境を越えた分配的正義』風行社。
カー，E. H./原彬久訳 2011〔1939〕『危機の二十年──理想と現実』岩波文庫。
川中豪 2022『競争と秩序──東南アジアにみる民主主義のジレンマ』白水社。
カント，I./中山元訳 2006〔1795〕『永遠平和のために　啓蒙とは何か　他 3 編』光文社
　　古典新訳文庫。
クラステフ，I・S. ホームズ/立石洋子訳 2021〔2019〕『模倣の罠──自由主義の没落』
　　中央公論新社。
高坂正堯 2012〔1978〕『古典外交の成熟と崩壊』I・II，中公クラシックス。
小松志朗 2014『人道的介入──秩序と正義，武力と外交』（早稲田大学学術叢書 30）早
　　稲田大学出版部。
サイード，E. W./今沢紀子訳 1993〔1978〕『オリエンタリズム』上・下，平凡社ライブ
　　ラリー。
齋藤純一・田中将人 2021『ジョン・ロールズ──社会正義の探究者』中公新書。
佐藤文香 2022『女性兵士という難問──ジェンダーから問う戦争・軍隊の社会学』慶應
　　義塾大学出版会。
シンガー，P./児玉聡・石川涼子訳 2014〔2009〕『あなたが救える命──世界の貧困を終
　　わらせるために今すぐできること』勁草書房。
シンガー，P./児玉聡監訳 2018〔2016〕『飢えと豊かさと道徳』勁草書房。
スピヴァク，G. C./上村忠男訳 1998〔1988〕『サバルタンは語ることができるか』みす

ず書房。

トクヴィル，A．／松本礼二訳 2005-08〔1835-40〕『アメリカのデモクラシー』全 4 巻，岩波文庫。

ハーシュマン，A. O.／佐々木毅・旦祐介訳 2014〔1977〕『情念の政治経済学〔新装版〕』法政大学出版局。

フクヤマ，F．／渡部昇一訳 2020〔1992〕『歴史の終わり』上・下，三笠書房。

フクヤマ，F．／M. ファスティング編／山田文訳 2022〔2021〕『「歴史の終わり」の後で』中央公論新社。

ホブソン，J. A.／矢内原忠雄訳 1951・52〔1902〕『帝国主義論』上・下，岩波文庫。

モンテスキュー／野田良之・稲本洋之助・上原行雄・田中治男・三辺博之・横田地弘訳 1989〔1748〕『法の精神』上・中・下，岩波文庫。

ラセット，B. M.／鴨武彦訳 1996〔1993〕『パクス・デモクラティア——冷戦後世界への原理』東京大学出版会。

レーニン／角田安正訳 2006〔1917〕『帝国主義論』光文社古典新訳文庫。

ロールズ，J.／中山竜一訳 2022〔1999〕『万民の法』岩波現代文庫。

Freedom House 2022, *Freedom in the World 2022: The Global Expansion of Authoritarian Rule*（https://freedomhouse.org/report/freedom-world）

第**14**章

ユートピアとディストピア

政治のゆくえ

INTRODUCTION

　現在の世界では，リベラル・デモクラシーと国民国家が政治の標準モデルである。そういう前提に立ち，本書では政治についてあれこれ考えてきましたが，リベラル・デモクラシーと国民国家の組み合わせが，政治の最終形態なのでしょうか。前世紀の終わり頃に F. フクヤマが言っていたように，それが「歴史の終わり」だというのでしょうか。

　歴史や思想を通じて政治を学ぶ意義の 1 つは，現代の政治を当然の前提とみなしてしまうわたしたちの視野の狭さを問い直し，想像力を解き放つ点にあります。ここではないどこかで，いまのわたしたちには思いもよらない政治がありうるとしたら？──と想像をめぐらすことは，政治というものを一から考え直し，現代の政治を見つめ直すきっかけになるはずです。

KEYTEXT

A. ハクスリー『すばらしい新世界』（1932 年）

　同一の型からつくられた標準規格の男女。ボカノフスキー法の処置を施した 1 つの卵から，小規模な工場をひとつ稼働させられる労働力が得られる。

　「九六人のまったく同じ多胎児が，九六台のまったく同じ機械を動かす！」所

長の声は感動に震えんばかりだ。「人は自分の本当の居場所を知るようになった。これは歴史始まって以来のことだ」 そこで地球全体のモットーを唱えた。「共同性，同一性，安定性」 重々しく厳かな言葉だ。「ボカノフスキー化を無限に推し進めることができれば，すべての問題が解決されるのだ」（ハクスリー 2013: 13）

　機械文明が高度に発達した西暦2540年の未来社会で，人びとが徹底的に管理されるさまを描いた『すばらしい新世界』は，G. オーウェルの『1984年』（→第5章）と並ぶ，ディストピア小説の古典です。ただし，それぞれが描く未来社会の姿は，正反対と言ってよいほど異なります。『1984年』が描くのは，秘密警察が暗躍して人びとの自由を根こそぎ奪いさる陰鬱な全体主義国家ですが，『すばらしい新世界』のほうは，徹底的な管理と引き換えに，だれもが豊かで快適な暮らしを享受する，いわば幸福な管理社会を描いてみせるのです。

　「新世界」の人びとが崇拝するのは，スターリンやヒトラーのような独裁者ではなく，H. フォードです。20世紀初頭のアメリカで，部品の規格化やベルトコンベアを用いた流れ作業の導入によって安価な自動車の量産を成功させ，大量生産・大量消費社会の扉を開いた人物です。偉大なフォード様にならい，技術革新と生産の効率化をどこまでも追求すべきだ。だれもがそう信じて疑わない「新世界」では，人間もまた，「ボカノフスキー法」と呼ばれる方法によって人工授精工場の生産ラインで量産されるようになっています。階級や職業は生まれたときに決定されるので，生き方を自由に選ぶことはできませんが，不満をもつ人はいません。遺伝子工学を活用した条件づけ教育のおかげで，自分の生き方は最高だ，とだれもが確信しているからです。消費財はもちろん，娯楽やレジャーも豊富に供給されますから，退屈することはありません。生殖や育児は工場任せで，婚姻や家族といった効率の悪い人間関係はすべて消滅していますので，性愛も純粋な娯楽となり，不特定多数の相手とそのつど楽しむものになっています。不安や憂鬱におそわれることがあっても，ソーマ（精神を愉快にする合法ドラッグ）を服用すれば，たちまち気分爽快です。

　これはディストピアどころか，究極のユートピアではないでしょうか？　実際，大学の講義で『すばらしい新世界』を紹介すると，少なからぬ学生たちから「うらやましい」という感想が返ってきます。いやいや，万事システムの言いなりで，自由なんかひとかけらもない管理社会なんですよ，と警告してはみるのですが，うらやましくなる気持ちはよく分かります。進路や就職活動で悩むことも，家族や恋愛といった人間関係で苦しむこともなく，安全で快適な毎日を気持ちよく送ることが

できるなら，自由なんていらないのではないでしょうか。

　「新世界」には，政治も政治学も存在しません。管理が行き届いているので，そんなものは必要ないからです。それどころか，哲学も文学も歴史学も消滅しています。思い悩むことが何もないので，考えをめぐらせたり，過去を振り返ったりする必要がないからです。自由なき幸福，政治のないユートピア——それが，歴史と思想という視点から政治についてあれこれ考えてきた本書の旅の終着点，なのでしょうか？

1　理想の探求，現実への批判

⫸ユートピア論の古典

　政治学は，2000 年を超える歴史をもつ学問です。アリストテレスの『政治学』という講義録は，紀元前 4 世紀に成立した作品です。そのアリストテレスの先生だったプラトンは，『国家（ポリテイア）』という本のなかで，自分の考える理想国家を詳細に論じています。ユートピア論は，政治学と同じくらい古い歴史をもっているのです。

プラトンの理想国家

　プラトンの理想国家論は，祖国アテネの民主政に対する手厳しい批判と表裏をなしています（プラトン 1979）。アテネでは，自由市民の成年男性ならだれでも民会で発言し，国策の決定に参加することができましたが，プラトンに言わせれば，それは能力の優劣を無視した悪平等にほかなりません。ちょうど，病気になったとき，医者に診てもらうのではなく，大勢の素人の議論によって治療法を決めるようなもの，あるいは家を建てるとき，建築家ではなく，くじ引きで選んだだれかに図面を引いてもらうようなものです。どんな分野であれ，知識と能力に秀でた専門家に解決を任せるのが常であるのに，アテネの民主政のもとでは，優れた人物の意見も，愚かな人びとのそれと同等に扱われるため，数に勝る後者が力をもつことになる。人びとの誤った思い込みを批判する人物が現れても，数の力で抑えつけられてしまう。ちょうどアテネの民衆法廷が，

Column⓮-1　抽選と輪番，自由な討論——アテネの民主政

　プラトンは市民の平等を容赦なく批判しましたが，アテネ市民にとっては，平等の実現こそが民主政の生命線でした。徴税などの日常的な公務，今日で言えば公務員の仕事にあたる行政や，裁判官の仕事にあたる司法の担当者を，輪番（ローテーション）や抽選（くじ引き）で定期的に決めていたのも，そのためです。

　え，ローテーションやくじ引きで公務員を選ぶの？と驚かれるかもしれませんが，輪番や抽選は，選挙よりもずっと平等な決め方です。能力や人望などに秀でた少数の人を選ぶ選挙は，アテネの人びとの考え方では，民主政ではなく貴族政のしくみでした（貴族政とは，もともとは世襲貴族による政治のことではなく，「優れた人間による政治」という意味です。選挙は貴族政のしくみであるという考え方は，18世紀のモンテスキューにまで受け継がれていきます）。

　輪番や抽選で定期的に担当者を入れ替えることにすれば，特定のだれかに権力が集中する危険も避けられます（現代の政治学でも，くじ引きにもとづくタイプのデモクラシー〈ロトクラシー〉によって政治参加の平等を実現しよう，という主張がなされています）。こうした工夫によって，支配と服従の一切ない対等な関係（イソノミア）と，民会や広場（アゴラ）における発言の自由（パルレシア）という理想の実現をはかったのです。

プラトンの師匠だった哲学者ソクラテスを反逆者と呼ばわり，死刑に追いやったように。

　そんな間違った政治はやめにして，知徳に優れた人間（**哲人王**）が統治者となり，理想の政治を実現すべきだ。そう考えるプラトンの理想国家は，1人またはごく少数の賢い統治者，統治者を助けて治安維持にあたる守護者，経済活動をおこなう民衆，という3つの階級で構成されます。1人の人間になぞらえると，それぞれ理性（知恵），気概（勇気），欲望という魂の3つの部分にあたります。優れた人間の場合，理性が気概を従えて欲望を抑え，調和のとれた正しい生活を送りますが，劣った人間は理性の働きが弱くて欲望を抑えられず，自堕落にふけったり不正に手を染めたりしてしまいます。同じように，理想国家では，優れた統治者が正しい決定を下し，守護者が秩序を保ち，民衆は欲望

を抑えて仕事に励み，国家全体に奉仕しますが，民主国家においては，愚かな民衆が力をもち，理性の声をはねつけ，自分たちの欲望のままに政治を動かそうとして間違った決定を重ねて，自分たちを破滅に追いやっていく（**衆愚政治**）。その実例こそアテネの民主政にほかならない，とプラトンは断じるのです。

愚かな人びとによる政治は人びと自身を不幸にするのだから，民主政などやめて，優れた統治者に丸投げしたほうがみんなのためになる，というわけですが，プラトンの理想国家は実現可能なのでしょうか。だれが優れた統治者であるかを判断するのは，いったいだれなのでしょうか。われこそ賢者なりと称して権力を握った者が，実はろくでもないデマゴーグだったとしたら，どうなるのでしょうか。

トマス・モア『ユートピア』

元祖ユートピア論としてプラトンの『国家』を取り上げましたが，「ユートピア」という言葉自体は，16世紀はじめのイギリスで，T.モアが著した同名の作品（モア 1993）に由来します（直訳すると，「どこにもない場所」という意味です）。

『ユートピア』は二部構成で，第1部では，ユートピア国に暮らした経験をもつ主人公の目を通して，同時代のイギリスの悲惨な現実が赤裸々に描かれます。とりわけ厳しい視線が向けられるのは，治安の悪化や領民の貧困を放置して，先祖から受け継いだ土地の地代で怠惰に暮らす貴族たちの堕落ぶりです。当時のイギリスでは，貴族たちがより多くの富を求め，羊毛価格の高騰に乗じて農地を牧場に転用したせいで，多くの農民が路頭に迷うはめになっていました。親世代の不平等がさらなる格差や貧困を生みだす，という現実社会の惨状を告発したうえで，モアは第2部のユートピア国見聞録に進むのです。

第2部で描かれるユートピア国は，だれもが平等に暮らす社会です。住まいの不公平がないよう，家は10年ごとに替えることになっています。貴族や聖職者のような怠惰な特権階級は存在せず，男女を問わずにだれもがよく働く代わりに，1人当たりの労働時間は6時間だけで，奴隷のような長時間労働を強いられることはありません。町の中央にある倉庫には豊富な物資がストックされていて，どの世帯も，必要なだけ自由に持ち帰ることができます。

しかし，そこは本当に理想の社会なのでしょうか。ユートピア国では，だれもが同じ食事をとり，同じような暮らしを送り，自堕落な者はいないかどうかを互いに監視し合っています。贅沢は許されず，化粧や占いは禁じられ，居酒屋もなく，婚前や婚外の性愛は厳罰に処せられます。確かにだれもが平等で，不正や腐敗と無縁ではあるのですが，何とも息苦しい社会に見えます。面白いことに，作者のモア自身が作中に登場して，ユートピア国はちょっと人間らしさに欠けるんじゃないか，と批判してみせるのです。

　平等な社会を維持するために管理や監視のしくみがつくられて，自由や人間らしさが損なわれる。言い換えると，理想の押しつけが，個人の自由と多様性を重んじるリベラルな原理を否定してしまう。20世紀の社会主義国で現実となった問題は，『ユートピア』において先取りされていた，と言えるかもしれません。

徳のユートピア

　『ユートピア』の理想社会が息苦しく感じられるのは，道徳的にすばらしい有徳な人間だけが暮らすことのできる社会，いわば「徳のユートピア」だからです。ユートピア国では，欲望や利己心を抑え，常に理性と公共心に従って行為することが求められますが，そんなすばらしい人間でない者にとっては（これを書いている人もそうですが），あまりにもハードルが高い。こうしたモアの『ユートピア』と比べると，プラトンの理想国家論は，もう少し冷めた視線で書かれています。プラトンは「全員がすばらしい人間になるなんてありえない」と考えて，一部の優れた人間が，大多数の劣った人間を支配するタイプの「徳のユートピア」を描いてみせたわけです。

　とはいえ，「すばらしい社会」の実現には「すばらしい人間」の育成が必要だ，と考える点では，2人とも同じと言えます。政治学を道徳論や教育論に近づけるタイプの考え方ですが，政治学の伝統のなかでは珍しいものではありません。中国には徳治を重んじる儒学の長い伝統がありますし，王政が一般的であった中世以降のヨーロッパでも，統治者にふさわしい素養や心がまえを王に説く，「君主の鑑」というジャンルの政治論が盛んでした。今日でも，市民教育や主権者教育の重要性が盛んに論じられています。

ただし，こうした考え方は，現代の政治学では主流にはなりませんでした。よい政治のためには「すばらしい人間」が必要だ，だから「すばらしい人間」を育てよう，という考え方を推し進めると，特定の生き方や価値観の押しつけを許すことになりかねず，「一人ひとりの自由や自己決定を尊重する」という自由主義の基本原理を損なうおそれがあります。さらに，国家のためにみんなを「すばらしい人間」にするという発想を突き詰めると，人びとを洗脳し，国家に都合のよい人材に改造してよい，ということになりかねません。そうなれば，『1984年』のディストピアと変わらなくなってしまいます。政治をよくするには教育が大事だ，としたり顔で（自分のことは棚にあげて）口にする大人は少なくありませんが，政治学を道徳論や教育論に近づける発想には，このような危険があることに注意してください（学生のみなさんのレポートにもよく見受けられる発想です）。

 ## 欲望のユートピア

　「共同倉庫のモノは好きなだけ持ち帰っていいよ」。ユートピア国の人びとはそう言われても，本当に好きなだけ持ち帰ったりはせず，必要なだけ取り，あとは他の人のために残しておくでしょう。ですが，あなたはどうですか。文字通り好きなだけ持ち帰りたくなりませんか。あるいは，「好きなだけ持ち帰る人が絶対いるはずだから，自分だけが損しないように，自分もできるだけ多く持ち帰ることにしよう」と考えるのではないでしょうか。あなたが真面目な人であれば，そうしてできるだけ多く持ち帰ってしまってから，「ああ，なんて自分は利己的でダメな人間なんだ」と落ち込んだりするのかもしれません。

　A. ハクスリーの描く「新世界」には，そんなふうに思い悩む人はいません。そこは，だれもが欲望のおもむくまま好きなだけ快楽をむさぼることのできる，いわば「欲望のユートピア」なのですから。社会がすばらしく設計され，完璧に運営されているために，道徳的に「すばらしい人間」になる必要なんかないのです。

　だれもが好きなだけ欲望を満たし，快楽まみれの幸福な毎日を送ることがで

きる。それが本当なら，『すばらしい新世界』の未来社会は掛け値なしのユートピアに違いなく，自由だの政治だのは無用の長物となるでしょう。だれもが幸福であるのなら，文句のつけようがないからです。けれど，そこは本当にユートピアなのでしょうか。本当に，だれの，どんな欲望や快楽でも，十分に満たしてくれるのでしょうか。

▌ 『すばらしい新世界』の偏った性規範 ▌

　性という観点から考えてみます。性というものは，一方で社会が存続するために不可欠な生殖と結びつき，しかし他方では，特定の相手に対する強い情念を喚起するがゆえに社会秩序を攪乱（かくらん）する要因にもなる，という正反対のベクトルをもち，個人と社会の関係を考えるうえで，要（かなめ）の位置を占めるテーマだからです。プラトンの『国家』では，優秀な次世代を殖やすためにはどのような性規範が必要か，ということが大真面目に論じられます。『1984年』の主人公は，自分と同じように体制に疑念をもつ女性と恋に落ちたのをきっかけに，2人まとめて監視の網にひっかかってしまうことになります。このように，性愛をも管理下に置こうとする通例のユートピア（ディストピア）に比べると，性愛を人びとの自由に委ねるこの「新世界」のやり方は，ずっと洗練されています。体制に服従していれば，みんな好きなだけ性的欲望を満たすことができるのですから——結構な話ですが，「みんな」とは，だれのことなのでしょうか。

　小説が始まってすぐ，生殖工場の男性所長が，「かわいいねえ」とか言いながら，若い女性保育士の身体を触る場面が出てきます。所長は同じことを2度繰り返していますので，確信犯と見て間違いありません。26世紀になってもセクハラおやじは健在なのか！と憂鬱になってソーマを服用したくなるところですが，被害者のレーニナは，所長ってああいう人だから，と同僚女性とけらけら笑うばかりです。いやいやレーニナさん，性差別的なハラスメントの背後にはいびつな権力関係があるはずですよ，と21世紀初頭の知見を持ち込み，作品全体を点検してみます。すると，先の所長や，彼の上司にあたる統制官ムスタファ・モンドなど，システムを管理するエリートはみな男性であることが分かります。また，システムに疑問を抱いて思索にふけるバーナードや，満たされない思いを詩作に込めるヘルムホルツ，また未開社会から闖入（ちんにゅう）してきて

Column⓮-2　ジェンダー規範を脱構築する

　　フェミニスト理論家のJ.バトラーによれば，わたしたちの行為を律する規範は，わたしたち自身が同じ行為を繰り返すことを通じて，つくられるものです（バトラー 2018）。たとえば，「育児は女性がすべきだ」という，それ自体としては何の根拠もない見方があります。ところが，多くの人がその見方を当然視して，女性が育児を一手に引き受ける（そして男性は何もしない）状態が続くと，だれもが「女性が育児を担うのは当然だ」と思い込み，さらには，「女性は子どもを産む能力がある，だから本質的に育児に向いているのだ」と信じ込むようになります。社会的慣習が，生物学的な事実にもとづく規範であるかのように語られて，「育児は女性に任せ，男性がそとで働いて妻子を養うべきだ」といった他の規範ともども自明視されていくことになるわけです。

　　しかし，そうした規範はどれも，もとをたどれば人びとが一定の行為を繰り返すことを通じて形成されたものにすぎません。そうであるならば，人びとが行為のパターンを変えて，男性も女性と同じように育児に関わるようにしていけば，「男女ともに育児を担うべきだ」というふうに，規範のほうもおのずと変わっていくはずです。バトラーによれば，わたしたちが「自然」とか「本質」とか思い込んでいるものの多くは，実は歴史的に形成された慣習にほかならず，わたしたちが自由な行為の反復を通じて変わっていくもの，変えていくことができるものなのです。

ムスタファ・モンドと対決するジョンなど，システムに疑義を突きつける人物も，男性ばかりです。支配するのも，ものを考えるのも，セクハラするのも，みんな男性なのです。『すばらしい新世界』の描く「欲望のユートピア」は，男性ばかりが欲望を満たす，きわめて男尊女卑的な社会なのです。

　また，「新世界」における性愛が，もっぱら男女間（ヘテロセクシャル）のそれであることにも注意したいところです。序盤で同性愛について言及がありますが，宗教や家族道徳のために性愛が抑圧されていた時代の人びとが気をまぎらわすためにやっていたこと，という扱いでしかありません。堅苦しい道徳や宗教はすでに消滅しており，家族さえ存在せず，性愛が生殖から完全に切り離された「新世界」では，生殖につながらないという理由で異性愛以外のセクシュアリティ（性的な欲望や意識をはじめとする性のあり方）を排除する必要はない

はずです。にもかかわらず，性愛をもっぱら男女の異性愛に限定するというのは，異性愛以外のさまざまな性的志向をもつ人が数多く存在する，という事実を知る21世紀初頭のわたしたちには，実に奇妙で，いびつにさえ感じられます。

　こうしたバイアスは，作者ハクスリーが生きていた時代の男尊女卑的・異性愛中心主義的な性規範の（無自覚な）投影と言えますが，この「新世界」に暮らす人びとのあいだでは，特に問題にはならないでしょう。徹底した条件づけ教育によって，「新世界」の価値観がたたきこまれるからです。レーニナさんたち女性は，男性上司にセクハラされてもニコニコ笑っていられるように条件づけられ，異性愛以外の性愛は，不純で異常なセクシュアリティとしてあらかじめ排除されるのでしょう。そんな世界の，どこが理想郷なのでしょうか。

　幸福な社会をめざす，という目標自体は結構なのですが，大切なことは，その幸福はだれにとっての，どんな幸福なのか，ということです。そしてそれは，システムやテクノロジー任せにはできず，わたしたち自身が問いただし，論じ合い，決めていくべきものなのではないでしょうか。

┃ 優生学の欲望 ┃

　性愛に限らず，すべてが画一化された「新世界」に，個性や生き方の多様性はありません。人を（階級ごとに）ある1つの生き方にはめ込んでしまう点では，「徳のユートピア」と大して変わらないようですね。「新世界」が徹底しているのは，「標準規格の男女」を生産する生殖工場で，生まれながらに望ましいとされるタイプの人間をつくり出してしまう点ですが，ここには，作品が書かれた当時，大いにもてはやされていた**優生学**が影を落としています。

　優生学とは，劣った遺伝的素質を除去して，心身ともに優良な人間を殖やすことをめざす学問や運動を指します。極端な例が，重度の障害者を国家にとって「価値のない命」と決めつけ，多くの障害者を殺害したナチ・ドイツの強制安楽死政策ですが，優生学にもとづく政策をおこなっていたのは，ナチ・ドイツだけではありません。他の欧米諸国でも，障害者の妊娠中絶や断種，不妊手術などがおこなわれていました。日本でも，「不良な子孫の出生を防止する」（旧優生保護法第1条）ことをうたう法律がつくられ，同様の政策が進められて

重度障害のため，介助者が代わりに挙手している（2019 年 8 月 1 日）。
［写真提供］　朝日新聞社。

いました。『すばらしい新世界』のグロテスクなメリトクラシーが映し出しているのは，こうした 20 世紀の暗い歴史的現実にほかなりません。

　ある人たちを一方的に劣った人間と決めつけて排除するという発想は，個人の尊厳の平等という自由主義の根本原理に反しています。優生学の問題点は他にもいくつも挙げることができますが，2 点に限って指摘しておきます。1 つは，人の資質や能力は生まれた後の環境や経験に左右される部分が大きく，それらを出生段階で管理することができるという発想は，その意味で決して科学的ではないということです（レヴィン 2021）。もう 1 つは，優生学を進めたがるのは，自分自身は間違いなく優良な人間であり，決して排除される側には属していないと信じ込んでいる人たちだということです。自分のような優れた人間ばかりになれば世のなかハッピーになるのだから，劣ったやつらがいなくなればいい！という自己中心的な発想です（それってカッコ悪くないですか？）。

　ユートピアをめざして人を特定の型にはめ込もうとするのではなく，この世界には多様な人びとが生きているという現実をふまえたうえで，共生のあり方を探っていく必要があります。障害を例に，考えてみましょう。

　日本も 2014 年に批准している「障害者の権利に関する条約」によると，「障害（ディサビリティ）」とは，「機能障害（インペアメント）を有する者とこれらの者に対する態度及び環境による障壁との間の相互作用」です。言葉は難しい

ですが，難しい話ではありません。熊谷晋一郎（自身が脳性まひ者の医師です）にならい，「機能障害」をカナで「ショウガイ」と呼び直して，「障害」との違いを整理してみましょう。「ショウガイ」が環境に関わりなく，本人の心身に宿っている特性であるのに対して，「障害」は，他者との関係や社会のあり方によって変わりうるものです。たとえば，熊谷は，肢体不自由という「ショウガイ」をもっていますが，電動車いすを使い，周囲の人びとのサポートを得ることで，日々の暮らしを立て，医師や研究者として仕事に打ち込むことができます。そこでは「障害」はないわけです。

　こうした区分をふまえると，問題は「ショウガイ」それ自体よりも，むしろそれを「障害」にしてしまう社会にあると考えることができます。障害者が生きづらいとしたら，それをその人の「ショウガイ」のせいにするのではなく，まして障害者は生まれつき不幸だとレッテルを貼ったりするのではなく，その人を生きづらくさせている社会のあり方を問い直すべきだということです。むろん「ショウガイ」は多種多様で，それに伴う生きづらさも千差万別です。この点について熊谷は，公的領域をめぐるアレントの議論（→第11章）を参照しながら，一人ひとりがどういう生きづらさを抱えているのかをオープンに語り合い，社会のしくみや共生のあり方を問いただしていく実践に着目しています（熊谷 2020）。

　「できない」ように見えることを，変えることのできない「ショウガイ」と決めつけず，むしろ，社会のあり方を問い直す手がかりとして見つめ直すこと。障害者や女性が，進学や就職の際に不平等な扱いを受ける。男性だからという理由で，育児休暇の取得が難しい。差別や排除のおそれがあるために，自分の性自認に従って生きることができない。貧困のために，能力を発揮するチャンス自体を奪われてしまう。このように，わたしたちの社会は，さまざまな「障害」であふれていますが，それらはどれも，わたしたちの実践を通じて，わたしたちの力で変えていくことが「できる」ものなのです。

３ AIとビッグデータの時代に

「欲望のユートピア」が約束する幸福はまがいものだ，多様な個人が自由に生きられる社会をめざして，政治という営みに真剣に向き合おう——という論の運びに，「なーんだ，快楽まみれの楽園の話かと思ったのに，けっきょく暑苦しいお説教で終わるのか」と鼻白んだ人もいるかもしれませんが，ご安心ください。先ほどはいろいろツッコミを入れてみましたが，『すばらしい新世界』の未来社会が実現するチャンスは十分にあります。ただし，100年近く前にハクスリーが描いてみせた社会とは，かなり違ったものになるかもしれません。

前節で確認した通り，『すばらしい新世界』の未来社会は画一的で，多様性を欠いています。フォードの自動車工場に象徴される，20世紀の大量生産・大量消費型の産業社会をモデルにしているからですが，同じことは，情報メディアの描写にも当てはまります。西暦26世紀のはずなのに，情報技術（IT）は大して進歩していないようで，みんな固定電話で連絡をとり，ホールに集まって音楽を聴いたり，映画を観たりしています。映画・ラジオ・新聞などのマスメディアが画一的な情報を多くの人びとに伝達していた20世紀前半と，ほとんど変わっていないのです。

今日のわたしたちは，手のひらサイズのスマートフォンを介して，インターネット上にあふれる情報の海に，いつでもどこでもアクセスできます（すぐにもっとすごい技術が登場して，スマートフォンも過去の遺物になってしまうかもしれませんが）。ハクスリーには想像もつかなかった情報技術の革新は，いったいどんな新世界の扉を開いてくれるのでしょうか。そうした観点から，これからの政治についてあらためて考えてみましょう。

▌幸福な監視社会？▐

インターネットや人工知能（AI）の発達は，膨大な情報（ビッグデータ）を解析して一人ひとりのユーザーの嗜好や行動予測を割り出し（プロファイリング），個々人のニーズに合わせたサービスを提供することを可能にしています。広告

を例にとると，テレビや新聞といったマスメディアを使って，売りたい商品の情報を不特定多数の人びとにばらまく，という従来の大ざっぱなやり方とは違い，その商品に興味をもち，購入する可能性の高そうな人だけを選んで広告を送ることができるようになったのです。広告主の企業の利益になるばかりでなく，消費者にとっても便利で快適ですが，それは同時に，わたしたち一人ひとりが個人情報の提供者として扱われて，常時監視下に置かれることを意味します。あなたを常に見張り，あなたのプライバシーを覗き込んでいるからこそ，「あなたの欲しいのはこれでしょう」とすすめることができるわけです。ソーシャルメディア（ソーシャル・ネットワーキング・サービス，SNS）や動画共有サイトといったプラットフォームの多くが，無料で開放されている理由を考えてみてください。それらの提供者がみんな太っ腹で気前がよいから，なのでしょうか？

　「便利で快適なんだから，個人情報が覗かれることなんか気にならない，だいたいインターネット抜きの暮らしなんかいまや考えられないのだし」と思う人も少なくないでしょう。しかし，巨大IT企業のようなプラットフォームの提供者と，わたしたち一般ユーザーとを比べると，圧倒的なまでに力が不均衡です（ズボフ 2021）。前者が一方的に見て，後者はただ見られるだけ，という関係です。どのように自分の情報が集められ，どんな計算式（アルゴリズム）で分析がおこなわれているのか，ユーザーの側から知ることはできません。ユーザーの意に反してデータが悪用されていないかどうか，チェックすることもできません。ですが，自分の個人情報を自分でコントロールできなくなったら，個人の自由と尊厳を守ることは難しくなってしまいます（山本 2017）。こうした懸念から，欧州連合（EU）では，個人情報を保護するために巨大IT企業の活動を規制する法整備が進められています。

　それでもなお，こういう声が返ってくるかもしれません。「何が悪いのか，快適で幸福に暮らせるのなら，自由や尊厳なんかいらない，監視社会万歳！」そう，『すばらしい新世界』の未来社会の魅力もそこにありました。そもそも自由主義の原理に従えば，自由なき幸福を選ぶのも，個人の自由です。管理・監視されながらも主観的には幸福を感じている人に，「いや，あなたの幸福はフェイクだ」なんて上から目線で文句をつけるのは，人びとを子ども扱いして

Column ⓮-3 「穏和な専制」

『すばらしい新世界』に通じる未来予想図を，19世紀前半にトクヴィルが語っていました。物質的な繁栄と民主的な平等とが手をたずさえて進行する時代にあって，もし専制政治が出現するとしたら，それは，強大な権力で人びとを震え上がらせる従来型の専制ではなく，安全と享楽を提供することで人びとを飼い慣らす「穏和な専制」となるだろう，というのです。

「わたしの目に浮かぶのは，数え切れないほど多くの似通って平等な人びとが矮小で俗っぽい快楽を胸いっぱいに想い描き，これを得ようと休みなく動きまわる光景である。……この人びとの上には1つの巨大な後見的権力がそびえ立ち，それだけが彼らの享楽を保障し，生活の面倒をみる任に当たる。……〔その権力は〕人を決定的に子供のままにとどめることしか求めない。市民が楽しむことしか考えない限り，人が娯楽に興じることは権力にとって望ましい」（トクヴィル 2008，第二巻〈下〉：256-257）。

トクヴィルの言う「穏和な専制」は，事細かに世話を焼き，欲しがるものは何でも与えて徹底的に甘やかす過保護な親のようなものです（こうした温情的な支配を**パターナリズム**と呼びます）。そうなれば，子どものような民は進んで服従し，もっと甘やかしてとせがみこそすれ，反抗はしないでしょう。一方的に支配されることに疑問を抱くことすらなくなるでしょう。

こうした危険に対してトクヴィルは，市民が協力して結びつきをつくり，自治の精神を養うことを説きます。そうして，一人ひとりが「権力が思うままに従わせることも陰で抑圧することもできない，知識と力ある市民」となることが，「穏和な専制」の出現を防ぐ唯一の方法だ，というのです。

一つの生き方を押しつけるパターナリズム（→Column ⓮-3）と同様に，当人の自由を尊重しない点で，リベラルな態度とは言えません。

多くの人びとが自由なき幸福を好むようになれば，インターネットとAIでバージョンアップされた「欲望のユートピア」が，現実のものとなるかもしれません。住民全員にソーマをばらまくような『すばらしい新世界』の画一的な未来社会よりも，ずっと洗練された管理をおこない，一人ひとりのニーズや嗜好にあわせて，きめ細かいケアを施してくれる，デジタル版の新世界です。各人の位置情報や交信履歴，暮らしぶりや価値観などを解析して，体制への忠誠度を点数にして，スコアの高い人を優遇する一方，低い人には矯正や排除とい

った措置をほどこすシステムをつくれば，だれもが自発的に体制に従うようになるでしょう。そうなれば，「共同性，同一性，安定性」という「新世界」のモットー（KEYTEXT 参照）を，ずっと効率よく実現できるようになるはずです。こうした監視国家化は，政治的自由に乏しい権威主義体制の国ではすでにリアルな動向として現れています（梶谷・高口 2019）。同じように，デモクラシーの国々も，新しい管理社会という未来に向かっているのでしょうか。そして，それはユートピアなのでしょうか，それともディストピアなのでしょうか。

▌分断と孤立の時代のデモクラシー？ ▌

しかしながら，インターネットは，双方向性を特徴とするメディアです。つまり，だれもが自分から情報発信をおこなうことができます。新聞やテレビのような旧来のマスメディアと違って，個人が自由にメッセージを発することができますから，とりわけ弱い立場に置かれた人びとにとっては心強いメディアと言えます。「アラブの春」や「#MeToo 運動」のように，インターネットを通じて国境を越えた連帯が生まれることさえあります。監視社会の到来におびえているヒマがあるのなら，インターネット上で監視社会化に警鐘を鳴らし，抵抗を呼びかければいいのではないでしょうか。インターネットの発展を，自由なコミュニケーションのチャンスの拡大としてポジティブにとらえ，デモクラシーのバージョンアップをめざせばよいのではないでしょうか。

とはいえ，そうした方向性とは反対に，インターネットが，デモクラシーに悪影響をもたらす側面にも目を向ける必要があるでしょう。

個々人のニーズに合わせたサービス提供というインターネットの特徴は，政治的な情報のやりとりにも当てはまります。たとえば，「地球温暖化という説はフェイクだ」という意見をもつＡさんが，その意見を補強する情報の検索を繰り返すと，検索アルゴリズムは同じような情報ばかりを選ぶようになるでしょう（フィルターバブル）。また，SNS で同じ意見をもつ人たちとつながり，交流を重ねることで，Ａさんは「やっぱり自分は正しいのだ，同意見の人がこんなにいるのだから」と確信を深めることになるでしょう（エコーチェンバー）。Ａさんとは逆に，「地球温暖化は事実だ」という意見をもつＢさんの場合にも，同じことが起こると考えられます。すると，どうなるでしょうか。Ａ

さんやその仲間から見れば，Bさんやその仲間はデマを信じ込む愚か者ですが，Bさんたちから見ると，Aさんたちこそ科学的事実を無視する愚か者ということになるでしょう。

このように，似た者同士が寄り集まって内輪でばかり盛り上がるようになると，社会がいくつかの排他的なグループに分裂して，互いに敵視し合うことになりかねません。インターネットというメディアがもつ，自分にとって好ましい情報を選びやすいという特性についてはさまざまな論争がありますが，こうした分極化を促進する方向に作用する可能性は否定しがたいところです（サンスティーン 2003）。

ウェブ上に漂う情報のなかには，あからさまな嘘やデマも含まれていますが，そうしたものを真実だと信じ込む人に対して，証拠を挙げて反論したら，こう切り返されるかもしれません――「あなたはどうだか知らないが，自分にとってこれは真実なんだ，放っておいて！」。幸福な監視社会で満足を感じている人の反応と，よく似ています――「監視され，管理されているのは分かっているが，自分は幸福を感じているのだから，放っておいて！」。どちらの場合も，個人が自らの殻にこもることで，他者との対話の可能性を断ってしまっているようです。

もとより，ここでも，自由主義の原則に従うならば，個人の自由が尊重されなければならないでしょう。しかし，わたしたちが本書でたどってきた「リベラル・デモクラシー」というしくみは，自由主義だけに尽きるわけではありません。このしくみは，「みんな違ってみんないい」という自由主義の理念と，「みんなのことはみんなで決める」というデモクラシーの理念の2つを両輪にして，この2つをなんとか両立させようとしながら，よりよい共存をめざしてきたしくみです。あらためて，「みんなのことはみんなで決める」という理念に注目してもよさそうです。

一方では，Google や Amazon のようなプラットフォーマーや，そのアルゴリズムの支配が目立つようになり，他方では，社会の分断や分極化がさらに深刻になっている時代にあって，「みんなのことはみんなで決める」というデモクラシーは，どうなっていくのでしょうか。もし，個人の自由を尊重しながら，みんなでみんなの問題の解決をはかる「リベラル・デモクラシー」というプロ

ジェクトをこれからもさらに続けていくならば，どんなリフォームが必要となるでしょうか。模索は続いています。みなさんの世代が，次の世代のためにつくる政治学の新しい教科書では，こうした点はどんなふうに書かれることになるでしょうか。

EXERCISE ●考えてみよう

① プラトンの民主政批判は，今日のデモクラシーにも当てはまるでしょうか。また，プラトンの賢人支配の理想には，難点がないでしょうか。考えてみましょう。

② 今日の日本社会で改善すべき「障害」には，どんなものがあるでしょうか。また，どうすれば，それらを改善していけるでしょうか。身近な例を中心に，幅広く検討してみましょう。

③ インターネットをリベラル・デモクラシーの発展に役立てることはできないでしょうか。インターネットの長所と短所を検討しながら，議論してみましょう。

さらに学ぶために　　　　　　　　　　　　　　　　　　**Bookguide ●**

アトウッド，M.／斎藤英治訳『侍女の物語』ハヤカワ文庫，2001 年。
　　フェミニズムの視点から，男性支配の陰惨なディストピアを描いた傑作です。続編の『誓願』（鴻巣友季子訳，早川書房，2020 年）も，ぜひ。

荒井裕樹『差別されてる自覚はあるか──横田弘と青い芝の会「行動綱領」』現代書館，2017 年。
　　健常者中心の社会をラディカルに批判して障害者運動に革命的影響を与えた伝説の人物と，若い著者とのあいだの真剣で心躍る対話の記録。

山本龍彦『おそろしいビッグデータ──超類型化 AI 社会のリスク』朝日新書，2017 年。
　　情報技術の発展がわたしたちの自由と権利を損なうリアルな危険性を，憲法学の視点から具体的に学ぶことができます。

映画で学ぼう　　　　　　　　　　　　　　　　　　　**Movieguide ●**

『華氏 451』（F. トリュフォー監督，1966 年），『未来世紀ブラジル』（T. ギリアム監督，1985 年），『マトリックス』（L. ウォシャウスキー，A. ウォシャウスキー監督，1999 年），『アノン』（A. ニコル監督，2017 年），『PLAN75』

（早川千絵監督，2022 年），また TV アニメ『PSYCHO-PASS（サイコパス）』
（塩谷直義監督，第 1 期 2012-13 年）など，ディストピアを描いた作品をいく
つか観て，人びとの管理や選別をおこなうシステムやテクノロジーがどのように
描かれているか，比較してみましょう。

その他の引用・参照文献 | Reference ●

エヴァンス，S. E. 黒田学・清水貞夫監訳 2017〔2004〕『障害者の安楽死計画とホロコー
　　スト──ナチスの忘れ去られた犯罪』クリエイツかもがわ。

梶谷懐・高口康太 2019『幸福な監視国家・中国』NHK 出版新書。

北村紗衣 2019『お砂糖とスパイスと爆発的な何か──不真面目な批評家によるフェミニ
　　スト批評入門』書肆侃々房。

熊谷晋一郎 2020『当事者研究──等身大の〈わたし〉の発見と回復』岩波書店。

サンスティーン，C.／石川幸憲訳 2003〔2001〕『インターネットは民主主義の敵か』毎日
　　新聞社。

ズボフ，S.／野中香方子訳 2021〔2019〕『監視資本主義──人類の未来を賭けた闘い』東
　　洋経済新報社。

トクヴィル，A.／松本礼二訳 2008〔1835-40〕『アメリカのデモクラシー』第二巻，下，
　　岩波文庫。

ハクスリー，A.／黒原敏行訳 2013〔1932〕『すばらしい新世界』光文社古典新訳文庫。

橋場弦 2016〔1997〕『民主主義の源流──古代アテネの実験』講談社学術文庫。

バトラー，J.／竹村和子訳 2018〔1990〕『ジェンダー・トラブル──フェミニズムとアイ
　　デンティティの攪乱〔新装版〕』青土社。

プラトン／藤沢令夫訳 1979〔紀元前 4 世紀〕『国家』上・下，岩波文庫。

モア，T.／澤田昭夫訳 1993〔1516〕『ユートピア』中公文庫。

レヴィン，F.／斉藤隆央訳 2021〔2017〕『14 歳から考えたい　優生学』すばる舎。

終章

政治学はどんな学問だろうか

INTRODUCTION

　本書では，ここまでの 14 の章で，政治をめぐる基礎知識を学びました。最後に，「政治」から「政治学」に目を移して，政治学をめぐる基礎知識を学びます。政治学は，政治について研究する学問です。たとえば，虫についての学問（昆虫学）が，何を対象とする，どんな学問なのかは，門外漢でもなんとなく想像ができるはずです。では，政治学はどうでしょうか。どのような方法で，何を研究しているのでしょうか。研究している人が，自分の主観的な意見を，研究や教育に持ち込んでしまうおそれはないのでしょうか。そもそも政治学は，学問や科学と言えるのでしょうか。ここでは，最後のまとめとして，戦後日本でよく読まれてきた政治学の教科書を手がかりに，政治学という学問について理解を深めます。

KEYTEXT

高畠通敏『政治学への道案内』（1976 年）

① 「『政治学はいったい何の役に立つんだね』と訊かれたときは全く弱りました。」就職試験を受けてきたばかりの，ゼミの A 君が汗をふきふきの〈戦況報告〉である。

私は，モクネンとしてタバコを吸う。銀行や商社を受けにいって，ゼミで政治学を専攻したなどといえば，こういう質問が出てくるだろうことは当然予想できる。そして，多分，意気揚々と「実用価値」を主張しようとする経済や法律専攻の学生にまじって，途方にくれたA君の気持も良く判る。「集団面接」とやらいうハヤリの方法のなかではなおさらのことだろう。……

　いったい，政治学の「実用価値」は何だろうか。ことばの連想からして，政治学は政治家のための学問だという考えが浮かぶかも知れない。一，二年生で，私たちに接近してくる学生諸君のなかには，そう思い込んでいる人たちがたくさんいる。しかし，法律家や医者とちがって，政治家というのは，専門資格のいらない職業である。……いや，なまじ政治学などというものを知っていればかえって政治家になりにくいといった方がいい。そしてこういうことを理解するのも，わが国の政治学の内容に入ってくるのである。(高畠 2012：19-20)

②　私自身は，実は，かねてから政治学の勉強に教科書はいらないと考え，そう講義してきた。政治学とは，一言でいえば，政治という複雑かつ多元的な現象をどう理解するかという思考の道具であり，政治学の勉強のためには，無味乾燥な教科書などをよむより，それぞれのテーマについて書かれた力あふれる論文をよみ重ねるのが，思考の訓練としてもっとも役に立つと思うのである。

　この考えは，今でも基本的にかわらない。しかし，大学の現実は，私があげる文献をよんで勉強する学生ばかりではない。一冊の本もよまずに，ノート一冊をたよりに試験を受けにくる学生諸君の方が，圧倒的多数なのである。(同上：577-578)

　立教大学法学部で政治学を教えていた高畠通敏の『政治学への道案内』(1976年)は，大学生だけでなく，とても多くの読者に恵まれた，政治学の教科書です。KEYTEXT①は，「政治学は何の役に立つ？」と題されたこの本の序論の，まさに冒頭です。大学で政治学を学んでも，何の役に立つのかがはっきりしない。そんな疑問や悩みは，50年前にもやはりあったようですね。

　高畠は，計量政治学を専門とする一方で，市民運動や社会運動にも自ら関わった政治学者でした。そんな高畠は，「政治学は何の役に立つ？」にどんな答えを用意していたのでしょうか。

　わたしたちを取り巻く状況(制度，思想，権力構造)の全体を見透して，わたしたちの意識や習慣のなかにある「しがらみ」(考えや行動を邪魔するもの)を冷静に観察したうえで，逃げることなく状況に対して主体的に働きかけていく。そうし

た態度を育むのが，「政治学が古くから目ざしてきたところのもの」である。これが，高畠の答えでした（同上：23-24）。政治学という学問は，現実の政治や社会をよりよいものに変えていく実践と結びついた，知的営みである，というのです。高畠が「政治学が古くから目ざしてきたところのもの」と書いたように，確かに，古代ギリシアのアリストテレスは，政治学を**実践学**に分類しました（アリストテレスは，政治学はすべての学問のリーダーであるとも論じています）。

　こうした高畠の議論は，現在の政治学の言葉に置き換えるならば，デモクラシーを担う市民のための政治教育（**主権者教育**）という観点から，政治学の意義や役割を位置づけていると言えるでしょう。政治学は，政治家のための，支配や統治の学問ではなく，有権者のための実践の学問であるというのです。

　高畠の本の雰囲気は，「政治学の勉強に教科書はいらない」という後書き（KEY-TEXT ②）からも，うかがえるはずです。いまとなっては全体として古風に感じられるかもしれませんが（教員がタバコを吸いながらゼミ生と語らっていた時代です！），『政治学への道案内』は依然として魅力あるテキストです。

　第二次世界大戦後の日本に限っても，たくさんの政治学の教科書が書かれてきました。そうした政治学の教科書を集めて，他のどんな本に言及しているかを調べて，言及された本のリストをつくってみると，戦後日本の政治学においてよく読まれた本を知ることができます（酒井 2017，調査対象は 1950 年から 2016 年までに刊行された教科書のうちの 70 冊）。そのリストに含まれる政治学の教科書は，戦後日本でよく読まれた政治学の教科書とみなすことができるでしょう。ここでは，そのうち，言及された回数の多かった上位 6 冊の教科書を手がかりにして，戦後日本における政治学の歩みを簡単にたどってみます（表 終.1）。KEYTEXT で紹介した高畠通敏『政治学への道案内』も，その 6 冊のうちの 1 冊です。

　政治学という学問も，歴史のなかで徐々に変化してきています。ここでは，そうした歴史も含めて，政治学をめぐる基本的な知識を学びます。それを通じて，この教科書とその次の学びの橋渡しをすることがねらいです。

政治の基礎概念

　高畠の教科書は，KEYTEXT で紹介した序に続いて，第 1 章でも「政治学」

編著者	矢部貞治	蠟山政道	猪木正道
書名	『政治学』	『政治学原理』	『政治学新講』
刊行年 (初版)	1949	1952	1956
目次	1. 政治学 2. 政治 3. 国家 4. 国家の発展 5. 近代国家 6. 近代国家の発展 7. 近代国家の危機と 現代国家の課題 8. 民主政	1. 政治学の意義 2. 政治学の方法 3. 政治生活 4. 政治状況 5. 政治権力 6. 政治形態 7. 政治機能 8. 政治過程	1. 序論 （政治学とは，どう いう学問か？ほか） 2. 近代国家 3. 政治権力Ⅰ 4. 政治権力Ⅱ 5. 政治機構Ⅰ 6. 政治機構Ⅱ

[出典] 筆者作成。各本の目次は初版による。

をとりあげて，それがどんな学問なのかを論じています。「政治」ではなく，まず「政治学」について説明するという教科書のつくりは，驚くことに，戦後日本を代表する 6 冊の教科書のすべてに共通しています（表終.1）。目次を見るだけでは，猪木正道の『政治学新講』（1956 年）がどうなのかは分かりにくいですが，その「第 1 章　序論」は，「政治学とは，どういう学問か？」「政治学の困難性」「政治学の分類」という 3 つの節から成り立っており，やはり政治学について論じる内容です。

　たとえば，蠟山政道の『政治学原理』（1952 年）を見ると，第 1 章は「政治学の意義」，第 2 章は「政治学の方法」です。「政治学は，政治を研究する学問であるが，それは一体いかなる学問であるか。それは，通常言われている科学（サイエンス）であるか，またそうあらねばならぬものか」（蠟山 1952: 1）。これが第 1 章の書き出しです。そして，いまと大きくは違わない議論が語られていきます。「政治を科学的に研究するということは，あたかも物理学が自然現象

篠原一・永井陽之助 編	高畠通敏	山川雄巳
『現代政治学入門』	『政治学への道案内』	『政治学概論』
1965	1976	1986
1. 政治学とは何か 2. 政治意識 3. 政治的リーダーシップ 4. 政治過程における集団化 5. 国際政治への展望 6. むすび 　政治と市民	序　政治学は何の役に立つ? 1. 政治学 2. 政　治 3. 国家とナショナリズム 4. 権力と支配 5. リーダーシップ 6. シンボルとイデオロギー 7. 政治意識と政治的人間 8. 民主主義 9. 議会主義 10. 政治運動 11. 現代政治 12. 日本の政治 13. 政治理論	1. 政治学の基本的性格 2. 政治の行動論的基礎 3. 政治体系と政治過程 4. 公共政策と政策過程 5. 国家と政府 6. 立憲民主主義 7. 議会主義と議会制 8. 内閣と官僚制 9. 政党と政党制 10. 圧力団体と世論・マスメディア 11. 選挙と投票行動

を数量的に分析し，測定し，定律化または法則化するごとく，政治現象を観察し，分析し，その類似または画一的な事実を概念化し，あるいはその因果連関を求めて法則化しようとするものである」(同上：2)。すでに60年前にもこうした議論があったのです。著者の蠟山は，東京大学法学部の行政学講座の初代担当教授であり，日本行政学会 (行政を研究する研究者・実務家が集まる学術団体) の初代理事長も務めました。戦時中に大東亜共栄圏を支持したこともあり，いまではその名前は，丸山眞男の「**科学としての政治学**」という有名な論文 (丸山 2014，→第 **7** 章 KEYTEXT) を読んだときに，『日本における近代政治学の発達』(1949年) の著者として目にするくらいかもしれません。

　政治学は，同じ**社会科学**である法学や経済学などと比べても，固有の方法やアイデンティティがはっきりとせず，どんな学問なのか分かりにくい，と言われることがあります。かつての政治学の教科書が，政治学についての説明から始めて，政治学の独自性は何か，政治学は他の学問と比べてどんな難しさを抱

えているのかといった点を論じたのは，そうした事情もありました。現在では，「政治学」についてわざわざ1つの章を設ける教科書自体が多くありませんから（ただし，苅部ほか 2011；新川ほか 2017；待鳥・山岡 2022 などには，政治学について語る章があります），冒頭から「政治学」について論じることは，かつての教科書の特徴と言うことができるでしょう。

高畠の教科書に戻ると，第1章「政治学」の後の第2章以降では，「政治」「国家とナショナリズム」「権力と支配」「リーダーシップ」「シンボルとイデオロギー」というぐあいに，**政治の基礎概念**を扱っています。これらの概念（言葉）はどれも，リベラル・デモクラシーだけではなく，他の政治体制を論じる場合にも用いることのできる，政治についての一般的な概念です。まずは，政治についての一般的・抽象的な基礎概念を学んでいく，という教科書のつくりになっているわけです。

6冊のうちで最も古い矢部貞治の『政治学』（1949年）も，高畠とまったく同じように，「政治学」「政治」「国家」を順番に論じています。戦前の東京帝国大学法学部で政治学を担当した矢部が，近衛文麿のブレーン（相談役となる専門家）も務めた政治学者で，1945年12月に東京大学を辞職した後は，保守派の言論人として活躍した人物です。

政治の基礎概念を説明するという教科書のつくりは，かつてのスタンダードでした。矢部と同じように，保守派言論人として活躍した京都大学法学部教授・猪木正道の『政治学新講』（1956年）には，「政治とは何か？」「国家とは何か？」といった議論は避けて「今までの政治学概論の型」を破った，という記述があり（猪木 1956: 3），ここからも，政治の基礎概念を語るのが標準的だったことが分かります。猪木は，このスタンダードに疑問を示しました。「政治学の入門書において，いきなり『政治とは何か？』という出門的な問題を取り扱うことは，望ましくないので，わたくしは，わざとこれを避けたのである」（同上：27）。「出門」とは聞き慣れない言葉ですが，ここでは「入門」とは反対ということです。つまり，それは，政治学を十分に学んでから考えるべき問いであるというのです。

さらに，現在の教科書とは異なる第3の特徴として，昔の教科書の多くは，歴史の説明に多くのページを費やしているという点を挙げることができます。

矢部の『政治学』は，実に，第4章「国家の発展」から第7章「近代国家の危機と現代国家の課題」までの4つの章を，古代から第二次世界大戦までの歴史の説明に費やしています。矢部は，政治史（政治の歴史）を「政治学の素材の倉庫」とみなして，そのうえで，「史的事実に裏づけられぬ政治理論は，単なる幻覚，形而上学，夢想に過ぎない」と説いています（矢部 1949: 18）。政治の原理原則を検討する場合には，時代や地域や状況をふまえたうえで妥当性が問われるべきである。矢部はそう考えて，歴史を重視したのです。猪木の『政治学新講』の第2章も，「必要な政治史的予備知識」を説明する章です。そこでは，絶対主義から第二次世界大戦後までの歴史が扱われています。

政治学の標準化

このように，かつての政治学の教科書は，政治の基礎概念をめぐる抽象的な説明や，歴史の説明に，たくさんのページを費やしていました。現代のリベラル・デモクラシーだけに限らずに，広く政治という現象を理論的・歴史的に扱おうとしていたわけです。逆を言えば，デモクラシーの政治過程に特化していたわけではなく，その現実の姿を記述する説明は多くありませんでした。政党，議会，内閣，官僚，利益集団，マスメディアといった，デモクラシーのアクター（主体）をめぐる説明は，ごくわずかでした。これも現在の教科書とは異なる点です。

蠟山『政治学原理』の最終章は「政治過程」と題されていますが，いまの教科書とは違って，蠟山は政治過程を「均衡過程」と「変革過程」に区別し，後者では「革命」を扱っています。東京大学法学部でヨーロッパ政治史を教えた篠原一と，政治意識論が専門の東京工業大学教授の永井陽之助が編集した『現代政治学入門』（1965年）は，「『現代政治学』の立場の最初の体系的入門書」であるとうたい，政治意識をめぐる記述が多い点に特徴があります。それでも，デモクラシーのアクターについては第3章「政治過程における集団化」でまとめて論じる扱いで，やはりいまの多くの教科書とは異なっています。

この点で大きな転換点とみなすことができるのは，関西大学法学部教授だった山川雄巳が執筆した『政治学概論』（1986年）です。政治システム論や数理政治学に詳しかった山川の教科書は，内容を大きく2つに区分できます。その

Column 終-1　ジェンダーの不在・隔離・主流化

　　政治の世界も，政治学の世界も，男性が中心になって営まれてきたこと（あるいは，女性の存在をないものとして扱ってきたこと）は，否定しがたい事実です。この点を問い直す視点を欠いた状態（「ジェンダーの不在」）が，これまでは，政治学の教科書でもごく一般的でした。この章で紹介した 6 冊の教科書には，性差についての記述そのものがわずかです。わずかな例外は，高畠『政治学への道案内』に収められた「家庭と政治」と題するコラムで，互いの個性や違いを認めながら共存をつくっていくという点において，家庭と政治のめざすべき目標は同じであると論じています。

　　近年では，ジェンダーを取り上げる政治学の教科書も増えてきました。しかし，そうした教科書でも，ジェンダーの章だけが孤立して，それ以外の章では，その章で扱う政治現象にジェンダーがどのように関わっているかがきちんと論じられないという傾向も見られます。前田健太郎は，これを「ジェンダーの隔離」と呼び，あらゆる政治現象を観察する際に性差について問い直す「ジェンダーの主流化」の観点と対比しています（前田 2018）。本書のつくりは，この議論をふまえたものです。

前半は政治の一般理論を扱いますが，後半はデモクラシーの政治過程を扱っています。それまでの教科書と比べると，デモクラシーの政治過程の扱いが明らかに大きくなりました。

　これ以後の時期には，**政治過程論**の記述が，政治学の教科書でたくさんのページを占めるようになります。同じ時期に，統計分析や数理分析のように**定量的**な方法（数量化する方法）によって厳密な論証をめざす手法が日本の政治学のあいだにも広まっていきましたが（『レヴァイアサン』〈刊行 1987–2018 年〉という学術雑誌が有名です），そうしたサイエンスの手法を採用する「ポリティカル・サイエンス」であるかどうかにかかわらず，政治学の教科書では，政治過程論の占める割合が大きくなっていきました。平成の時代（1989–2019 年）は，そのようにして，**教科書の標準化**が進んだ時期とみなすことができるでしょう。標準化とは，ここでは，同じ内容になっていくという意味です。

　そうした流れのなかに位置づけられる，定評ある政治学の教科書としては，伊藤光利編『ポリティカル・サイエンス事始め』（1996 年）や真渕勝・久米郁

男・北山俊哉『はじめて出会う政治学』(1997 年) を筆頭に，久米郁男・川出良枝・古城佳子・田中愛治・真渕勝『政治学』(2003 年)，川出良枝・谷口将紀編『政治学』(2012 年)，上神貴佳・三浦まり編『日本政治の第一歩』(2018 年) などを挙げることができます。

　さらに若い世代による，砂原庸介・稗田健志・多湖淳『政治学の第一歩』(2015 年) や，坂本治也・石橋章市朗編『ポリティカル・サイエンス入門』(2020 年) は，サイエンスの手法をはっきりと前面に出して書かれた教科書です。これに対して政治思想史・政治理論を専門とする政治学者が書いた近年の政治学の教科書としては，佐々木毅『政治学講義』(1999 年) が代表的ですが，これも，山川雄巳の教科書に似た二部構成を採用して，やはり政治過程論に大きな紙幅を割いています。

　かつてと違って，どの大学でも同じような内容の政治学の授業が学べるようになったのは悪いことではありません。しかし他方で，標準化が進むにつれて，教科書が少しずつ難しくなってきている傾向は否めません。教える内容がおおよそ固定されたことで，教科書が新しくつくられるたびに最新の学説が次々に組み込まれて，どんどん高度になっているのです。レベルの高い教科書がつくられるのは学問の発展にとって望ましいことですが，そんな教科書ばかりとなると，はじめて学ぶ人にとっては困ったことになります。

ビギナーのための教科書

　ここまで，教科書の歴史を通じて，戦後日本における政治学の歴史に光を当ててみました。いまみなさんが手にしている本書は，こうした歴史をふまえたうえで，はじめて学ぶ人向けの教科書であることにこだわってつくられました。

　本書も，政治学の標準化をふまえて，政治過程をめぐる説明を柱の 1 つとしました。かつての教科書には，「政治とは何か」「権力とは何か」というような，政治の基礎概念をめぐる抽象的な議論がたくさんありました。しかし，わたしたちの教育経験をふまえる限りでは，それは少なくともいまの初学者にはふさわしくないようです。むしろ，具体的にイメージしやすい，いまの政治の実態について知ることが，政治学を学ぶための最初の糸口となるでしょう。それゆえ本書では，第 1 部で，リベラル・デモクラシーの政治過程を扱いました。

他方，この本では，「標準化」のなかで省かれてしまったが，学びの前提や基礎として知っておいたほうがよい事柄を，積極的にとりあげています。そのために，1つには，「歴史」の説明を軽んじないように心がけました。最初のステップでは，政治の歴史や政治思想の歴史についての基礎知識をしっかり学び，専門的な学びに備えてほしい，というのが，この本のねらいです。

歴史の説明に多くのページを割くという意味では，本書は，かつての教科書の特徴の1つを受け継いでいます。これは，いまの教科書としては珍しいつくりですが，たとえば，日本の政治史の歩みについて歴史の知識があやふやなままでは，いまの政治についてもきちんとした理解はできないはずです。

現在のリベラル・デモクラシーは，人類が試行錯誤を積み重ねて，長い時間をかけて築いてきたものです。そのため，「なぜ，こんなしくみになっているか」を知るためには，歴史の知識も必要となります。たとえば，福祉国家や社会保障のしくみについて知るためには，そのしくみができあがる過程に影響をおよぼした，社会主義や総力戦をめぐる歴史を前提知識として知っておく必要があります。日本の外交と安全保障について学ぶ際に，第二次世界大戦や冷戦の歴史は知らない，というわけにはいきません。

さらに，こういった「現在に連なる過去」ばかりでなく，「現在とは異なる過去」を知ることも重要です。社会主義，全体主義，リベラルでないタイプのデモクラシーのように，よく見知ったものとは違う政治について学ぶと，いまのリベラル・デモクラシーの政治を，よりはっきりと理解する手助けにもなります。これは，外国語を学ぶと，自国語のしくみがよく分かるようになるのと同じです。また，人間や社会を対象にする政治学では，自然科学とまったく同じように実験をするわけにはいきません。その意味でも，さまざまな過去の経験を素材にした学びが大切になります。

もう1つ，現在の多くの教科書では省かれてしまいがちな基礎知識を積極的にとりあげるにあたって本書が心がけたのは，副題「歴史と思想から学ぶ」が示すように，「思想」にも光を当てたことです。

思想というと，「現実離れした理想」や「独りよがりな危ない思い込み」というイメージをもっている人もいるかもしれません。しかし，思想とは「人間が考えること」の総称なので，さまざまなものが含まれますし，社会のなかで

もさまざまな働きをしています。

　本書では，そのなかでも，とくに，制度やしくみを支える思想に注目してきました。たとえば，小選挙区制が1選挙区から1人の代表を選ぶ制度であるのに対して，比例代表制は票数に応じて政党に議席を割り振る制度，と丸暗記することもできますが，それぞれの制度には，「なぜこの制度が正しいのか」を示してその制度を支える「思想」があります。デモクラシー，代表制，大統領制や議院内閣制，政治主導，福祉国家，集団安全保障など，どの制度やしくみにも，その正しさ（正統性）を示す考えや理屈が必ず存在しています。

　政治の世界は，一人で生きる世界ではなくて，複数性と対立を特徴とする世界ですから，「なぜこの制度が正しいのか」を広く伝える考えや理屈がとても重要なパーツなのです。本書は，そうした制度を支える思想にも光を当てて，それを通じて，はじめて学ぶみなさんの「なぜ」「どうして」に答えるように努めました。

　「まず，政治思想の歴史を学ぶことで，たとえば民主主義の理念とそれに支えられた制度を学習した。そして，政治史の勉強を通じて，こうした理念が生まれ現実の歴史のなかで実現してきた過程を学習した。そしてその上に，（国民主権の概念の前提となる）主権論や権力論が政治学原論の名で教えられた。……そして，それらが市民教育の意味をもっており，実践的な課題とも結びついていたわけである」（大嶽 1994: 208-209）。かつての政治学には，こうした「教育の手順」がありました。本書は，そのような伝統的な政治学教育と，標準化された現代の政治学教育の，それぞれよいところを結びつけることで，はじめて政治学を学ぶ人にとってふさわしい内容の教科書をめざしました。

　「はじめに」の比喩をあらためて使うならば，本書でしっかり学んだみなさんは，これからもっと専門的に政治学を学ぶにあたって必要となる「体力づくり」を終えたことになります。これから学ぶのがサイエンスの手法の政治学であっても，政治史・外交史でも，政治思想史や政治哲学であっても，みなさんがここで身につけた知識や考え方は新たな学びの土台となるはずです。

┃ 政治学をさらに学ぶ ┃

　この本は基礎を学ぶことを目的としていますから，この次には，定評ある教

科書で，さらに学習を進めることが望まれます。また，いまの政治学は，いくつもの専門分野に細かく分かれていますので，基礎を学んだら，各分野にも手を広げましょう。近年では，各分野を専門的に学ぶための教科書もたくさん登場しています。この「有斐閣ストゥデイア」シリーズや「有斐閣アルマ」シリーズには，政治学のすばらしい教科書がたくさん揃っていますし，その他にも良書がたくさんあります。

　政治過程論や**日本政治論**などの科目では，いまのデモクラシーのしくみについてさらに詳しく学ぶことができます。**政治制度論**，**政治行動論**，**政治経済学**，**ジェンダーと政治**といった科目を設置する大学もあります。**行政学**や**地方自治論**では，官僚制や地方自治について詳しく学びます。**政策学**や**公共政策論**という分野もあり，「公共政策大学院」という専門職大学院を設置している大学もあります（東京大学，京都大学，東北大学，明治大学など）。

　歴史（**政治史**や**外交史**）は，政治学を学ぶにあたってしっかりと学習してほしい分野です。大学では，「日本政治史」「中国政治史」「ヨーロッパ政治史」「アメリカ政治史」のように，国名や地域名を付した科目として開講されることが一般的です。政治史は，**比較政治学**や**地域研究**という分野とも密接に関連しています。外交史は，**国際政治史**や**国際政治学**にも隣接しています。

　思想については，かつては「政治思想史」という名称のもとで研究や教育がなされてきましたが，近年では，理論や規範の研究に重きを置く**政治理論**や**政治哲学**と，歴史研究としての**政治思想史**（「ヨーロッパ政治思想史」「日本政治思想史」など）がはっきりと分かれるようになっています。政治思想史は，大学によっては，「政治学史」や「政治理論史」という名称で授業が開講されることもあります。

　このように政治学にはさまざまな分野があり，研究の方法やねらいもさまざまです。世論調査や選挙結果のような数字のデータをもとに統計学の手法を使ったり，ゲーム理論のように数学的論理を用いたりするアプローチもあります。「どうなっているか」を**実証**する研究もあれば，「どうあるべきか」という**規範**を探る研究もあります。歴史や思想の分野では，これまでは古い歴史資料（史料）を読解するのが基本的な研究方法でしたが，近年では，文字資料をデジタルデータに変換して定量的に分析したり（計量テキスト分析やテキストマイニング

と呼ばれています），政治アクターに聞き取りをしたり（**オーラルヒストリー**），実験室やオンラインで実験したりするアプローチもあります。

　だれでも，自分がやっていること，自分に関係しているものには，特別の意義や価値があると考えがちですから，ある分野や方法を詳しく学んだ後に，（残念ながら）別の分野や方法を見下してしまうような人もいます。しかし，さまざまな分野や方法を学んだ人が，お互いに補い，助け合いながら，学びを進めていくことこそが，健全な学問の姿でしょう。

　政治は，清濁あわせ呑むことも多い，「複雑かつ多元的な現象」（高畠 2012:577）です。それは，人間たちの営みが生み出す，ニュアンスに富んだ現象です。そうした現象は，さまざまな角度から分析できるでしょう。本書では，歴史や思想を切り口にして，そんな政治の基礎について学んできましたが，他の切り口もそれぞれ魅力にあふれています。本書で学んだことをステップにして，さらに政治学を学んでいきましょう。

引用・参照文献　　　　　　　　　　　　　　　　　　　　**Reference** ●

伊藤光利編 1996『ポリティカル・サイエンス事始め』有斐閣（第3版 2009年）。
井上寿一 2022『矢部貞治——知識人と政治』中公選書。
猪木正道 1956『政治学新講』有信堂文庫（増訂版 1969年）。
上神貴佳・三浦まり編 2018『日本政治の第一歩』有斐閣ストゥディア（新版 2023年）。
大嶽秀夫 1994『戦後政治と政治学』東京大学出版会。
苅部直・宇野重規・中本義彦編 2011『政治学をつかむ』有斐閣。
川出良枝・谷口将紀編 2012『政治学』東京大学出版会（第2版 2022年）。
久米郁男・川出良枝・古城佳子・田中愛治・真渕勝 2003『政治学』有斐閣（補訂版 2011年）。
酒井大輔 2017「日本政治学史の二つの転換——政治学教科書の引用分析の試み」『年報政治学』68巻2号。
坂本治也・石橋章市朗編 2020『ポリティカル・サイエンス入門』法律文化社。
佐々木毅 1999『政治学講義』東京大学出版会（第2版 2012年）。
篠原一・永井陽之助編 1965『現代政治学入門』有斐閣双書（第2版 1984年）。
新川敏光・大西裕・大矢根聡・田村哲樹 2017『政治学』有斐閣。
砂原庸介・稗田健志・多湖淳 2015『政治学の第一歩』有斐閣ストゥディア（新版 2020年）。
高畠通敏 2012〔1976〕『政治学への道案内』講談社学術文庫。
前田健太郎 2018「政治学におけるジェンダーの主流化」『国家学会雑誌』131巻5・6号。

待鳥聡史・山岡龍一 2022『政治学入門』放送大学教育振興会。

真渕勝・久米郁男・北山俊哉 1997『はじめて出会う政治学』有斐閣（第 3 版 2009 年）。

丸山眞男 2014〔1947，追記 1957〕「科学としての政治学」松本礼二編注『政治の世界 他十篇』岩波文庫。

矢部貞治 1949『政治学』勁草全書。

山川雄巳 1986『政治学概論』有斐閣ブックス（第 2 版 1994 年）。

蠟山政道 1949『日本における近代政治学の発達』実業之日本社。

蠟山政道 1952『政治学原理』岩波全書。

あ と が き

　この本をつくる企画がスタートしたのは，2018年の春ですから，5年ほどの年月を費やして，じっくりとつくりあげた本と言ってもよさそうです。準備を開始した段階では，河野さんとわたしが同僚になることは予定されていませんでしたから，国立・公立・私立の大学に勤務する，研究の対象もスタイルも異なる3名の研究者が集まって始まった企画でした。才気あふれ，個性豊かで，文才も名高いお二人と一緒に本をつくるのは，刺激に満ちた挑戦でした。

　全員が集まっての編集会議は同年9月から始まり，22年8月まで合計で13回に及び，この間，メールでのやりとりを含めると，どれだけの量の言葉が交わされたでしょうか。社会契約論を中心にしたヨーロッパの政治思想史を語るだけでは，どんなに工夫しても，政治学の入門段階で学ぶべき内容としては不足するという点については，ごくはやい段階で全員の意見が一致しましたが，本の構成や内容は，何年も会議を重ねて，互いに知恵を出し合うなかで徐々にできあがりました。政治思想史や政治理論の研究者は，過去の政治思想の歴史を語るのとは別の方法でも，政治学の教育・研究に貢献できるはずである，というわたしたちの理解は，この本を支えるコンセプトのひとつです。

　2022年6月には，坂本治也さん，作内由子さん，佐藤信さん，前田健太郎さんの4名に査読の労をとっていただき，詳細なコメントを頂戴しました。有斐閣の編集担当の岩田拓也さん，岡山義信さんには，プロフェッショナルな編集や校閲の作業によって，原稿を素敵な本の姿へと変えていただきました。ここではお名前を挙げられなかった方々も含め，たくさんのみなさんのサポートに，あらためてお礼を申し上げます。本の内容にかかる責任は，著者3名に帰属します。

　2023年3月

著者を代表して
犬 塚　元

事 項 索 引

＊太字（ゴシック体）の数字書体は，本文中で重要語として表示
されている語句の掲載ページを示す。

人名索引

【有斐閣ストゥディア】

政治学入門——歴史と思想から学ぶ

A Guide to Politics: New Knowledge and Old Wisdom

2023 年 4 月 30 日 初版第 1 刷発行
2024 年 7 月 10 日 初版第 2 刷発行

著　者　　犬塚元・河野有理・森川輝一
発行者　　江草貞治
発行所　　株式会社有斐閣
　　　　　〒101-0051 東京都千代田区神田神保町 2-17
　　　　　https://www.yuhikaku.co.jp/
装　丁　　キタダデザイン
印　刷　　株式会社理想社
製　本　　牧製本印刷株式会社
装丁印刷　株式会社亨有堂印刷所

落丁・乱丁本はお取替えいたします。定価はカバーに表示してあります。
©2023, Hajime Inuzuka, Yuri Kono, and Terukazu Morikawa.
Printed in Japan. ISBN 978-4-641-15108-6

本書のコピー，スキャン，デジタル化等の無断複製は著作権法上での例外を除き禁じられています。本書を代行業者等の第三者に依頼してスキャンやデジタル化することは，たとえ個人や家庭内の利用でも著作権法違反です。

JCOPY　本書の無断複写(コピー)は，著作権法上での例外を除き，禁じられています。複写される場合は，そのつど事前に，(一社)出版者著作権管理機構(電話03-5244-5088，FAX03-5244-5089，e-mail:info@jcopy.or.jp)の許諾を得てください。